2014

China Real Estate Market
Review and Outlook in 2014

中国房地产市场

回顾与展望

中国科学院大学中国产业研究中心
中国科学院预测科学研究中心

科学出版社
北京

内 容 简 介

本报告根据国家统计局、天相数据库、中国经济信息网等多个权威数据库公布的最新统计数据，从房地产市场的供给、投资、销售和价格等多个方面回顾了2013年我国房地产市场的运行状况，解析了2013年颁布的各级房地产市场相关政策，刻画了我国房地产市场的运行状况，点评了八大代表性城市及一些三、四线城市的房地产市场运行状况，综述了2013年房地产金融的形势，预测了2014年房地产市场价格等重要指标的变化，并对相关热点问题进行了深入的分析。本报告还针对我国房地产业发展的一些重要问题提出了许多相应的政策建议。

本报告可供政府相关部门在调整和制定政策时参考，也可供房地产企业在投资决策时参考。本报告对其他研究我国房地产的研究机构和人员也有一定的参考价值。

图书在版编目 (CIP) 数据

2014 中国房地产市场回顾与展望/董纪昌等编著. —北京：科学出版社，2014

ISBN 978-7-03-040095-6

Ⅰ.①2… Ⅱ.①董… Ⅲ.①房地产市场-研究报告-中国-2013 ②房地产市场-市场预测-研究报告-中国-2014 Ⅳ.①F299.233.5

中国版本图书馆 CIP 数据核字（2014）第 045512 号

责任编辑：马　跃　刘晓宇 / 责任校对：韩　杨
责任印制：阎　磊 / 封面设计：蓝正设计

科学出版社 出版
北京东黄城根北街 16 号
邮政编码：100717
http://www.sciencep.com

骏杰印刷厂 印刷
科学出版社发行　各地新华书店经销

*

2014 年 3 月第　一　版　开本：787×1092　1/16
2014 年 3 月第一次印刷　印张：13
字数：308 000

定价：**62.00 元**
（如有印装质量问题，我社负责调换）

编者名单

董纪昌	中国科学院大学管理学院副院长、教授、管理学博士、博士生导师
吴　迪	中国科学院大学管理学院讲师、管理学博士
李秀婷	中国科学院大学管理学院师资博士后、管理学博士
刘晓欣	中国科学院大学管理学院博士生
董　志	中国科学院大学管理学院博士生
林　睿	中国科学院大学管理学院博士生
焦丹晓	中国科学院大学管理学院博士生
周克成	中国科学院大学管理学院博士生
贺　舟	中国科学院大学管理学院博士生
李　凌	中国科学院大学管理学院硕士生
柯曼綦	中国科学院大学管理学院硕士生
张　欣	中国科学院大学管理学院硕士生
訾振关	中国科学院大学管理学院硕士生
王晨晨	中国科学院大学管理学院硕士生
刘佳佳	中国科学院大学管理学院硕士生
轩丹丹	中国科学院大学管理学院硕士生
沙思颖	中国科学院大学管理学院硕士生
黄东佳	中国科学院大学管理学院硕士生

序

　　房地产业的快速与健康发展关系到亿万家庭的幸福。政府作为宏观政策的制定者和行业发展的监管者，对房地产业的发展有着至关重要的调节能力，在各利益群体的博弈过程中更是不可或缺的仲裁者和监督者。

　　中国科学院预测科学研究中心以及中国科学院大学中国产业研究中心一直致力于研究分析我国宏观经济运行中的重大问题，利用科学的理论和方法预测未来的走向并找出发展中的隐忧，进而提出预警和针对性的政策建议，支持政府的宏观经济决策。该报告是在该中心支持下，由中国科学院大学中国产业研究中心（原中国科学院研究生院管理学院房地产发展战略研究小组）对我国房地产行业进行考察研究后形成的一个阶段性成果。

　　该报告根据国家统计局、天相数据库、中国经济信息网等多个权威数据库公布的最新统计数据，从房地产市场的供给、投资、销售和价格等多个方面回顾了 2013 年我国房地产市场的运行状况，解析了 2013 年颁布的各级房地产市场相关政策，刻画了我国房地产市场的运行状况，点评了八大代表性城市及一些三、四线城市的房地产市场运行状况，综述了 2013 年房地产金融的形势，预测了 2014 年房地产市场价格等重要指标的变化，并对相关热点问题进行了深入的分析。该报告还针对我国房地产业发展的一些重要问题提出了许多相应的政策建议。

　　该报告可供政府相关部门在调整和制定政策时参考，也可供房地产企业在投资决策时参考。该报告对其他研究我国房地产的研究机构和人员也有一定的参考价值。

　　希望研究中心以后每年年初能正式出版一篇这样的研究报告，为研究和推动我国房地产行业的快速与健康发展做出自己的贡献。

汪寿阳

中国科学院预测科学研究中心

2013 年 12 月

前　言

　　2013 年以来，一、二线城市的房价继续全面上升，房地产投资日渐活跃，住宅商品房市场呈现量价齐升的态势。在新一届领导班子的新宏观调控理念下，抑制需求的行政干预手段明显松动，转而加大了供应端的供给能力，由此刺激了房地产市场的全面发展。因此，新形势下如何保持调控效果、审时度势、处变不惊、趋利避害、科学决策依然是从国家政府到黎民百姓共同关注的问题。

　　本报告根据国家统计局、天相数据库、中国经济信息网等多个权威数据库公布的最新统计数据，从房地产市场的供给、投资、销售和价格等多个方面回顾了 2013 年我国房地产市场的运行状况，解析了 2013 年颁布的各级房地产市场相关政策，刻画了我国房地产市场的运行状况，点评了八大代表性城市及一些代表性三、四线城市的房地产市场运行状况，综述了 2013 年房地产金融的形势，预测了 2014 年房地产市场价格等重要指标的变化，并对相关热点问题进行了深入的分析。

　　本报告由董纪昌、吴迪、李秀婷、刘晓欣、周克成、林睿、董志、柯曼綦、焦丹晓、贺舟、李凌、张欣、訾振关、王晨晨、刘佳佳、轩丹丹、沙思颖、黄东佳撰写。

　　本报告的研究工作得到了中国科学院预测科学研究中心的支持，特别是中国科学院预测科学研究中心主任汪寿阳教授的细心指导和帮助。科学出版社的马跃、刘晓宇编辑也为本报告的出版付出了辛勤的劳动。在此，我们向所有为本报告提供过无私支持与帮助的领导、单位及同事表示最诚挚的感谢！

　　由于我们的学识、水平和能力所限，本报告中可能存在一些有待商榷和值得探讨的地方，因此欢迎各界朋友与我们交流、探讨、批评、指正。

董纪昌　吴　迪　李秀婷

中国科学院研究生院管理学院

2013 年 12 月

目　录

第一章　2013 年房地产市场运行情况

2013 年 1～10 月份房地产市场较 2012 年明显回暖，商业营业房及住宅商品房投资明显回升，新开工全面回暖，销售面积增速、土地购置面积增速保持高位；房地产开发资金方面，利用外资基本保持不变，国内贷款有所增加，而其他资金和自筹资金都有所下降。但就 2013 年全年度来看，房地产市场有下行趋势，开发投资有放缓趋势，新开工面积、竣工面积同比由增转降，商品房销售面积、销售额增速均出现回落，10 月份出现高位回落。房地产市场的继续回暖缺乏动力。

一、房地产开发投资

（一）房地产开发投资总额

2013 年房地产开发投资继续保持稳步增长的态势，增速较 2012 年相比保持在较高的水平。1～10 月全国房地产开发投资累计达到 68 693.18 亿元，比 2012 年同期增长 19.20％，增速上涨 3.76 个百分点。其中用于住宅的累计投资为 47 222.48 亿元，比 2012 年同期增长 18.94％，增速上涨 8.13 个百分点。如图 1.1 所示，2013 年以来，房

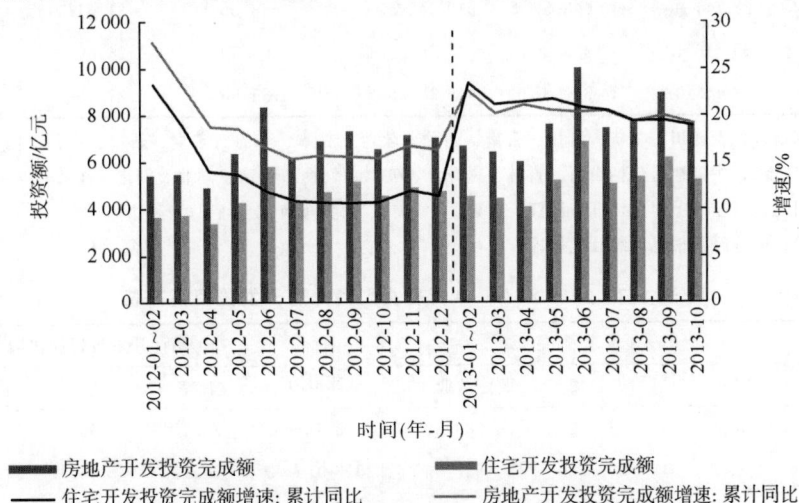

图 1.1　2012～2013 年房地产开发投资及住宅投资示意图

资料来源：中国经济信息网统计数据库

地产开发投资完成额和用于住宅的开发投资完成额同比增速基本保持在 20% 左右，至 10 月份略有下滑，但与 2012 年整体相比，处在较高的增速水平。在房地产资金收紧的情况下，2013 年年底至 2014 年，房地产开发投资额可能会保持目前缓慢下降的趋势，但在整个经济气温回升、房地产市场调控政策略有放松的大环境下，房地产商信心回升，房地产开发投资额不会出现大的下滑，预计同比增速仍徘徊在 20% 左右。

2013 年 1~10 月，东部地区房地产开发投资 38 443.02 亿元，较 2012 年同期增加 53.06%；中部地区房地产开发投资 14 890.3 亿元，较 2012 年同期增长 20.13%；西部地区房地产开发投资 15 359.85 亿元，较 2012 年同期增长 78.91%。表 1.1 展示了 2007~2013 年的前 10 个月累计投资额变化情况，可以发现 2013 年中西部地区的房地产投资份额较前几年增长得更为快速，较 2012 年增长了近 20 个百分点；此外东部地区的房地产投资份额也一改以往持续下降的趋势，出现了近 6 年来的首次上涨；而相比 2012 年，变化最大的为中部地区，2013 年中部地区的房地产投资份额下降了近 20 个百分点，从发展的趋势上看，该结构性下降可以看做是中部地区房地产投资趋势的回归，回归到了自 2009 年以来长期保持的 20 个百分点左右的结构占比，从分配结构上看，西部地区主要承接了中部地区投资的分流表 1.2 为 2013 年 1~10 月我国各类型商品房开发投资情况。

表 1.1　2007~2013 年前 10 个月各地区房地产开发投资情况表

年份	房地产投资完成额/亿元			房地产投资完成额占比/%		
	东部	中部	西部	东部	中部	西部
2007	11 842	3 645.42	3 704.78	64.15	17.74	18.11
2008	14 207.31	4 961.05	4 749.35	61.70	18.99	19.30
2009	16 676.09	6 118.42	5 645.22	59.40	20.74	19.86
2010	22 293.21	8 112.52	7 663.8	58.64	21.51	19.85
2011	28 711.96	10 648.53	10 562.35	58.56	21.31	20.13
2012	25 116.12	12 395.3	8 585.191	54.49	26.89	18.62
2013	38 443.02	14 890.3	15 359.85	55.96	21.68	22.36

注：西部地区包括四川、重庆、贵州、云南、西藏、陕西、甘肃、青海、宁夏、新疆、广西、内蒙古 12 个省（自治区、直辖市）；中部地区包括山西、吉林、黑龙江、安徽、江西、河南、湖北、湖南 8 个省；东部地区包括北京、天津、河北、辽宁、上海、江苏、浙江、福建、山东、广东和海南 11 个省（直辖市）

资料来源：中国经济信息网统计数据库

表 1.2　2013 年 1~10 月各类型商品房开发投资情况表

时间 （年-月）	开发投资总额/亿元			时间 （年-月）	累计开发投资同比增速/%		
	住宅	办公楼	商业营业用房		住宅	办公楼	商业营业用房
2013-02	4583.09	388.32	883.82	2013-01~02	23.40	53.30	22.40
2013-03	4429.53	358.53	837.04	2013-01~03	21.10	44.10	21.20
2013-04	4108.03	354.74	826.04	2013-01~04	21.30	48.60	22.70
2013-05	5242.67	424.50	1035.22	2013-01~05	21.60	41.00	24.10

续表

时间 （年-月）	开发投资总额/亿元			时间 （年-月）	累计开发投资同比增速/%		
	住宅	办公楼	商业营业用房		住宅	办公楼	商业营业用房
2013-06	6863.82	485.21	1428.23	2013-01～06	20.80	42.80	26.10
2013-07	5090.97	400.50	1083.41	2013-01～07	20.20	40.20	29.50
2013-08	5420.35	439.02	1074.71	2013-01～08	19.20	40.00	26.50
2013-09	6240.73	411.63	1256.22	2013-01～09	19.50	37.60	27.90
2013-10	5243.29	386.95	1043.09	2013-01～10	18.90	36.90	26.90

资料来源：中国经济信息网统计数据库

（二）房地产开发商资金结构

如图1.2所示，2013年1～10月，全国房地产开发97 194.0亿元，其中，国内贷款15 968.5亿元，占总资金的16.43%；利用外资416.0亿元，占总资金的0.43%；自筹资金37 095.9亿元，占总资金的38.17%；包括单位自有资金、定金及预收款等在内的其他资金43 713.5亿元，占总资金的44.98%。与2012年同期开发资金来源相比较，利用外资基本保持不变，国内贷款有所增加，而其他资金和自筹资金都有所下降。

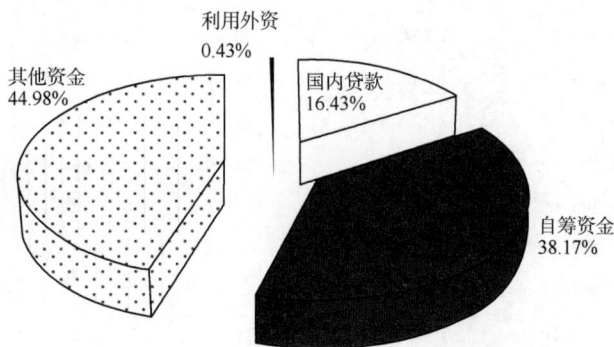

图1.2　2013年1～10月房地产开发资金来源示意图

资料来源：中国经济信息网统计数据库

如表1.3和表1.4所示，与2012年前10个月相比，2013年前10个月，受经济大环境好转的影响，房地产开发投资额有大幅度增加，同比增幅接近2012年的两倍。其中国内贷款同比增速明显提升，可见2013年以来，国内房地产政策有所松动，房地产市场企暖回升，国内贷款投资力度大幅度增加，一改2012年利用外资同比降低的现象，2013年前10个月，除年初出现了负的同比增长值，其他月份较2012年同比增长值均为正，且保持较高的同比增长值，前4个月同比增长值达到两年内最高的28.5%。就2013年来看，利用外资总额与自筹资金的增速呈现稳定波动性趋势，国内贷款增速呈现波动性增长，而其他资金的增速呈现下滑趋势。2012年在国家严厉的房地产市场限购政策和严格抑制投资投机性住房的背景下，房地产市场国内贷款的支持显著降低，但是一部分房地产商仍拥有较充足的自有资金，并且刚性需求产生的订金及预收款、个人按揭贷款等使其他资金比重在资金结构中有所上升。而 2013 年以来，国内房地产政策松动，国内贷款支持力度大幅度增加，经济整体复苏，外资支持力度保持 2012 年的强度，自筹资金与其他资金在总投资中的比重有所下降，但仍保持较高的同比增长率。

表 1.3 2013 年各月房地产开发资金主要来源情况表 （单位：亿元）

时间（年-月）	总投资	国内贷款	利用外资	自筹资金	其他资金
2012-02	5 431.46	3 116.22	107.2	5 994.88	4 932.63
2012-03	5 495.71	1 202.30	4.58	2 951.47	2 573.31
2012-04	4 908.12	902.12	15.00	2 233.68	2 669.86
2012-05	6 377.74	1 075.76	41.21	3 373.92	3 012.42
2012-06	8 396.90	1 295.41	34.02	4 073.04	3 755.99
2012-07	6 164.65	1 131.18	26.32	2 693.50	3 652.11
2012-08	6 913.40	1 162.92	64.96	3 755.40	3 898.52
2012-09	7 358.05	1 122.20	23.58	3 397.83	3 974.05
2012-10	6 582.83	1 097.56	20.33	3 076.86	3 970.70
2013-02	18 925.75	3 937.60	87.51	7 330.85	7 569.79
2013-03	8 036.25	1 234.64	39.45	2 788.81	3 973.35
2013-04	8 639.51	1 446.06	35.91	2 832.04	4 325.50
2013-05	9 513.27	1 432.85	35.77	3 636.60	4 408.05
2013-06	12 109.94	1 850.10	35.40	5 041.42	5 183.02
2013-07	9 605.82	1 532.00	35.33	3 521.70	4 516.79
2013-08	10 129.77	1 449.98	74.33	4 064.83	4 540.64
2013-09	10 867.47	1 684.61	47.37	4 457.45	4 678.04
2013-10	9 366.10	1 400.70	24.90	3 422.20	4 518.30

资料来源：中国经济信息网统计数据库

表 1.4 2013 年各月房地产开发资金主要来源累计同比增速表 （单位：%）

时间（年-月）	总投资	国内贷款	利用外资	自筹资金	其他资金
2012-01～02	27.8	16.3	24.2	43.3	−5.6
2012-01～03	23.5	12.6	−22.4	25.0	−8.0
2012-01～04	18.7	8.8	−42.9	17.5	−6.2
2012-01～05	18.5	8.5	−36.8	16.3	−4.3
2012-01～06	16.6	8.1	−53.9	12.9	−0.7
2012-01～07	15.4	8.8	−54.3	10.3	2.8

时间（年-月）	总投资	国内贷款	利用外资	自筹资金	其他资金
2012-01～08	15.6	11.2	−53.7	12.5	6.7
2012-01～09	15.4	12.9	−53.3	11.4	9.6
2012-01～10	15.4	14.7	−52.8	11.7	12.0
2013-01～02	33.7	26.4	−18.4	22.3	53.5
2013-01～03	29.3	19.8	13.6	13.6	53.8
2013-01～04	33.5	26.8	28.5	16.2	55.9
2013-01～05	32.0	27.9	18.2	14.3	53.7
2013-01～06	32.1	30.4	15.9	16.3	50.3
2013-01～07	31.5	31.1	18.0	18.2	45.5
2013-01～08	28.9	30.3	17.2	16.7	40.9
2013-01～09	28.7	32.3	23.4	18.4	37.7
2013-01～10	27.2	31.9	23.4	17.7	34.8

资料来源：中国经济信息网统计数据库

二、房地产供需情况

（一）土地市场供给状况

图 1.3 和表 1.5 展示了 2013 年 1～10 月我国东、中、西部地区土地购置情况。一改 2012 年土地购置面积整体下降的趋势，2013 年前 10 个月东部地区土地购置面积呈现波动变化的态势，其中前两个月，以及 6 月份和 9 月份，土地购置面积较高，分别为1718.07 万平方米、1760.69 万平方米和 1711.44 万平方米。2013 年 10 月份土地购置面积达到年内最低值 555.40 万平方米。东部地区全年累计土地购置面积同比均为负增长，但负增长值较 2012 年有所降低，累计增速最低为前 3 个月，达到−24.79%。中部地区各月土地购置面积依旧保持稳定波动态势，2013 年前 10 个月累计同比增速均为负值，其中 6 月份达到年内最高值 1204.19 万平方米，10 月份达到最低值 513.34 万平方米。同比增速最低为前两个月，达到−42.51%，其中前 3 个月同比增速低至−29.36%。西部地区土地购置面积情况较 2012 年相比有较大改观，不同于 2012 年同比增速为负的情况。西部地区 2013 年土地购置面积除 3 月份、6 月份外，累计同比增速均保持正值。可见土地购置面积正在逐步向西部转移，房地产开发投资资金逐步流入西部地区。

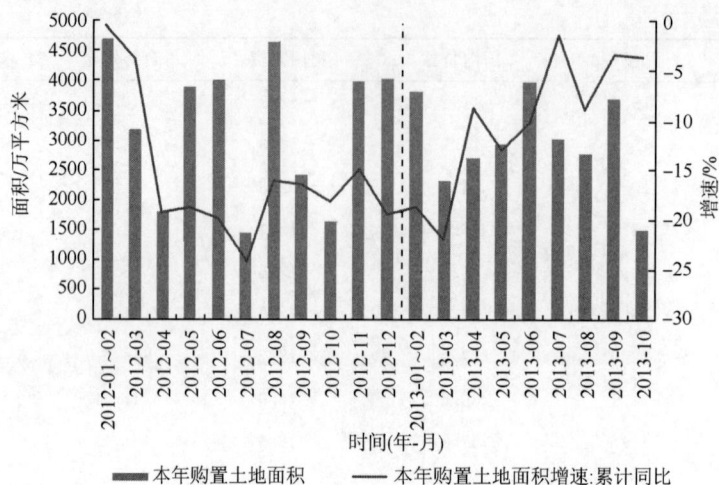

图 1.3　2012～2013 年土地购置面积及同比增速

资料来源：中国经济信息网统计数据库

表 1.5　2013 年 1～10 月房地产土地购置情况表

时间 （年-月）	土地购置面积/万平方米			时间 （年-月）	累计土地购置面积同比增速/％		
	东部	中部	西部		东部	中部	西部
2012-02	2124.55	1555.60	1003.77	2012-01～02	−0.20	83.74	24.71
2012-03	1590.98	629.45	954.53	2012-01～03	−20.29	16.81	18.77
2012-04	969.05	448.38	381.00	2012-01～04	−27.02	−12.39	−8.08
2012-05	1954.91	980.42	939.50	2012-01～05	−21.51	−15.13	−16.39
2012-06	1439.61	1296.79	1274.64	2012-01～06	−23.03	−19.30	−14.53
2012-07	477.91	668.77	292.19	2012-01～07	−28.04	−18.40	−23.82
2012-08	2061.84	1575.36	1004.37	2012-01～08	−19.47	−9.52	−17.42
2012-09	944.91	634.49	830.29	2012-01～09	−19.46	−11.81	−16.43
2012-10	733.45	413.37	479.26	2012-01～10	−20.37	−15.12	−17.15
2013-02	1784.3	894.3	1200.3	2013-01～02	−17.9	−42.5	19.6
2013-03	1214	649.1	595.4	2013-01～03	−22.8	−29.4	−8.3
2013-04	1262.8	893.9	663.1	2013-01～04	−14.3	−7.4	5.1
2013-05	1358.6	758.1	942.7	2013-01～05	−20.2	−11.6	3.7
2013-06	1973.3	1204.2	1000.7	2013-01～06	−12.8	−10.4	−3.3
2013-07	1338.1	949.3	733.4	2013-01～07	−3.6	−4.1	6.0
2013-08	1274.4	718.7	930.4	2013-01～08	−10.6	−15.2	3.7
2013-09	1813	891.1	1081.8	2013-01～09	−3.6	−10.7	7.0
2013-10	603.7	513.4	422.2	2013-01～10	−4.8	−8.9	5.7

资料来源：中国经济信息网统计数据库

（二）房地产开发建设状况

"房地产开发综合景气指数"（简称国房景气指数），能够综合反映房地产市场发展变化情况。通常情况下，国房景气指数 100 点是最合适的水平，95～105 点为适度水平，95 点以下为较低水平，105 点以上为偏高水平。如图 1.4 所示，较 2012 年相比，2013 年国房景气指数明显处于较高的平稳水平，虽然国房景气指数依旧没有达到 100，但均处于 95～105 的适度水平空间，较 2012 年有极为明显的改观，且国房景气指数环比增长点数基本保持在－0.5～0。国房景气指数进一步印证了 2013 年以来，我国房地产市场全面复苏，经济全面回暖，房地产政策松动，行业信心增加，投资力度加大。

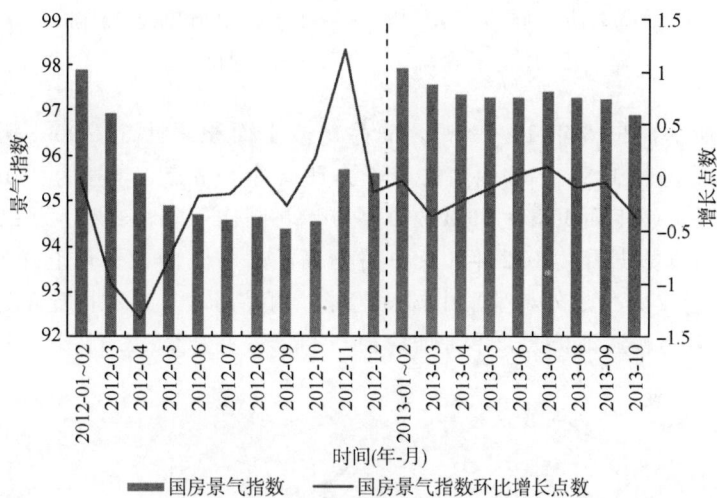

图 1.4　2012～2013 年房地产开发综合景气指数
资料来源：中国经济信息网统计数据库

如图 1.5 所示，2013 年前 10 个月，我国商品房新开工面积累计达 156 275 万平方米，较 2012 年同比增长 6.5%，其中住宅的新开工面积累计达 114 084.03 万平方米，较 2012 年同比增长 5.2%，可见我国房屋新开工面积已走出低谷，开始有所增加，新开工面积的增加缓解了房地产市场供需失调的状况。总体来看，2013 年整体同比增速高于 2012 年，2013 年伊始，新开工面积便保持高位，年初新开工面积达到两年来最高值，为 20 048.65 万平方米。商品房与住宅新开工面积同比增速基本保持一致，2013 年 7 月，商品房及住宅新开工面积同比增速达到最高值，分别为 45.22% 和 40.66%。

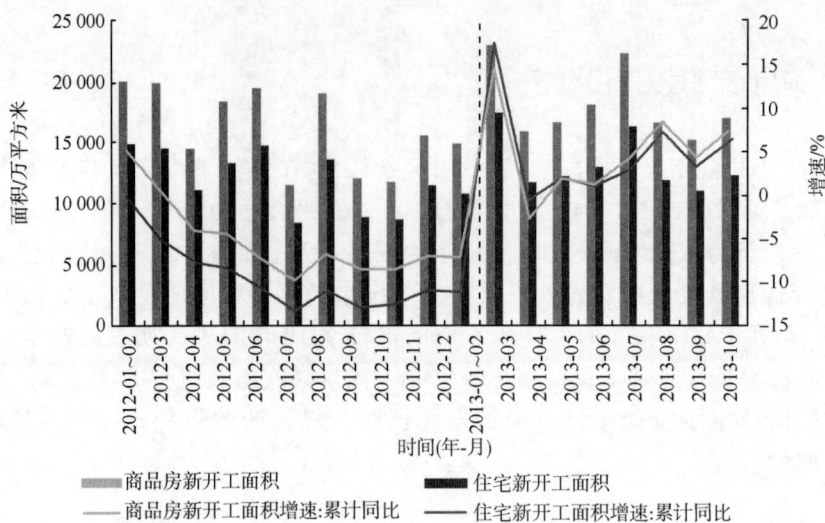

图 1.5　房屋新开工当月面积及同比增速

如图 1.6 所示，2013 年 1～10 月，商品房竣工面积累计 59 390.2 万平方米，与2012 年同期相比增长 1.8%，增幅同比下降了 15.5 个百分点，增速为 2009 年以来的最低值。其中，住宅竣工面积累计 46 395 万平方米，同比下降 0.8%，为 2011 年以来的首次降低。从月度数据看，2012 年 1～10 月份商品房竣工面积呈现下降趋势，相较于2012 年，除了1～2 月份之外，呈现小幅度上涨，商品房竣工面积同比增速整体上波动性较小，3～7 月增幅逐渐扩大，单月增速由－23.6% 上升至 17.7%。第三季度增速又呈现下滑趋势。

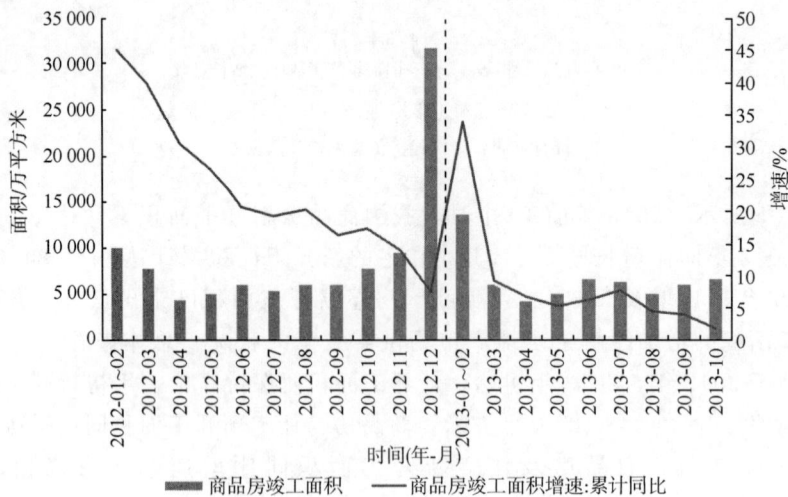

图 1.6　2012～2013 年商品房竣工面积及同比增速

资料来源：中国经济信息网统计数据库

从表1.6商品房竣工的区域统计看，2013年1～10月份，东部地区商品房竣工面积累计增速与2012年同期相比呈现出明显的下降趋势，由年初的42.8%跌至6月份的10.3%，1～10月份累计增速为5.1%，增速下降了4.7个百分点。中部地区2013年1～10月份同样呈现下降趋势，较2012年相比，增速最大降幅为72.1个百分点（1～2月份），虽然增速降幅在逐步收窄，但1～10月份累计增速的降幅仍达到20.4个百分点。而西部地区商品房竣工面积除了1～2月份之外，前三季度与2012年相比基本持平，但1～10月份的同比增速为−6.9%，相比于1～9月份又下降了3.7个百分点，预计西部地区2013年商品房的整体竣工情况要低于2012年，市场供给有所减少。

表1.6 2013年1～10月商品房竣工面积情况表

时间 （年-月）	商品房竣工面积/万平方米			时间 （年-月）	累计商品房竣工面积同比增速/%		
	东部	中部	西部		东部	中部	西部
2013-02	6 966.8	3 017.5	3 540.2	2013-01～02	42.8	19.3	31.8
2013-03	3 048.6	1 663.1	1 237.3	2013-01～03	13.7	7.1	1.6
2013-04	2 313.8	1 077.4	894.3	2013-01～04	12.9	2.7	−1.7
2013-05	2 225.6	1 507.0	1 253.6	2013-01～05	10.5	1.7	−0.9
2013-06	3 113.0	2 019.5	1 468.5	2013-01～06	10.3	5.4	−0.4
2013-07	3 384.3	1 663.3	1 249.0	2013-01～07	12.3	7.1	0.0
2013-08	2 606.5	1 401.7	998.8	2013-01～08	8.6	2.8	−1.5
2013-09	3 115.0	1 787.1	1 153.9	2013-01～09	8.0	4.0	−3.2
2013-10	3 010.1	1 891.4	1 783.0	2013-01～10	5.1	4.1	−6.9

资料来源：中国经济信息网统计数据库

（三）商品房销售状况

2013年1～10月，我国商品房销售面积累计达95 930万平方米，与2012年同期相比上升了21.8%。商品房销售额累计达61 237.6亿元，与2012年同期相比增长32.3%。其中，住宅销售面积累计为85 721.1万平方米，同比增长22.3%；住宅销售额累计为51 484.6亿元，同比增长32.6%。由于2012年商品房销售面积和销售额同比增速都处于较低的水平，与2012年相比，2013年商品房以及住宅的销售面积和销售额的同比增长均有显著提升。受到刚性需求的影响，2013年房地产市场交易量有了显著提升，各指标的累计增速均在20%以上，尤其是2013年上半年各指标累计增速均在30%以上。由于2013年上半年房地产市场供给相对充足，使得刚性需求得到了显著的释放，同时自2013年第三季度以来随着刚性需求释放趋势的放缓，其成交量较上半年略有下降，但仍明显高于2012年的同期水平。

分地区来看，2013年1～10月，东部地区商品房销售面积累计达47 915.0万平方米，同比增长24.0%，商品房销售额累计为37 928.7亿元，同比增长35.0%，东部地区销售面积增速在各区域中放缓最为明显；中部地区商品房销售面积累计为 24 411.1 万平方米，同比增长 22.5%，商品房销售额累计为 11 692.3 亿元，同比增长 31.9%；西部地区商品房销售面积累计为 23 604.9 万平方米，同比增长 17.1%，商品房销售额累计为 11 616.7 亿元，同比增长 24.4%。

如图 1.7 和图 1.8 所示，2013 年房地产市场出现自调控以来首个"金九银十"的繁荣情况，相比于 2012 年，2013 年 9 月份商品房与住宅的销售面积和销售量增速均在

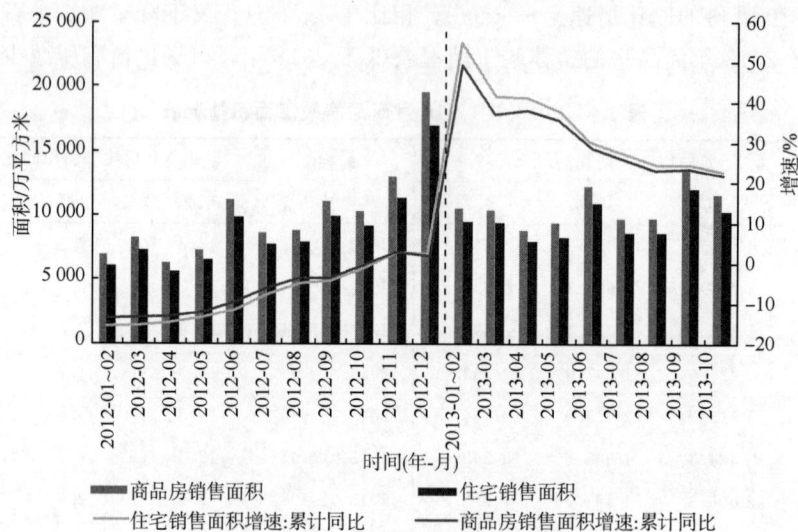

图 1.7 2012～2013 年商品房销售面积及增速

资料来源：中国经济信息网统计数据库

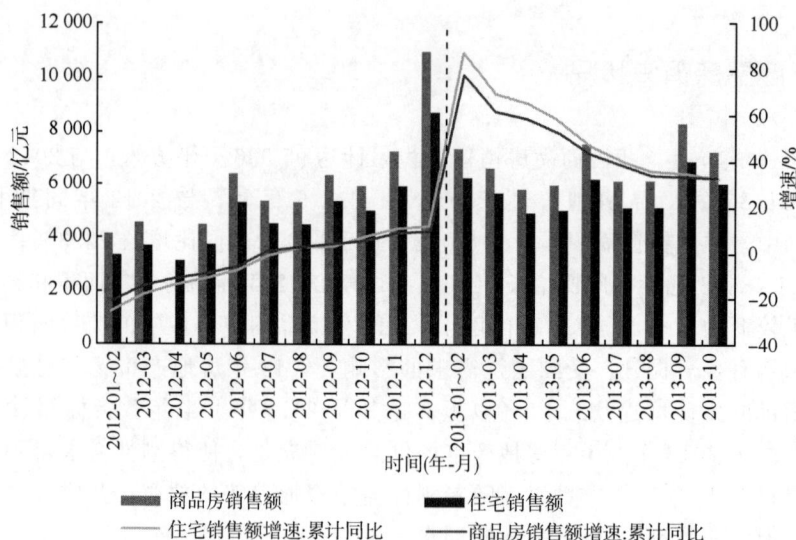

图 1.8 2012～2013 年商品房销售额及增速

资料来源：中国经济信息网统计数据库

20％以上，而 10 月份增速也保持在 10％以上，其中 10 月份住宅的销售额与销售面积增速均在 20％以上。2013 年，房地产市场的刚性需求在 9 月、10 月得到了显著的释放，使得市场交易情况出现了短时期的小高峰。同时市场交易量的上升也进一步提升了购房者对于房价上升的预期，预计 2013 年第四季度刚性需求会进一步释放。根据历史数据，第四季度为市场供应量的高峰阶段，在政策环境平稳、购房者预期仍处高位的情况下，第四季度成交量会在第三季度额基础上继续提升，由于第三季度同比增速较大，第四季度环比增速会有所放缓，但仍会处于较高水平。市场交易量的提升以及房价的进一步上涨也提升了政策调控的预期，但短期来看房产税扩容、新型城镇化等长效机制难以对需求产生直接影响，稳定的宏观环境成为促进成交量回升的积极因素。

三、房地产价格波动

如图 1.9 所示，与 2012 年相比，2013 年 1～9 月份全国土地均价整体变化幅度较小。2 月份最低，土地均价为 1647.79 元/平方米，3 月份开始上升，环比增速达到 153.16％。从 3 月份到 9 月份呈平稳趋势，各月土地均价在 4000 元/平方米左右波动。10 月份出现较大涨幅，土地均价达 6964 元/平方米，为 2013 年以来的最高价，与同年 2 月份相比，增加了 3.2 倍。2013 年的土地政策延续 2012 年的方向，着力于城镇化、城乡统筹等方面以及 2 月份"国五条"增加土地供应政策的实施，对平稳土地均价都起到了积极的作用。

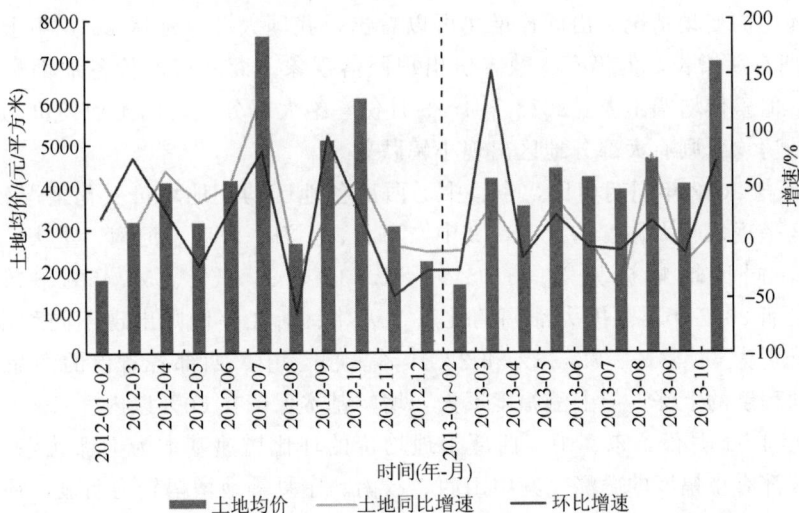

图 1.9　2012～2013 年全国土地均价及增速

资料来源：万德统计数据库

由图 1.10 可以看到，2013 年我国的商品房均价基本延续 2012 年的平稳趋势。限购、保障房建设等调控政策的继续执行以及 2013 年 2 月颁布的"国五条"，要求控制新建商品住房价格、抑制投机性购房和保障住房用地供应总量等政策，是保障商品房均价平稳趋势的重要原因。根据 2013 年 11 月 12 日党的第十八届中央委员会第三次全体会议通过的《中共中央关于全面深化改革若干重大问题的决定》，预计以后市场化调控手段将更加突出，市场在房地产资源配置中的决定性作用将更加明显。

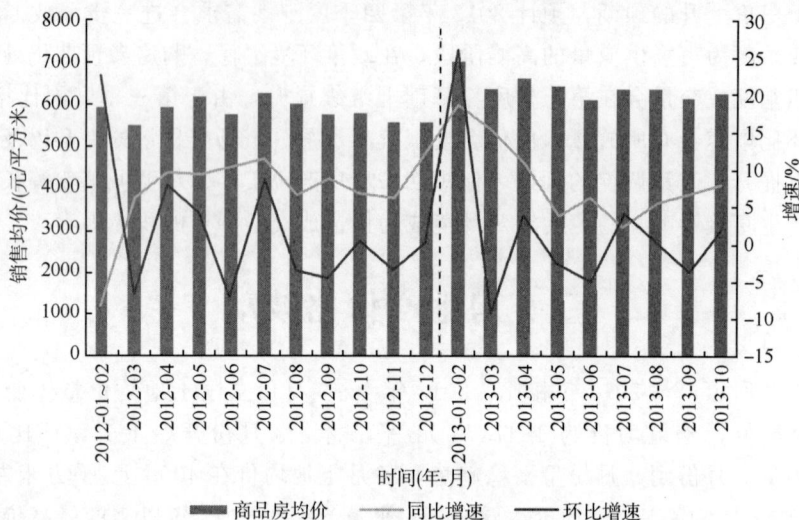

图 1.10　2012～2013 年全国商品房均价及增速
资料来源：万德统计数据库

　　表 1.7 是 2013 年 1～10 月东、中、西部各省份累计土地均价和商品房销售均价及其同比、环比的变动情况。由同比增速可以看出，我国大部分地区 2013 年土地均价较 2012 年同期有所增长，但仍有少数省份出现回落现象。商品房均价各地都呈现不同幅度的增长，但整体增幅不大。2013 年 1～9 月份，绝大部分地区的土地均价均出现微幅增长，商品房均价则有大部分地区出现小幅跌落。

　　2013 年与 2012 年同期相比，东、中、西部各地区的土地均价变化情况较为复杂，大部分地区呈现出较大幅度的上升，其中，河北、上海、海南、河南、重庆、青海等地增幅明显，同比增幅分别为 45.05%、61.33%、86.11%、53.45%、46.38% 和 141.94%。而 2012 年出现极大涨幅的北京、天津、浙江等地则出现不同程度的回落，同比跌幅分别为 66.63%、72.35% 和 22.19%。东、中、西部各省份的商品房价格则都出现不同程度的上涨，但上涨幅度不大，增幅基本保持在 20% 以内。

　　2013 年 1～9 月份，东、中、西部土地均价的环比增速基本为上涨状态。东、中、西部各地区都有小幅度的微涨。其中山西、云南、宁夏等地增幅较为明显，环比增幅分别为 18.24%、10.84%、10.84%。但仍有北京、天津、吉林和陕西 4 个省份出现跌落。商品房均价波动不明显，超过半数地区的商品房均价环比增速出现小幅下降，跌幅在 3% 以内。其他地区的增幅也相对集中，保持在 2% 以内。

表 1.7 2013 年 1～10 月累计土地均价和商品房销售均价

区域	土地均价/ (元/平方米)	同比增速/%	环比增速/%	销售均价/ (元/平方米)	同比增速/%	环比增速/%
东部地区	5 984.51	7.63	5.39	7 915.82	8.88	−0.14
北京	16 836.69	−66.63	−0.12	19 245.29	6.68	0.40
天津	4 376.04	−72.35	−6.51	8 929.23	6.92	−0.66
河北	2 758.26	45.05	6.52	4 890.7	10.70	0.66
辽宁	2 484.44	10.46	0.74	5 124.03	4.23	0.16
上海	19 870.52	61.33	6.24	16 512.36	15.03	0.16
江苏	4 737.29	7.51	4.96	7 052.62	3.93	0.02
浙江	13 177.67	−22.19	5.16	11 201.38	5.06	−0.77
山东	3 644.2	7.78	8.17	5 078.58	6.89	0.39
广东	4 643	10.94	8.20	9 243.13	12.70	−0.49
福建	8 052.32	−11.27	1.72	8 868.66	4.97	0.30
海南	5 056.43	86.11	3.88	8 898.28	9.02	−1.50
中部地区	2 287.27	14.22	4.03	4 789.73	7.73	−0.16
山西	1 312.24	−28.79	18.24	4 345.39	11.50	0.30
吉林	1 362.32	−8.08	−0.88	4 588.63	5.44	−0.50
黑龙江	1 796.98	11.87	9.54	4 779.28	13.46	−2.35
安徽	2 577.07	21.27	6.60	5 135.91	3.38	0.09
江西	2 052.97	37.21	2.99	5 274.36	9.91	0.81
河南	2 776.84	53.45	2.36	4 302.44	8.78	−0.85
湖北	2 609.33	−6.04	2.22	5 427.42	6.24	1.37
湖南	2 675.08	5.28	1.93	4 374.00	5.36	−0.23
西部地区	2 451.78	15.91	5.08	4 921.3	6.25	−0.18
四川	5 531.52	4.74	8.38	5 534.36	4.94	0.41
重庆	3 080.4	46.38	1.52	5 617.83	9.74	0.64
贵州	1 622.97	0.45	4.47	4 289.75	3.54	0.69
云南	1 810.08	18.94	10.84	4 490.31	7.10	−0.73
西藏	—	—	—	3 978.48	19.20	0.81
陕西	2 413.13	−16.26	−8.33	5 367.47	1.71	−0.18
甘肃	1 417.01	23.70	9.08	3 828.28	10.32	−1.35
青海	4 868.16	141.94	0.37	4 214.90	3.32	−1.07
宁夏	941.92	9.49	10.84	4 293.30	7.54	−0.66
新疆	721.55	37.89	5.10	4 143.87	9.36	0.70
广西	5 240	40.34	3.53	4 683.01	11.64	−0.39
内蒙古	2 117.07	34.50	1.60	4 331.58	5.81	−1.66

资料来源：万德统计数据库

从万德数据库公布的百城住宅价格指数可以看出，2013 年年初住宅价格指数同比上涨城市数仅为 50 个，占整体数量的 1/2，价格指数持平城市为 0，上涨与下跌的城市数平分秋色。而到 2013 年 8 月份，住宅价格指数同比上涨城市数提升为 90 个，同比下跌城市数仅为 9 个（表 1.8）。

表 1.8　2013 年百城住宅价格指数同比变化情况　　　　　　（单位：个）

时间	同比上涨城市数	同比持平城市数	同比下跌城市数
1 月	50	0	49
2 月	64	0	35
3 月	75	1	23
4 月	82	0	17
5 月	86	0	13
6 月	89	0	10
7 月	89	0	10
8 月	90	0	9
9 月	90	0	9
10 月	93	0	6

资料来源：万德统计数据库

从环比数据来看，基本维持了同比变化的趋势，百城住宅价格指数表现出强劲的上升趋势（表 1.9）。

表 1.9　2013 年百城住宅价格指数环比变化情况　　　　　　（单位：个）

时间	环比上涨城市数	环比持平城市数	环比下跌城市数
1 月	64	1	35
2 月	74	0	26
3 月	84	0	16
4 月	76	0	24
5 月	77	1	22
6 月	71	0	29
7 月	61	0	39
8 月	71	0	29
9 月	79	0	21
10 月	75	1	24

资料来源：万德统计数据库

第二章　房地产市场相关政策与评述

一、2012年7月～2013年10月主要房地产政策一览

自2013年3月中央政府领导人换届，中央政府提出更多地发挥市场作用。与2012年相比，2013年并没有过多的房地产政策，出台的几项政策依然显示中央政府对房地产市场调控的决心，使得房地产市场不合理需求得到抑制，各地房地产市场趋于平稳。在土地政策方面，国家进一步推进节约集约用地制度建设，提高供给土地的利用效率，加强对闲置土地的监管，继续做好保障性安居工程用地供应工作，保持土地市场平稳运行。在金融与财税政策方面，继2012年央行两次下调存款准备金率和两次下调存、贷款利率之后，中国人民银行管理部对首套房、二套房和三套及以上住房首付款实行差别化的信贷政策，既有效抑制投机投资性需求，又满足居民首套住房的刚性需求。在税收政策方面，随着2012年北京、上海房地产税试点工作开展，各项技术条件有待进一步完善，并需要各部门配合运行，试点范围有望扩大。在保障房政策方面，中央大力推进保障性安居工程建设，进一步完善财政投入、信贷支持、税费优惠、土地供应等政策，在保质保量完成保障房建设的同时，加强对分配、管理等环节的监管，特别是2013年各地对棚户区的改造工作，大大增加保障性住房土地供给。除以上措施外，中央政府还充分发挥新闻媒体的作用，及时公开解决居民最关心的热点难点问题，增加政府工作的透明度，最大限度减少居民非理性预期对市场带来的动荡。总的来说，2012～2013年，国家房地产政策的主题是"实行差别化房地产调控政策，确保居民自住型、改善型住房需求"。

（一）土地政策

（1）2012年7月16日，国土资源部部长徐绍史在国土资源厅、局长座谈会上指出，要把握国土资源管理的大势，切实增强加快制度供给的信心；坚持房地产调控政策不动摇，应保尽保保障房用地，增加普通商品房用地供应；坚持和完善招、拍、挂制度，关注异常交易，打击囤地行为。

新解：2012年各地认真贯彻国务院有关房地产调控政策，但自2012年5月份以来，部分城市商品房销售量明显回升，新建住宅价格出现环比上涨，土地市场随之出现一些波动，部分城市再现"地王"。高房价出现的根本原因是市场对房屋存在刚性需求，

因此中央政府出台政策保障土地的供给，一方面保证市场土地供给可以有效避免高地价的出现；另一方面满足市场对房屋用地的需求。

（2）2012 年 7 月 19 日，国土资源部、住房和城乡建设部联合发布《关于进一步严格房地产用地管理巩固房地产市场调控成果的紧急通知》，指出近期房地产和土地市场出现波动，市场运行的不稳定性增加，各部门需坚持房地产市场调控不放松，坚决防止房价反弹；加大住房用地供应力度，提高计划完成率；继续探索完善土地交易方式，严防高价地扰乱市场预期。

新解：《紧急通知》是对之前出台政策的完善，其中提到加大住房用地供应力度，提高计划完成率，严防高价地扰乱市场预期。加大市场对土地的供给是调控市场高地价的有效手段，但是不能直接对高房价产生影响。房屋建造需要时间，因此政策实施的效果也会出现滞后。为提高政策实施的效果，在加大住房用地供应力度的基础上，中央政府提出要提高计划完成率，及时满足房地产市场对土地的需求。市场心理预期也对土地市场产生影响，土地交易市场方式的完善要进一步合理化，尽量减少市场心理预期对土地交易价格产生的影响。

（3）2012 年 8 月 5 日，为落实国家房地产调控政策，加强住房用地供应管理，确保住房用地供应计划有效落实，国土资源部对 2012 年 1～6 月份全国住房用地供应计划落实情况进行了汇总分析，并发布公告。调整全国住房用地供应计划，各地根据上半年住房用地供需和已供土地开发利用情况，对年初确定的住房用地供应计划进行了调整，其中有 20 个地区计划量减少，5 个地区计划量增加。调整后的住房用地供应计划全国合计总量为 15.93 万公顷，比调整前的 17.26 万公顷减少 7.70%。其中，商品住宅用地供应总量调整后为 11.17 万公顷，比调整前减少了 8.70%；保障性安居工程计划用地为 4.76 万公顷，比之前的 5.01 万公顷减少 4.99%。

新解：为增加房地产市场供给，中央政府制定目标保障房地产市场土地供给，调整后的住房用地计划总量超过历年实际计划完成额，但是 2012 年实际土地供应量落实数值下降。预计中央政府将进一步出台措施，保证土地供给的实际落实量，保障有效土地供应量。

（4）2012 年 9 月 6 日，国土资源部发布《关于严格执行土地使用标准大力促进节约集约用地的通知》，要求各地严格执行各类土地使用标准，加大审查力度，加强对标准执行的监管和评价。

（5）2012 年 11 月 15 日，国土资源部、财政部、中国人民银行和中国银行业监督管理委员会四部委联合发布《关于加强土地储备与融资管理的通知》，主要目的是加强土地储备机构、业务和资金管理，规范土地储备融资行为，切实防范金融风险，保障土地储备工作规范和健康运行。

新解：为保障住房用地供给，要提高有限土地资源的利用效率。土地收入是地方政府收入的主要来源，多样化地方政府财政收入，使地方政府收入中土地收入占比减少是降低土地价格的根本措施。

（6）2013 年 2 月 20 日，国务院常务会议中明确新"国五条"细则中第三条提出，要增加普通商品住房及用地供应。确定总体目标，2013 年住房用地供应总量原则上不低于过去五年平均实际供应量。

解读：房价增长过快的一个主要原因是土地供给量没有满足居民购房所需的土地量。保证土地市场的供给量是稳定房价过快增长的重要举措。

（二）保障性住房政策

（1）2012 年 6 月 20 日，住房和城乡建设部、发展和改革委员会、财政部、国土资源部、中国人民银行、国家税务总局、中国银行业监督管理委员会联合发布的《关于鼓励民间资本参与保障性安居工程建设有关问题的通知》中，鼓励民间资本通过多种方式参与保障性安居工程建设，并为民间资本的参与营造良好环境。

新解：保障性安居工程建设需要大量资金，仅靠政府财政支持难以维持，需要社会资金的注入。社会资金进入保障性安居工程建设以营利为目的，因此要对保障性安居工程进行进一步规范，并增强整个参与过程的透明度。同时，中央政府也要对投入资金的社会主体进行有效的审批和监管，防止徇私舞弊现象的发生。

（2）2012 年 7 月 11 日，国务院关于印发《国家基本公共服务体系"十二五"规划的通知》指出，"十二五"期间，国家的重点任务是加大保障性安居工程建设力度，增加保障性住房供应，加快解决城镇居民基本住房问题和农村困难群众住房安全问题，建立健全基本住房保障制度。进一步完善土地、财税、金融等政策体系，建立稳定投入机制，加大财政资金、住房公积金贷款、银行贷款的支持力度，引导社会力量参与保障性安居工程建设和运营。

新解：保障性安居工程建设是解决我国居民住房困难问题的有效方式。2012 年，政府在住房保障方面提出明确目标：到 2015 年增加廉租住房不低于 400 万套，新增发放租赁补贴不低于 150 万户，人均住房建筑面积 13 平方米左右，套型建筑面积在 50 平方米以内，而公租房也要求增加不低于 1000 万套，且单套建筑面积以 40 平方米左右的小户型为主。目标的实现需要保障性住房体系的建立和完善。同时，保障性安居工程建设会加大政府资金负担，需要引导社会资金支持。

（3）2012 年 7 月 17 日，国家财政部印发了《中央补助廉租住房保障专项资金管理办法》，《办法》规定，专项资金在优先满足发放廉租住房租赁补贴的前提下，可用于购买、改建或租赁廉租住房支出。结合廉租住房保障工作的新情况，调整了专项资金的分配因素权重。

新解：财政部根据各年度廉租住房建设目标，调整专项资金的分配因素权重。2012 年与 2011 年相比，从 2012 年起，将发放租赁补贴户数以及购买、改建、租赁廉租住房套数两项因素所占权重，分别从 40% 和 60% 调整为 80% 和 20%，以后年度两项因素权重由财政部根据各年度廉租住房保障情况适时调整。此《办法》支持财政困难地区做好城市廉租住房保障工作，加强中央补助廉租住房保障专项资金管理，提高财政资金使用效率。

（4）2012 年 10 月 11 日，住房和城乡建设部有关负责人谈棚户区改造，住房和城乡建设部将重点推进以下几个方面的工作：一是继续研究拓宽保障性安居工程资金渠道，积极创新融资方式。二是督促各地全面落实工程质量责任制，在保证质量的基础上，努力加快改造进度。三是加快已建成项目的竣工验收和配套设施建设，做好交付使用准备。

新解：实施棚户区改造的根本目的是改善群众的居住条件，既能改善民生，又是扩大内需的一项重要举措。各地对棚户区改造实行了"保底"安置，安置标准普遍达到了户均 45 平方米以上，保证实施改造后群众居住水平都能得到明显提高。棚户区改造产业关联度高、带动力强，不仅能够增加投资，而且能够带动消费，可以有效消化钢铁、建材、家电等上下游产能和产品。

（5）2012 年 11 月 12 日，十八大新闻中心举行第四场记者招待会，4 部委相关负责人就社会最为关心的住房、医疗卫生、环保、就业及社会保障等民生问题，向中外媒体介绍情况并回答记者提问。

新解：关于保障房建设规模，住房和城乡建设部部长姜伟新表示，2013 年保障性住房建设不低于 500 万套，有可能在 600 万套左右。

（6）2013 年 2 月 20 日，国务院召开常务会议中讨论新的"国五条"，研究部署继续做好房地产市场调控工作。

解读：加快保障性安居工程规划建设，对全面落实保障房建设提出具体的实施目标："2013 年城镇保障性安居工程基本建成 470 万套、新开工 630 万套的任务。配套设施要与保障性安居工程项目同步规划、同期建设、同时交付使用。完善并严格执行准入退出制度，确保公平分配。2013 年年底前，地级以上城市要把符合条件的外来务工人员纳入当地住房保障范围。"

（7）2013 年 7 月 4 日，国务院发布《关于加快棚户区改造工作的意见》

解读：该《意见》中提出加快棚户区改造的具体意见："2013 年至 2017 年改造各类棚户区 1000 万户，使居民住房条件明显改善，基础设施和公共服务设施建设水平不断提高。"分别对城市棚户区改造、国有工矿棚户区改造、国有林区棚户区改造和国有垦区危房改造提出具体实施目标。棚户区改造为保障房建设提供大量土地供给。

（三）金融与财政政策

（1）中国人民银行决定，自 2012 年 7 月 6 日起，下调金融机构人民币存、贷款基准利率。金融机构一年期存款基准利率下调 0.25 个百分点，一年期贷款基准利率下调 0.31 个百分点；其他各档次存、贷款基准利率及个人住房公积金存、贷款利率也相应调整。央行同时宣布，自同日起，将金融机构贷款利率浮动区间的下限调整为基准利率的 0.7 倍。

新解：这是 2012 年以来央行第二次降息，距离上次降息不到一个月。这是央行 2012 年首次存、贷款利率非对称加息（贷款利率的下调幅度大于存款利率下调幅度），并且扩大了贷款利率的浮动区间，会对商业信贷需求和基层银行产生影响。但值得注意的是，利率调整对市场的影响是滞后的，预计该政策效应会在 2013 年或 2014 年加速体现。

（2）继 2013 年 2 月 20 日，国务院常务会议提出的新"国五条"中的第二条，坚决抑制投机投资性购房需求。其中明确提出严格实施差别化住房信贷政策。2013 年 4 月 7 日，中国人民银行营业管理部发布《关于调整北京市差别化住房信贷政策的通知》。对首套自住住房、第二套住房和第三套及以上住房贷款限额均作出规定。

解读：2012 年中国人民银行多次下调存、贷款基准利率，住房贷款利率部分并未作调整。多次存、贷利率的调整对房地产市场影响并不明显。此次中国人民银行实行差别化信贷政策，改变之前"一刀切"的做法，对居民不同的购房需求差别对待，既满足普通居民自住房屋的刚性需求，同时遏制投机性房地产需求。

（四）税收政策

（1）2012 年 8 月 8 日，为搞好应用房地产估价技术，加强存量房交易税收征管，并为开征房地产税做好批量估价技术准备，国家税务总局组织全国 30 多个省市的 71 名税务人员在中国人民大学学习。

（2）2012 年 8 月 29 日，受国务院委托，财政部部长谢旭人在十一届全国人大常委会第二十八次会议上作国务院关于今年以来预算执行情况的报告。报告提出，要严格实施差别化住房税收政策，加强交易环节和持有环节相关税收征管，抑制投机投资性购房需求。同时，还将稳步推进个人住房房产税改革试点。

新解：目前已有上海、重庆实行房产税试点，主要是对增量房征收房产税，要稳步增加房产税试点城市，需要大量基础工作完善，需要多部门配合运作。其中一项主要工作是推荐城镇个人住房信息系统的全国联网。

（3）2012 年 9 月 20 日，国家税务总局政策法规司巡视员丛明在出席第五届中国企业税务管理创新大会时表示，房产税下一步将扩大试点范围，并逐步建立房地产税制度，房地产税具体深化时间可能在 2012 年年底或 2013 年 3 月份以后，房地产税最终会在全国实施。

新解：自从北京、上海成为房产税试点，房产税效应并未完全显现。丛明表示房产税将扩大试点，大量准备工作需要完善。例如，城镇住房信息全国联网等。扩大房产税试点，需要多部门配合。扩大房产税试点有一定难度。

（4）2013 年 2 月 20 日指定的新"国五条"政策的第二条中提出要扩大个人住房房地产税改革试点范围。之后，国务院批转发改委《2013 年深化经济体制改革重点工作的意见》中提出扩大个人住房房产税改革试点范围。

解读：个人住房房产税是调节房价过快增长的重要举措。2011 年，首先以上海和重庆为试点。但是因为经验积累不足和税收征管环节困难，新的房产税试点迟迟没有推出。2013 年国务院再次声明增加房产税试点，新的试点有望在 2013 年年底或者 2014

年年初推出。

（五）其他政策

（1）2012 年 7 月 7 日，国务院总理温家宝在江苏省常州市调研时强调，目前房地产市场调控仍然处在关键时期，调控任务还很艰巨，必须坚定不移地做好调控工作，把抑制房地产投机投资性需求作为一项长期政策。

（2）2012 年 7 月 12 日，央行下发了《中国人民银行关于明确外商直接投资人民币结算业务操作细则的通知》，跨境人民币直接投资（人民币 FDI）操作细则落地，投资范围将严格受限，部分账户不得投资证券、衍生品和房地产。

新解：自 2005 年以来，我国房地产市场价格的飙升，不仅国内市场存在大量投机行为，而且也吸引国际市场的投机行为，导致国际热钱大量流入国内市场。同时，国际热钱流入进一步引起房价上升。细则中对跨境人民币直接投资做了明确的规定，提出相关实施细则，最大限度阻止国际热钱进入我国市场，造成我国经济出现大幅度波动。

（3）2012 年 7 月 19 日，国土资源部、住房和城乡建设部联会发布《关于进一步严格房地产用地管理巩固房地产市场调控成果的紧急通知》中第五条指出，"强化监测分析和新闻宣传，积极引导市场"。政策制定不再只依靠单一部门，而应加强部门联动，发挥政策合力，并发挥新闻宣传的作用。

新解：中央政府制定政策，综合考虑各项因素，不仅包括房地产市场的各项因素，而且包括宏观经济因素，密切关注市场动向，提高对市场判断的敏锐性和正确性。在之前的学者研究中，房价决定因素中一个重要的因素是以前各期的房价，也就是说市场预期对房地产市场产生重要影响。在宏观经济因素中，市场预期引起政策制定者关注。通过新闻媒介增加政府工作的透明度，及时回应人民群众关心、关注的热点、难点问题，及时正确引导和稳定市场预期，减少房地产市场因预期引起的动荡。

（4）2012 年 7 月 27 日，银监会主席尚福林在 2012 年年中监管工作会议及 2012 年第二次经济金融形势通报分析会上讲话，强调坚决贯彻国家房地产市场调控政策，严格控制过热地区和高负债房地产企业贷款规模；积极支持保障房等合理性住房信贷需求，重点支持以省级平台为主开展的公租房、廉租房、棚改房等三类保障房建设，支持中低价位、中小套型普通商品房建设，优先办理居民家庭首套真实自住购房按揭贷款。

新解：为满足市场住房需求，加强住房建设是政府关心的话题，同时，过快的房地产建设必然带来许多问题，在这样的情况下，加强对房地产市场的监管尤为重要。有效控制房价，必须合理调整商业银行信贷规模，控制过热地区和高负债房地产企业的贷款规模，加大保障性住房建设的信贷规模，在宏观审慎的前提下，有效降低市场风险。

（5）2012 年 7 月 31 日，中共中央政治局召开会议研究经济形势和经济工作，坚定不移地贯彻执行房地产市场调控政策，坚决抑制投机投资性需求，切实防止房价反弹，增加普通商品房特别是中小套型住房供应，抓好保障性安居工程建设，满足居民合理的自住性住房需求。

(6) 2012 年 10 月 10 日, 中国政府网公布了《国务院关于第六批取消和调整行政审批项目的决定》, 国务院决定第六批取消和调整 314 项行政审批项目, 其中商品房预售许可被列入下放管理层级的行政审批项目, 审批机关由原来的"县级以上地方人民政府房地产管理部门"变更为"设区的市级、县级人民政府房地产管理部门"。

新解: 下放审批权有利于发挥地方政府的主观能动性, 有利于地方政府对楼市进行更直接的监控。这一举措表明中央政府有意下放权力, 增加地方政府的自主性, 改变"一刀切"的政策措施。

(7) 2012 年 10 月 18 日, 温家宝在主持召开国务院常务会议上要求, 坚定不移地搞好房地产市场调控; 严格实施差别化住房信贷、税收政策和住房限购措施, 抓紧研究制定符合我国国情、系统配套、科学有效、稳定可预期的房地产市场调控政策体系; 推进保障性安居工程建设, 确保保障房公平分配到低收入群众的手中; 加快普通商品住房土地供应, 有效增加普通商品房供给。

(8) 2012 年 10 月 24 日, 发改委谈宏观经济形势和对策时, 要求搞好房地产市场调控, 坚决抑制投机投资性需求, 有效增加普通商品房供给。加强保障性安居工程建设, 确保保障房公平分配到低收入群众的手中。

新解: 自 2012 年 5 月以来, 房地产市场出现房价反弹迹象, 中央及相关部门多次重申坚持房地产调控政策不放松, 表明中央政府调控房地产市场的决心。但是政策效果并没有显现, 这值得政府及相关部门深思。

(9) 2013 年 2 月 20 日, 国务院常务会议讨论产生的新"国五条"的第五条明确提出要加强市场监管。

解读: 加强市场监管主要针对两种主体, 房屋销售中介和住房信息管理部门。这两方主体是房地产市场调控以来被忽略的部分, 特别是房屋销售中介。一方面, 房地产政策的实施涉及的非政府主体一是房地产开发商, 二是房屋销售中介, 之前已出台多条政策约束房地产开发商行为, 房屋销售中介市场也需要引起中央政府的注意。另一方面, 中央政府多次提出要建立全国不动产信息统一登记系统, 系统的建立、市场监测和信息发布都需要住房信息管理部门的密切配合。

(10) 2013 年 3 月 29 日, 国务院办公厅发布《国务院机构改革和职能转变方案》, 方案中要求 2014 年 6 月前出台并实施不动产统一登记制度。

解读: 无论是保障房申请资格审核, 还是房产税征收, 我国房地产市场各个环节急需统一的登记制度。2013 年国务院发出通知, 在 2014 年 6 月前出台实施不动产统一登记制度。这一制度的实现, 需要中央政府各个部门之间的密切配合、统一管理。

(11) 2013 年 6 月 19 日, 国务院常务会议中提出"进行创新金融服务, 支持居民家庭首套自住购房, 大宗耐用消费品、教育、旅游等信贷需求"。

解读: 新型城镇化建设的主要目标是提高居民生活水平, 保障居民衣、食、住、行。在高房价背景下, 提高居民生活水平的主要方式是创新金融服务, 金融创新促进市场资本流动, 让居民有充足资金解决自身住房需求, 促进消费, 提高教育水平和生活质量。

二、2012年7月～2013年10月地方特殊政策

中央政府出台各项政策调控房地产市场健康、平稳发展，地方政府相继采取各项细则对房地产市场进行调控，各地房地产政策一览如下。

（一）北京房地产政策一览

（1）2012年7月25日，北京市国土资源局发布消息，自6月中旬起北京开展"小产权房"的清理整治工作。

新解：小产权房是指在农民集体土地上建设的用于销售的住房。由于集体土地在使用权转让时未缴纳土地出让金等费用，因此小产权房无法得到国家房管部门颁发的产权证，而是由乡政府或村委会而非国家房管部门颁发，其产权证并不是真正合法有效的产权证。国土资源部明确指出，小产权房实质上是违法建筑，违反土地管理法律，集体土地不得用于商品住宅开发，城镇居民不得到农村购买宅基地、农民住宅或小产权房。此次的清理整治工作分别对如何处理"小产权房"的在建项目、在售项目做出了明确规定，但对于已经售出的"小产权房"如何处理，目前国土部门尚未有相关的政策。小产权房由来已久，分布在各大中城市的城乡结合部、城中村、旅游景区等，情况复杂，在清理原则方面，北京市国土资源局表示坚持属地管理、政府主责原则，以区县政府为责任主体，负责本辖区小产权房的住宅项目。以乡镇为清理单元，随时清查、处理、整改。对于在建小产权房的项目，责令停工、拆除施工机械，遣散施工队伍；对于在售的，责令停售、拆除售楼处，查封在售的住房。截至2012年9月，北京市国土资源局发布消息，已初步清理出79个在建、在售利用集体土地违法建设销售住宅的项目，并公布名单。对于清理小产权房对商品房市场是几乎没有影响的，因为对于没有购房资格转而购买小产权房的，即便不能购买小产权房了也因为限购无法购买商品住房，不会大幅度增加商品房购房群体。

（2）2012年8月7日，北京市住房保障办公室相关负责人表示，为了降低公租房建设成本，拟允许公租房项目最多配建45%的商业配套及商品房，以实现零成本持有。此外，北京已经将五个公租房项目进行打包，申请试点发行REITS（房地产投资信托基金），一旦获得中国证券监督管理委员会（以下简称证监会）批准即可将公租房进行资产证券化。

新解：根据业内人士测算，公租房如果仅靠租金收回成本需要30年的时间，对于建设资金缺口，不仅需要政府加大财政投入，更重要的是引导市场资金流入。北京市一方面加大财政收入，另一方面降低建设成本，允许公租房小区最多可配建45%的商业配套及商品房，平衡资金收支。而申请试点发行REITS，一旦公租房资产证券化，可以解决长期资金问题。

（3）2012年9月25日，北京住房和城乡建设委员会（以下简称住建委）公布了

《关于落实市住房限购政策进一步做好房屋登记有关问题的通知》。

新解：近期的楼市异动，引起了北京、上海、广州三大一线城市房地产主管部门的关注，北京市住建委此次出台新规，旨在加强限购审核，进行楼市降温调控。据业内人士了解，在北京市限购审核中，有四大关卡，分别是申请申报、资料核验、网上签约、产权登记，而此次的《通知》主要针对产权登记环节，对申报材料及条件作出了相关规定，完善了限购审核的细节，对限购更加严格规范。

（4）2012年10月9日，北京市政府召开专题会议贯彻中央联席会议精神，研究整治小产权房问题，要坚决杜绝出现新的小产权房；对在建在售的要坚决处理，立即叫停，注重广泛发动群众举报，做到早发现、早治理。

新解：会议强调要深刻认识到小产权房的极端危害性，坚决抵制新的小产权房，坚决清理在建在售的小产权房，对历史上已形成多年的，要分析原因，分类研究处理。由于小产权房管理、控制方面风险性极大，所以清理小产权房刻不容缓，这也反映出我国城乡供地矛盾，在我国城镇化进程中，会有更多农村人口涌入城市，如何解决这一部分人的居住问题将会是对我国土地制度的重大考验。

（5）2013年3月30日，北京市人民政府办公厅贯彻落实《国务院办公厅关于继续做好房地产市场调控工作的通知》精神进一步做好北京市房地产市场调控工作的通知，这是对"国五条"的进一步细化。

解读：这份国务院办公厅的《通知》更具有针对性，针对近期房地产市场的变化，关于限购、限贷政策体现出从严从紧，对于其他城市房价出现过快上涨的，省政府应及时采取限购措施，这将会扩大限购城市的范围。同时明确提出加强预期管理，一方面及时公布信息，另一方面及时澄清不实信息。这样有助于防止投机需求引起的房价上涨过快，形成稳定的消费者心理预期，稳定房地产市场。

（6）2013年3月30日，为了贯彻落实"国五条"调控细则，北京市出台《关于进一步做好房地产市场调控工作有关税收问题的公告》，规定严格按照个人转让住房所得20%征收个人所得税，并分人群明确限购细则。

解读：此次出台《公告》主要对二手房交易过程中个税征收进行了详细规定，凡是可以核查到原值的二手房，均按照个人转让住房所得20%征收个人所得税，不能核实房屋原值的，按照核定征收方式计征个人所得税，对个人转让自用5年以上家庭唯一生活用房的，继续实施免征个人所得税。此外，对单身和拥有一套及以上住房的本市户籍居民明确限购细则，表明政府将调控政策进一步细化，使政策更加切实可行。

（7）2013年4月8日，为落实北京市"国五条"调控细则，北京住房公积金管理中心发布了《关于实行住房公积金个人贷款差别化政策的通知》，明确规定根据职工住房和收入情况对贷款实行差别化政策，以更好的解决中低收入职工的基本住房需求。

解读：《通知》就贷款额度、贷款首付款比例和利率及其月还款额等方面作出详细规定。《通知》指出，购买首套90平方米以下自住住房的，根据个人信用等级，贷款最高额度上浮不超过30%，购买90平方米以上非政策性住房和第二套住房的，贷款最高额度不再上浮，购买经济适用房的低收入职工，贷款额度不受月收入限制；就贷款首付款比例和利率，借款申请人购买第二套住房的贷款首付款比例不得低于 70%，贷款利率为同期首套住房贷款利率的 1.1 倍，无房有贷款记录者，符合第二套住房贷款条件的，其首付款比例不低于 60%，贷款利率为同期首套住房贷款利率的 1.1 倍。为了保障制度的公平性，避免高收入家庭长期占用贷款资金，还对月还款额度作出调整，人均月收入高于北京市职工平均收入 3 倍以上的，其月还款额度不得低于月收入的 50%，在月还款额不低于贷款月最低还款额的基础上，应不低于住房公积金的月缴存额，使得住房公积金全部用于住房消费。

(8) 2013 年 6 月 14 日，北京市发布《关于调整本市社会救助相关标准后做好住房保障相关衔接工作的通知》，要求各区县住房保障部门结合调整后的城市低保标准做好保障房相关衔接工作，新签订合同的廉租家庭租房补贴金额有所增加，实际缴纳月租金额有所下降，新政策将于 2013 年 7 月 1 日起实行。

解读：此次调整主要体现在两个方面，一是提升廉租住房租房补贴，二是降低实物配租的房租。另外，已经签署廉租房补贴或实物配租合同的家庭，按照原来签署的合同进行，对于新签订合同的廉租住房家庭，才能按照调整后的标准享受最高额度的保障。同时，远郊区县将调整廉租住房家庭收入准入标准，由人均月收入 731 元调整为 740 元，此次调整将进一步扩大北京市廉租住房保障覆盖面，使得更多低收入家庭用户可以享受住房保障。

(9) 2013 年 7 月 1 日，北京市住房和城乡建设委员会发布《关于公布本市出租房屋人均居住面积标准等有关问题的通知》，制定了租房人均面积不得低于 5 平方米的标准，并且在房屋出租细节方面做了详细规定。

解读：这一规定有助于规范社会租赁房屋秩序，对"打隔断"等群租现象进行整顿，使得出租房屋安全问题有所保障。《通知》指出人均居住不得低于 5 平方米，单间居住人数不得超过 2 人，这两项细则指标对整治群租房现象提供了政策依据，为正规的合租人群提供了良好的租房渠道。

(10) 2013 年 9 月 27 日，北京市住建委发布《北京市旧城区改建房屋征收实施意见的通知》，明确规定旧城区改建必须征得大多数居民同意，才可以进行改建，房屋拆迁至少要两次征询居民的意见。

解读：旧城区改建按照"优化征收程序，简化审批手续"的基本思路，首先，坚持"加快手续办理、简化审批要件、做好政策衔接"的基本原则，突出保障民生，体会民意，只有居民同意了才可以进行改建。其次，房屋征收补偿方案也会征求公众意见，若有不同意的，当地政府会组织公众参加听证会，依据大众意见修改方案，并且明确指出，征收评估价格与预签征收补偿协议评估价格出现差异的，按"就高不就低"原则处理。此项举措有助于维护社会秩序，减少一系列由改建拆迁引起的社会问题，能够及时解决群众反映的实际问题，切实维护群众的合法权益不受侵犯。

(11) 2013 年 10 月 22 日，北京市发布《关于加快中低价位自住型改善型商品住房建设的意见》，自发布之日起施行，将加快发展中低价位自住型、改善型商品住房，套型建筑面积以 90 平方米以下为主，销售均价相比同地段、同品质商品住房低 30% 左右，并且单身人士必须年满 25 周岁方可购买。

解读：加快中低价位自住型改善型商品住房建设，积极落实房地产调控细则，按照"低端有保障、中端有政策、高端有控制"的思路，解决中端收入家庭用户购房需求，完善住房供应结构，支持刚性需求，平抑房价，对于北京市房地产发展具有重要意义。

（三）上海房地产政策一览

（1）2012 年 7 月 26 日，上海市发布了《上海市人民政府办公厅关于进一步严格执行房地产市场各项调控政策的通知》。

新解：通知主要内容包括严格执行差别化住房信贷、税收和住房限售政策。加大保障性住房和普通商品住房土地供应力度，严格按照房屋用途加强交易管理。开展房地产市场调控政策执行情况检查。大力加强住房保障，进一步扩大受益家庭规模。完善信息披露，加强舆论引导。

（2）2012 年 8 月 1 日，《上海市住房公积金支持保障性住房建设项目贷款管理办法》正式获得通过。

新解：《办法》的通过意味着上海市利用住房公积金支持保障房建设贷款，以拓展保障房建设资金筹集渠道的方式获得正式支持。下半年是住房公积金管理实现全年工作目标的关键，住房公积金运行管理将加大公积金支持保障性住房建设力度，确保资金运作规范、安全。

（3）2013 年 3 月 30 日，上海市人民政府办公厅印发《关于本市贯彻国务院办公厅关于继续做好房地产市场调控工作的通知实施意见的通知》。

解读：该《通知》中主要内容包括对新"国五条"中转让个人住房所得计征个人所得税，增加普通商品住房用地供应，深化完善"四位一体"的住房保障体系和加强房地产市场监管。为贯彻落实新"国五条"，上海市人民政府在《通知》中进一步强调对个人住房转让所得计征 20％的个人所得税，进而解决房地产市场投机性需求问题，保证普通住房者的刚性需求。为满足刚性需求，上海市人民政府在此《通知》中对普通住宅土地供给做出具体规定，"按照全年供应量不低于前 5 年年均实际供应量的要求，结合实际，统筹安排编制本市 2013 年度住房用地供应计划，保证普通商品住房、保障性住房土地供应，一季度公布全市年度供地计划。规划和国土资源等部门要按照计划推进，确保全年土地供应稳定、均衡、合理。"除此之外，在深化完善"四位一体"的住房保障体系中，提出保障性住房建设的具体目标："根据确定的目标任务，确保全年新开工建设、筹措各类保障性住房和旧住房综合改造 10.5 万套、750 万平方米，基本建成保障性住房 10 万套、730 万平方米。"从以上通知内容可以看出，上海市人民政府改善居民住房条件的决心，提出的各项房地产政策不再只停留在宽泛的政策方面，而是在各项政策中提出具体的实施目标。

（4）2013 年 11 月 8 日，上海市人民政府发布《上海市关于进一步严格执行国家房地产市场调控政策相关措施》。

解读：该《措施》是对 3 月发布的《通知》的进一步细化，主要体现在三个方面：一是增加住房用地供应；二是进一步严格执行差别化的住房信贷政策；三是从严执行住房限购政策。在增加住房用地供应方面，在保证住房用地供应量不低于过去 5 年平均供应量的基础上再增加 30％的供应量。在严格执行差别化的住房信贷政策中，对第二套住房首付款做出具体规定，首付款比例从不得低于 60％提高到不得低于 70％及以上。在严格执行住房限购政策方面，"调整非本市户籍居民家庭购房缴纳税收或社保费年限，从能提供自购房之日起算的前 2 年内在本市累计缴纳 1 年以上，调整为能提供自购房之日起算的前 3 年内在本市累计缴纳 2 年以上"。

（四）重庆房地产政策一览

（1）2013 年 3 月 25 日，重庆市出台了《重庆市市级公共租赁住房财务管理暂行办法（试行）》，此政策只适用于由市政府投资建设的公租房。

解读：《办法》指出用于公租房建设的资金要按照"专款专用、单独核算"的原则进行管理，有利于加强公租房财务管理，规范公租房建设资金运营。

（2）2013 年 3 月 31 日，重庆市发布《关于继续做好房地产市场调控工作的通知》，对进一步做好房地产调控工作和房地产市场健康平稳发展具有重要意义。

解读：《通知》贯彻落实"国五条"，结合重庆实际，主要内容有完善住房保障体系，对保障性住房实行封闭式管理，公租房不得转租和转卖，加强保障性住房准入退出机制；加强普通住房土地供应，2013 年全市住房用地供应量不得低于过去 5 年平均供应量；继续执行商品房"一房一价"原则，加强行业自律。

（五）山东房地产政策一览

（1）2012 年 8 月 23 日，山东省召开保障性安居工程和房地产调控工作会议，要求在该省全面实行商品房预售资金监管制度，并要求各市选择有条件的开发项目，开展商品住房现房销售试点；明确有条件的城市可对首次购房者适度降低首付比例。

新解：两政策"一松一紧"，现房销售试点使之前的预售制度向前迈进了一步，然而由于新政策表述没有明确指出试点范围、区域、时间等，尤其是在目前以预售为主的房地产市场，开发商 95％以上都是期房，试点项目比较难找。而降低首套房的贷款首付比例，可能会进一步刺激刚性需求入市。

（2）2012 年 10 月 8 日，济南市公积金管理中心发文，调整住房公积金贷款政策。

新解：自 2012 年 10 月 8 日起，开始实施济南公积金新政，新政从贷款额度、可贷额度计算方法、连续缴存公积金时间、差别化信贷政策等四个方面对公积金贷款购房做出调整。业内人士认为，济南公积金贷款政策的调整使得公积金贷款进一步被压缩，尽管首套房低于 90 平方米首付比例下调一成，但公积金贷款额度下调、计算方法的调整、缴存时间要求的延长，都会使年轻的购房者公积金贷款额度被压缩，购房时间可能会推迟，在当前市场状况下，对部分刚性需求的释放将起到一定抑制作用。

（3）2013 年 3 月 31 日，青岛市政府出台"国五条"细则。

解读：青岛市政府出台的"国五条"细则，不仅全面而且提出具体实施目标，可见青岛市政府调控房地产市场的决心。细则中主要涉及保障房建设、保障住房用地供应、严防高地价、限购政策等十七条内容。在保障房建设方面，细则中指出具体实施目标："全面落实省政府下达的 2013 年城镇保障性安居工程建设任务。年内新开工建设保障性住房 1.65 万套，启动危旧房改造 1.7 万户。各区、市要抓紧把保障性住房建设任务落实到具体项目和地块，加快办理项目前期手续，确保 9 月底前开工建设。"在保障住房用地供应中，在保证总供应量不低于过去 5 年住房用地平均供应量的基础上，总额达到 1350 公顷以上。严防高地价措施中，"将土地出让价款缴纳与土地成交溢价率挂钩，随交易价格上涨提高出让价款首付款比例，缩短付款时间，溢价率在 50%（含 50%）以下的，合同签订后 1 个月内缴纳土地出让价款的 50%作为首付款，2 个月内缴纳全款；溢价率在 50%以上的，1 个月内缴纳全额出让价款。对在出让过程中可能出现过度竞争的房地产用地，探索采用'限地价、竞配建'等多种竞价方式组织出让"。在限购政策中，对新建商品住房和存量住房进一步提出明确目标。

（4）2013 年 6 月 17 日，山东省住房和城乡建设厅表示房款保障房准入机制，扩大住房保障受益人群，完善住房保障体系，同时要把外来务工人员纳入住房保障体系。

解读：这一措施对于农民工等外来务工人员生活提供了方便，并减少保障房闲置状态，真正起到保障民生的作用。

（5）2013 年，山东省政府明确保障性安居工程任务：新开工保障性安居工程 23.56 万套，基本建成 17 万套，新增廉租房住房补贴 0.61 万户。山东省政府要求未启动项目应确保 9 月底前全部开工，对闲置的保障房降低准入门槛，并加大资金投入。

（六）天津房地产政策一览

（1）2012 年 7 月 31 日，天津市发布《关于做好天津市住房保障和国有土地上房屋征收与补偿信息公开工作的通知》。通知要求充分认识信息公开的重要性，规定了住房保障信息公开内容，以及国有土地上房屋征收与补偿信息公开内容，并要求切实做好信息公开的组织实施。

新解：保障性住房信息的公开是体现社会公平性的重要内容，天津市此次为公开住房保障信息下发正式文件，体现了天津市对保障性住房分配的公平合理性的重视。随着我国保障性住房建设的深入发展，各地需重视信息公开工作，确保保障性住房为真正符合规定者所得。国务院 2011 年 1 月 21 日公布了《国有土地上房屋征收与补偿条例》，天津市此次发布的《通知》则强调了在国有土地上房屋征收和补偿的具体内容进行信息公开，并对内容作出了具体规定，使得《条例》更好的落实。

（2）2012 年 10 月 8 日，天津市发布《市国土房管局关于调整本市住房保障有关政策的通知》根据《天津市基本住房保障管理办法》的有关规定，就现行有关政策做出调整。

新解：此次天津市对保障房相关政策的调整，主要涉及保障房申请中的受理和审核过程中的管理以及公租房的经营管理，以确保保障房的分配能够体现出公平的原则，同时避免公租房管理混乱，被挪作他用的现象发生。此外，根据《天津市基本住房保障管理办法》有关规定，在住房保障申请家庭的年度申报、保障方式间梯度衔接、档案管理以及不良信用记录方面颁布了相关细则，进一步加强了对保障性住房的严格管理。

（3）2013 年 3 月 31 日，为了贯彻落实"国五条"，天津市人民政府办公厅公布《关于进一步做好房地产市场调控工作的实施意见》，对于稳定房价，维护房地产市场有秩序的进行具有重要意义。

解读：《实施意见》主要内容有：一是继续加大保障性住房建设在整个房地产市场中的比重，使得中低收入家庭能买上房，继续加大普通商品住房供应，解决刚性需求，抑制房价。二是坚决抑制投机性购房，加强房地产市场监管。三是严格按照个人住房转让所得的 20％征收个人所得税。此次出台的相关房地产调控细则，使土地供应更加透明化，对于稳定天津房地产市场平稳健康发展具有重要意义。

（4）2013 年 6 月 4 日，为了加强天津市保障性住房的管理，根据《天津市基本住房保障管理办法》，就进一步明确保障性住房相关问题发布通知。

解读：《通知》进一步明确了廉租房、限价房和经适房的相关管理问题，指出廉租房保障资金由市县财政按规定负担，限价房套型建筑面积在 90 平方米以下，经济适用房建设应该执行绿色建筑标准。这一次出台的相关规定进一步规范了保障性住房的管理，规范了保障性住房制度，大力扶持天津保障性住房建设顺利进行。

（5）2013 年 8 月 26 日，天津市印发了《天津市公共租赁住房管理办法的通知》，《通知》自 2013 年 10 月 1 日起施行。

解读：此次颁布的关于公共租赁住房管理办法旨在完善住房保障体系，进一步加强保障房管理工作。对于外来人员，应多筹集公共租赁住房渠道，并享受建设施工、税务征收、资金支持等优惠政策，其规划建设应符合城市规划，其选址要做到统筹兼顾，加大相应配套设施的建设，保障公租房人群的生活便利性和舒适度。

（6）2013 年 9 月 18 日，天津市发布《关于天津市限价商品住房申请审核有关问题的通知》，自 2013 年 10 月 1 日起施行，进一步贯彻落实年初施行的《天津市关于进一步明确住房保障管理有关问题的通知》。

解读：限价房又称限房价、限地价的"两限"商品房，本质上与经济适用房不同，只是目前应对高房价问题的一种临时性措施，主要是为解决中低收入家庭住房困难的问题。限价房的购买需要一定的资格，以此来确保限价房实现其社会性作用。此次天津市发布的《通知》对限价房的申请条件等做出十分明确的规定，进一步完善了保障性住房管理体系。

（七）成都房地产政策一览

继中央政府新"国五条"发布，成都市于 2013 年 3 月 31 日发布执行"国五条"细则，与其他城市出台的"国五条"细则相比，成都版"国五条"细则显得并不那么细致，除了提出进一步加大保障房的建设力度，继续加强对房地产市场的监管以及增加对中小型普通商品住房的供应外，仅对本年度新建商品住房价格的涨幅提出了要求，确保其涨幅低于年度城镇人均可支配收入剔除通货膨胀因素后的增长幅度。根据计算，成都 2013 年房价涨幅不能高于 9.5%～10.5% 才能过关。而类似北京 20% 所得税的规定则并未出现。

（八）深圳房地产政策一览

（1）2012 年 9 月 12 日，深圳市住房公积金管理委员会发布了《深圳市住房公积金贷款管理暂行规定》，有效期为五年。

新解：此次深圳市住房公积金管理委员会发布的《规定》，主要是针对单套住房的公积金贷款最高额度以及通过公积金进行贷款的首付比例进行了具体限定，其中，贷款额度方面，职工申请住房公积金贷款时单人申请额度不能超过 50 万元，这与之前的规定相比没有发生变化，而申请人与共同申请人一并申请时，如果共同申请人也在本市缴存住房公积金，则公积金贷款最高不能超过 90 万元，相比之前提高了 10 万元，但需要注意的是，根据《贷款规定》，住房公积金贷款的最高额度可以根据国家、省、本市的住房政策及本市住房公积金缴存、提取和贷款情况适时调整，因此，住房公积金贷款最高额度将会动态调整。另外，在公积金贷款首付比例方面，《规定》要求不得低于国家规定的比例要求，按照国务院相关通知要求，对贷款购买二套房的，首付比例不低于 60%，三套及以上停止发放住房公积金贷款。

（2）2012 年 9 月 20 日，深圳市委常委会议审议并原则通过了《深圳市住房保障制度改革创新纲要》。

新解：深圳市此次审议通过的《纲要》主要是为了扩大住房保障的范围，住房保障对象从原来的户籍低收入家庭扩大到了户籍无房家庭。另外，从范围上看，从户籍住房困难家庭延伸到非户籍住房困难家庭，这意味着飞户籍居民也可以住上保障房，这在全国范围内实属前列。此外，《纲要》提出了简历保障性住房轮候制度，轮候顺序依照户籍、社保缴纳及申请先后等因素确定，同时对于残疾人、抚恤定补优抚对象及人才等住房困难家庭予以优先轮候。同时，深圳市首次提出在保障房实施过程中推行内部流转机制，实行内部流转，封闭运作，切断保障房的寻租空间，严防保障房进入商品房市场。由此可见，此次《纲要》核心内容在于保障房内部流转机制的建立、存量土地和住房的盘活，主要目的是为了解决保障性住房的分配和资金问题。

（3）深圳版"国五条"于 2013 年 3 月 31 日发布，与成都相似，细则规定确保

2013 年全市新建的商品住宅用房价格涨幅低于市人均可支配收入的实际增长幅度，涨幅目标基本上在 7.5% 左右。同时，在二套房的首付比例和贷款利率方面，指出中国人民银行深圳市中心支行可以根据情况进行调整。自第三季度末起，深圳市 15 家主流银行房贷利率有所上调，一套房贷利率涨幅最高达到 20%，二套房货利率最高达到 30%。在住房建设用地的供应方面，要求不低于 5 年内的平均水平，在 10 月份又提出在 5 年平均水平的基础上增加 20% 的住宅用地供给，第四季度还应供给 60 公顷，比例上要求中小型住房和保障房建设用地占比不低于 70%，筹建保障房 4 万套，新开工 1.5 万套，竣工 2 万套，基本建成 3 万套；在土地制度方面，深圳于 2013 年年初发文鼓励原农村集体经济组织继受单位将工业用地上市流转，以两种方式分配收益；在土地流转供应方面，深圳提出了弹性年期制度；税收方面继续沿用 2011 年的政策，能核实的按差额 20% 征收，不能核实的按估价的 1%～3% 征收；二套房方面要求严格执行信贷政策，必要时可以调整首付比例和利率。总体来看，此次深圳版"国五条"细则较为温和，对楼市影响不大。

（九）珠海房地产政策一览

（1）2012 年 8 月 22 日，珠海市发布《关于实施存量非住宅类房产交易计税价格核定工作有关事项的通告》。《通告》指出：为加强我市房地产交易环节税收征管，根据《中华人民共和国税收征收管理法》第三十五条的规定，自 2012 年 10 月 1 日起，我市范围内的存量非住宅类房产交易成交价格明显偏低且无正当理由的，实行按计税参考价格核定计征各项税款。文件中明确了适用范围、计税价格的确定、异议处理等内容。

（2）2012 年 10 月 24 日，珠海市法制局披露的一则《珠海市闲置土地处置办法》，对闲置 1 年以内的土地将征收土地价款总额 20% 的土地闲置费，对闲置 1 年以上的将作无偿收回使用权处理，该办法于 2012 年 11 月开始执行。

新解：珠海市一直存在着许多闲置土地，虽然办理了土地使用权证，但既没有签订土地使用合同，也没有办理建设用地许可证，这种现象在认定闲置用地时法律依据不足，在进行闲置土地的处理中存在困难，同时在二级市场中取得的土地闲置状态的认定也存在标准差别，而此次珠海市出台的《办法》就是为了对这种情况进行规范化管理。根据规定，土地闲置满两年政府才可以收回，与国土资源部的相关规定一致，而本次的"新政"被认为比洙海市国土资源局的规定更为严格。

（3）珠海市并未像其他城市一样在 2013 年 3 月底出台地方"国五条"细则，而广东省则于 2013 年 3 月 25 日率先发布了"国五条"细则，明确要求广州、深圳、珠海、佛山继续限购，最受珠海关注的是广东版"国五条"中提出原限购政策与"国五条"不相符的要立即调整，这意味着珠海市的限购政策覆盖区域可能从主城区扩展至斗门、金湾的全市各区域，业界普遍认为，限购扩张至全市是大势所趋。征税方面，由于珠海从 2004 年起就已经开始实行 20% 差额征税，此次"国五条"中的税收政策对珠海市影响不大。

（十）佛山房地产政策一览

（1）2012 年 6 月 20 日，佛山市住房和城乡建设管理局发布《佛山市保障性住房管理办法（征求意见稿）》。

新解：此次佛山市发布的《办法》并没有将刚毕业不满 3 年的大学生覆盖，社会舆论认为这个群体对保障性住房有着很强的需求，应当得到一定的重视。另外，佛山市 2011 年开始加大保障性住房的建设力度和规模，2012 年住房和城乡建设管理要求全区在加快已开工项目建设的基础上，全面落实完成广东省下达的 2012 年新增 7500 套保障性住房的开工建设任务。在保障房分配管理方面，此次《办法》详细介绍了从申请到"轮候区"的五个步骤。

（2）对于 2013 年出台的新"国五条"，佛山市没有出台地方"国五条"细则。因为 2011 年出台的限购政策已经足够严厉，能够符合新"国五条"的要求，相比"20％个税征收"，对佛山影响更大的是二套房的首付比例及利息。

三、2012 年 7 月～2013 年 10 月房地产相关政策总结

纵观 2012 年 7 月～2013 年 10 月国务院出台的主要房地产政策及主要城市出台的各项细则，我们可以看出，在党的十八届三中全会召开之前，中央出台的主要政策包括 2013 年 3 月份国务院出台的新"国五条"、4 月份中国人民银行营业管理部《关于调整北京市差别化住房信贷政策的通知》和国务院《关于加快棚户区改造工作的意见》。地方细则主要是新"国五条"出台之后，2013 年 3 月底青岛市人民政府出台的"国五条"细则，10 月份深圳市市政府出台的"深八条"和 11 月份上海市市政府出台的"沪七条"。总结 2013 年房地产政策特点，主要是政策更加全面，目标更加明确。主要从以下几个方面进行总结。

（一）完善稳定房价工作责任制方面

北京：北京 2013 年房价控制目标是："全市新建商品住房价格与 2012 年价格相比保持稳定，进一步降低自住型、改善型商品住房的价格，逐步将其纳入限价房序列管理。"

成都：成都市政府对本年度新建商品住房价格的涨幅提出了要求，确保其涨幅低于年度城镇人均可支配收入剔除通货膨胀因素后的增长幅度。

深圳：深圳市政府确保 2013 年全市新建的商品住宅用房价格涨幅低于市人均可支配收入的实际增长幅度，涨幅目标基本上在 7.5％左右。

在稳定各地房价的基础上，一些城市开始关注居民的生活水平，成都、深圳除要求房价稳定之外，还要求房价增长幅度要低于城镇居民人均可支配收入的增长幅度。

（二）坚决抑制投资投机性购房方面

北京：2013 年北京市出台"国五条"细则中提出："本市户籍成年单身人士在本市未拥有住房的，限购 1 套住房；对已拥有 1 套及以上住房的，暂停在本市向其出售住房。"北京自 2010 年 5 月 1 日起实施同一家庭只能新购买一套住房的规定，2013 年细则中规定单身人士购房限制。

上海：2013 年上海市市政府严格执行住房限购政策，"调整非本市户籍居民家庭购房缴纳税收或社保费年限，从能提供自购房之日起算的前 2 年内在本市累计缴纳 1 年以上，调整为能提供自购房之日起算的前 3 年内在本市累计缴纳 2 年以上"。上海市自 2010 年 10 月 7 日出台一条限购政策，规定"本市及外省市居民家庭只能在本市新购一套商品住房"，之后对非本市户籍居民家庭购房资质提出具体要求，从 2013 年上海住房限购政策可以看出有放宽的倾向。

青岛：进一步明确限购政策："限购住房类型包括新建商品住房和存量住房。对已拥有 2 套及以上住房的本市户籍居民家庭，拥有 1 套及以上住房的非本市户籍居民家庭和无法提供自申办《住房情况证明》之日起前 2 年内、在本市连续 1 年以上纳税证明或社会保险缴纳证明的非本市户籍居民家庭，继续暂停向其售房。"

2010 年，第一批制定房地产限购政策的城市有北京、上海、深圳、广州、福州、武汉、太原和昆明。之后限购政策未出现松动，2013 年北京、上海、青岛等城市对限购政策进行进一步完善，这表明今后我国各省仍坚持限购政策不放松和调控房地产市场的决心。

此外，北京、上海和山东省分别提出差别化住房公积金信贷政策，对首套住房、二套住房、三套及以上住房公积金贷款限额提出不同要求。2013 年并没有扩大房地产税试点，但北京、上海和天津分别提出对出售自有住房，征收转让住房所得 20％的个人所得税。

（三）增加商品住房及用地供应方面

北京：在"国五条"细则中明确规定，2013 年本市住房用地供应计划为 1650 公顷。

上海：为满足刚性需求，上海市人民政府在此通知中对普通住宅土地供给做出具体规定，"按照全年供应量不低于前 5 年年均实际供应量的要求"。在 2013 年 11 月出台的"沪七条"中增加土地供给，其中规定："2013 年本市住房用地供应量在不低于过去 5 年平均供应量的基础上，再增加 30％的供应量，确保住房用地供应 1000 公顷。优化结构，进一步加大中小套型住房用地供应，加强土地市场跟踪分析和交易预警管理，确保土地市场交易平稳。"

深圳：住房建设用地的供应方面要求不低于 5 年内的平均水平，在 2013 年 10 月份又提出，在 5 年平均水平的基础上增加 20％的住宅用地供给，四季度还应供给 60 公顷，比例上要求中小型住房和保障房建设用地占比不低于 70％，筹建保障房 4 万套，新开工 1.5 万套，竣工 2 万套，基本建成 3 万套。

青岛：青岛市政府出台的"国五条"实施细则中规定："2013 年全市住房用地供应总量不低于过去 5 年住房用地平均供应量，达到 1350 公顷以上，其中保障性安居工程和中低价位中小套型普通商品住房用地，不低于供应总量的 70％，稳定土地市场预期。"

（四）加快保障性安居工程规划方面

北京、上海、青岛、深圳等城市分别提出了具体的建设目标。（略）

（五）加强市场监管方面

市场监管涉及的主体有政府管理部门和房屋销售中介。北京、上海、深圳和青岛市政府都提到房屋管理、发展改革、规划国土资源、金融、财政、税务、人力资源社会保障、工商、公安等部门应建立联动机制，房屋中介要严格执行"一房一价"，房屋管理、工商等部门要联合开展房屋中介市场的专项治理。

总结各地房地产市场政策细则，如表 2.1 所示。

表 2.1   2013 年房地产细则实施城市一览表

细则		实施城市
完善稳定房价工作责任制		北京、成都、深圳
坚决抑制投资投机性购房	限购政策	北京、上海、青岛
	差别化住房公积金信贷政策	北京、上海、青岛
	新增房产税试点	无
	对出售自有住房，征收转让住房所得 20％的个人所得税	北京、上海、天津
增加商品住房及用地供应		北京、上海、深圳、青岛
加快保障性安居工程规划		北京、上海、青岛、深圳
加强市场监管		北京、上海、青岛、深圳

四、2014 年房地产市场相关政策展望

总的来说，2013 年国家房地产政策主要基调是差别化调控政策，保障居民刚性需求。国家各项政策不仅满足居民首套住房需求，而且满足居民改善性住房需求。与2012 年相比，2013 年并未出台过多房地产政策，出台的各项政策主要集中于以下几点：

①差别化信贷政策，差异化居民住房首付款下限；②合理保障性住房审核、监管制度，做到"应保尽保"、"愿保尽保"；③棚户区改造，改善居民居住环境。

预计 2014 年，政府将继续坚持调控政策不动摇，巩固现有调控成果，稳定市场预期，进一步深化信贷、税收、保障房、住房公积金等方面的房地产宏观调控政策，完善"四位一体"的住房保障体系。2014 年，政府可能主要从以下几个方面采取相应的调控政策。

（一）差别化信贷调控政策，满足中低收入者购房资金需求

2012 年信贷政策中央行对基准利率进行调整，进而有效抑制房地产市场的投机投资性需求。2013 年对房地产市场的调节政策更加具体，对贷款购买住房家庭的首付款作出具体规定，"对贷款购买首套自住住房的家庭，继续执行最低首付款比例 30% 的规定；对贷款购买第二套住房的家庭，首付款比例不得低于 70%；继续暂停发放家庭购买第三套及以上住房贷款。"规定一方面有利于抑制房地产市场投机投资性需求，另一方面也保障普通家庭首套自住房屋需求。

预计中央政府今后考虑出台细化差别化调控政策，避免地方政府因土地财政而放松对地方房地产市场的管控。从根源抑制房价过快增长的同时，满足中低收入居民住房刚性需求。

（二）促进税务和房屋管理部门配合，扩增房产税征收试点

上海市自 2011 年 1 月 28 日开征房产税，成为全国率先试点房产税的两个城市之一。2013 年出台的各项政策中并未扩大房产税试点，主要原因：一是对上海、重庆两地房产税改革试点经验不足；二是我国尚未形成完善的税收征管体系、个人住房信息系统与税务机构对接机制，进而造成税收征收困难。今年中央政府努力推进税务和房屋管理部门的密切配合，推进城镇个人住房信息系统建设，编制和实施好住房发展及建设规划，实现全国住房信息联网，以方便税务部门征收房产税。

预计中央政府在总结上海、重庆试点经验的基础上，可以考虑将房价增长过快的一、二线城市作为房产税新的试点城市。同时，推进房地产税费改革，对房地产交易环节征收的有关税种进行简并。

（三）完善保障房建设体系，实现保障房公平分配和科学管理

在 2013 年出台的政策中，重点是保障房建设，北京、上海、重庆、天津、广州、深圳等城市确立保障房建设具体目标，例如，广州省政府提出建设筹集 1.6 万套，基础建设 3.1 万套保障性住房。

面对我国主要城市过高的房价，保障性住房是满足中低收入家庭的住房需求的重要

途径。在保证保障房建设数量的基础上，实现保障房公平分配和科学管理尤为重要。预计 2014 年，中央政府出台措施完善保障房资格审核和分配制度，实现"应保尽保"、"愿保尽保"，科学管理保障房建设。

（四）创新融资方式，合理利用有限的公积金

目前，我国多地先后收紧住房公积金贷款相关政策。主要调整包括提高公积金贷款门槛、降低贷款额度、限制二套房贷款等。例如，北京从 2013 年 4 月 8 日起将公积金贷款购买二套住房的首付比例提高至 70％；福州甚至规定原有公积金贷款结清未满 5 年的购房者将失去申请公积金贷款资格。公积金贷款政策变化，一方面旨在提高购房者的资金成本，进一步打击过热的购房需求。同时，在一定程度上拉长购房者二次购房时间，避免购房需求在短期内扎堆上市推高房价。另一方面也是由于当地公积金资源有限，地方资金紧张的被迫行为。

预计 2014 年，针对公积金资源有限的现象，中央政府会创新融资渠道，对住房公积金进行有效投资，提高住房公积金利用效率。

（五）深化完善"四位一体"的住房保障体系，保障居民多样化购房需求

房地产市场全方位合理有序发展，需要深化完善住房保障体系。预计 2014 年，中央政府将多样化房地产政策，按照"保基本、广覆盖、可持续"的要求，形成廉租住房、共有产权保障住房、公共租赁住房和征收安置住房"四位一体"的住房保障体系，满足居民不同住房需求，做到"租售并举"、"应保尽保"。对于中低收入家庭进行统筹安排，分类解决。同时，加快棚户区改造工作，保障城镇化质量。

第三章 2013 年房地产市场运行状况评价

从国内外房地产市场运行的实践来看，各类房地产指数是衡量房地产市场运行状况的有效手段。当前，在国内外的房地产市场中，存在着大量编制方法各不相同、应用目的各异的房地产指数。这些指数由于技术、数据及目标方面的不同，因此具有各种方向、精度及准度。从 2007 年本报告开发团队建立伊始，我们便致力于围绕我国房地产市场发展实际，构建一系列针对性强的、方法先进的、刻度精准的房地产市场指数。在经过七年的研究和探索之后，在科学把脉我国房地产市场运行规律、系统收集海量房地产市场数据的基础上，本报告正式构建及提出"中国科学院房地产指数"系列，简称"中科房指"。

一、中国科学院房地产指数

中国科学院房地产指数，简称"中科房指"（CAS-RE），是由中国科学院大学中国产业研究中心（原中国科学院研究生院房地产战略研究小组）提出、构建的房地产专门指数。该指数由若干个细分子类指数构成，包括从全局到区域、从经济到金融、从宏观到微观的全方位评价指数体系，合称中国科学院房地产指数体系。我们有选择地推出了其中较为成熟、新颖及符合我国房地产市场发展迫切需要的三类指数。其他指数将在未来的年度报告中陆续发布，并待时机成熟后，选择合适的频次向市场、大众定期公开发布。本次发布的指数主要包括：①度量我国房地产市场总体状况的中科房地产健康指数（Chinese Academy of Science-Real Estate Health Index，CAS-REH）。②度量我国房地产金融总体运行状况的中科房地产金融状况指数（Chinese Academy of Science-Real Estate Finance Index，CAS-REF）。③度量我国具有代表性城市房地产总体性价比的中科房地产场景指数（Chinese Academy of Science-Real Estate Scenes Index，CAS-RES）。

（一）中科房地产健康指数简介

中科房地产健康指数（CAS-REH）主要度量我国房地产运行总体健康状况的综合指数。CAS-REH 指数以 2001 年第一季度数据为基期，将房地产运行状况在报告期内的健康水平与基期相比较，就可以得出报告期内的房地产市场健康指数。

房地产市场作为目前国民经济中占有十分重要地位的支柱性产业，其运行状况对整体经济运行具有重要影响。房地产市场的健康状况关系到经济稳定、政府财政、百姓生活、社会稳定等诸多方面。鉴于房地产行业在经济社会中的重要作用，仅仅衡量其市场繁荣程度、行业景气状况等不足以全面反映行业运行总体状况，CAS-REH 指数旨在从房地产市场全局的健康视角对我国房地产行业以及房地产行业与国民经济、民生等领域的协调性进行评价。

（二）中科房地产金融状况指数简介

中科房地产金融指数（CAS-REF）主要度量我国整体房地产金融体系运行状况的综合指数。CAS-REF 指数以 2000 年 1 月为基期（2000M1＝100），通过观察其变动趋势或与其他相关指标结合分析，可以评判和预测我国整体房地产金融体系的运行状况，甚至在一定程度上可以反映我国潜在的房地产金融风险。

在我国，房地产业是一个高投入、高收益和高风险的资本密集型产业，对金融资本的依赖度很高。而目前我国的房地产金融市场仍处于初级阶段，尚未形成一个健全的、多层次的市场体系。我国房地产金融体系以一级市场为主，二级市场尚未真正建立起来。其中，一级市场又以商业银行为主，相关数据和调查均显示，房地产在银行的总贷款额占比很高。因此，我国房地产金融市场尤其是商业银行业蕴含很大的房地产金融风险。但与此同时，我国房地产金融市场又肩负"为房地产开发经营提供资金保障"和"支持居民住房消费能力的提高"两大主要使命。

目前，国内学者和相关机构尚未建立专门针对我国房地产金融市场运行状况的指数。已有的相关指数，如金融状况指数，也不足以充分反映我国房地产金融市场的运行状况。鉴于此，本研究中心建立 CAS-REF 指数，旨在达到两个方面的目的：一是考量其能否较好地为房地产开发经营提供资金保障和支持居民住房消费能力的提高提供依据；二是监测我国潜在的房地产金融风险。

（三）中科房地产场景指数简介

中科房地产场景指数（CAS-RES）主要度量我国代表性城市房地产的总体性价比。该指数构建的理论基础源于芝加哥大学城市学派的最新研究成果"场景理论"（a theory of scenes）。场景理论认为在当今城市择居行为中，城市场景发挥着重要的作用，从一般角度来看，老年人向往安逸的城市场景，而年轻人崇尚自由和新奇的社会场景；从特殊的案例来看，我国许多家庭为了子女教育宁可降低居住舒适度也要在学区购置房产，还存在屡见不鲜的"蚁族"、"房奴"、"蜗居"等现象。这些看似非经济理性的现象背后却蕴含着合情合理的价值诉求（详见吴迪《基于场景理论的中国城市居住房地产需求研究》，《系统科学与数学》，2011 年）。那么，我们所支付的择居成本（房价）是否与我们所获得的场景相匹配呢？在过去 10 年我国房地产市场高速发展，房价快速攀升，许多地区的房地产价格乘势而上、鱼目混珠，由此我们认为有必要对房地产的性价比进行测算。作为城市生活的重要因素，场景在房地产中发挥了独特的影响，对以通勤区位、教育环境、医疗水平、社区服务、治安状况以及社会文化环境等生活属性为代表的居住状况和生活方式的向往与诉求，正越来越多地影响着当今城市房地产的发展。囊括教育环境、医疗水平、交通通信、社会文化等的场景因素可作为房地产属性的较好指标。

在此基础上，我们基于场景理论思想体系构建了中科房地产场景指数概念。之所以称之为概念，包括两个方面的原因：一方面，场景理论尚在发展阶段，因此许多参数和方法尚待近一步的科学证明及调整；另一方面，由于城市数据的局限性，我们只能获得城市场景的部分数据，由于数据所限，难以全面地反映城市的全局场景。但是，在相同的测量背景下，我们依然可以通过横向的比较对房价的性价比，甚至是泡沫化程度，一窥究竟。

二、中科房地产健康指数（CAS-REH）

（一）CAS-REH 指数简介

中科房地产健康（CAS-REH）指数是由中国科学院大学房地产研究中心推出的反映国内主要区域房地产运行总体健康状况的综合指数。它以 2001 年第一季度数据为基期，将各地区房地产运行状况在报告期内的健康水平与基期相比较，得出该区域报告期内的房地产市场健康指数，旨在从房地产市场全局的健康视角对我国房地产行业以及房地产行业与国民经济、民生等领域的协调性进行评价。

（二）CAS-REH 指标体系

1. 评价指标的选取

对房地产市场的健康状况进行评价，必须构建科学、全面和具有可操作性的指标体系。指标选取的准确性和正确性直接关系到指标的有效性和指导性。

CAS-REH 指数在指标选取过程中，首先要求指标必须有全面性，即将市场整体的健康水平、房地产产业内部的健康水平以及房地产业与民生相关领域的健康水平予以综合考虑，以保证能够涵盖和涉及市场中各个领域的问题。其次，在全面选取的基础上，CAS-REH 指数还强调指标应具有代表性。房地产市场健康评价指标体系涵盖的内容十分丰富，每个方面的问题都可以通过很多指标予以体现，在指标选取的过程中，着重抓住与评价对象直接相关或能够产生重大影响的要素，突出具有代表性的对象。再次，中科房地产健康指数的指标选取还应注重指标的可靠性。面对很多类似、重叠或者可以相互替代的指标，可能由不同的部门发布，机构或部门间可能存在不同的统计口径，在时间长度等方面亦有不同。在选取指标时，CAS-REH 指数的指标尽可能选择时间长度较长、统计方法和统计口径较为稳定的指标作为指数的主要参考指标。最后，还应考虑指标的可获得性，指标的选取一定要便于在评价过程中的实施。指标的选取应尽可能与国家现有的统计指标相一致，以使得评价和分析的指标更易获得。

2. 指标简介

为了全面反映房地产市场运行健康状况，CAS-REH 指标系统共设置四个一级指标，分别是房地产业与国民经济协调关系、房地产市场供求关系、行业内部协调关系、房地产业与民生协调关系。每个一级指标下设若干二级指标，如表 3.1 所示。

表 3.1 健康指数指标体系

一级指标	二级指标
房地产业与国民经济协调关系	房地产业增加值/GDP
	房地产开发投资额/固定资产投资额
	居民居住消费价格指数/居民消费价格指数（CPI）
房地产市场供求关系	商品房竣工面积
	商品房销售面积
	土地购置面积
	吸纳率（商品房销售面积/商品房竣工面积）
行业内部协调关系	商品房销售额
	房地产企业景气指数
	商品房新开工面积/商品房竣工面积
	房地产开发贷款资金/房地产企业自有资金
房地产业与民生协调关系	商品住宅平均销售价格/城镇居民可支配收入
	房价增长率/收入增长率

1）房地产业与国民经济协调关系

（1）房地产业增加值/GDP 。房地产业增加值/GDP 指标反映房地产市场对宏观经济的拉动情况。一般而言，房地产对区域经济有拉动作用，但是当房地产发展过热（或过冷）时，即与国民经济发展不协调时，房地产业增加值的增长速度（减少速度）会明显快于国内生产总值的增长速度（减少速度），这时房地产业增加值/GDP 这一指标便会发生明显的变化。所以房地产市场与国民经济协调发展时，该指标应该维持在一个合理的比例。

（2）房地产开发投资额/固定资产投资额。房地产开发投资额/固定资产投资额反映房地产开发投资在宏观经济中投资占有重要的地位，该指标反映了在投资方面房地产业对宏观经济的拉动情况。一般而言，房地产投资增加（或减少），固定资产投资也会随之相应增加（或减少），因此，在房地产市场及社会经济均发展稳定时，房地产开发投资额/固定资产投资额应该是一个比较稳定的数值，但是当房地产市场发生波动时，房地产开发投资额在固定资产投资额中所占的比例就会产生显而易见的波动。

（3）居民居住消费价格指数/居民消费价格指数（CPI）。该指标表示观察期内居民居住类消费占总体消费的比例。居民消费价格总指数由一揽子商品价格加权平均组成，其中某一时期居住类消费占总体比例过高或过低都能够反映出房地产市场波动状况对居民生活的影响，以及这种影响占总体消费的比重。观察这一指标有利于了解和总体物价波动水平相比，居住类消费的波动在其中所扮演的角色。

2）房地产市场供求关系

（1）商品房竣工面积。商品房竣工面积是指商品房屋按照设计要求已全部完工，达到入住和使用条件，经验收鉴定合格（或达到竣工验收标准），可正式移交使用的房屋建筑面积总和。一方面，观察期内观察此指标的变化能够细致了解房地产市场的供给状况，一定时期内竣工面积的萎缩可能导致未来市场供应不足，同时也会对市场预期产生影响。另一方面，商品房竣工面积的过快增长能够反映出市场供给充足，但也可能导致控制面积增大的问题。此指标的稳定变化能够为房地产市场的供求平衡提供有效保证。

（2）商品房销售面积。商品房销售面积指标表示报告期内出售商品房屋的合同总面积，由现房销售建筑面积和期房销售建筑面积两部分组成。现房销售面积是指在报告期内正式签订买卖合同、已经竣工达到入住条件的商品房屋建筑面积，包括以一次性付款方式和分期付款方式销售的现房建筑面积。期房销售面积是指在报告期内正式签订买卖合同、正在建设尚未竣工交付使用的商品房屋建筑面积，包括以一次性付款方式和分期付款方式销售的商品房屋建筑面积。期房销售建筑面积竣工后不再结转为现房销售建筑面积。此指标能够反映市场活跃程度和总体成交状况，销售面积增长过于迅速可能反映市场过热，可能出现投机炒作，过低的商品房销售面积可能表示市场观望情绪浓重，市场对未来预期不明，交易冷淡。

（3）土地购置面积。土地购置面积反映观察期内开发商拿地状况，此指标表明未来市场供给的充足状况，同时反映开发商对未来市场前景的预期。一方面，土地购置面积持续扩大，反映了市场的繁荣，开发商对房地产开发投资前景较为乐观。相反，如果土地购置面积持续减少，可能反映市场进入低潮期，开发商拿地愿望降低，对未来市场持观望态度。另一方面，如果土地购置面积在观察期内激增，可能表示市场出现过热现象，亦不利于房地产市场平稳有序发展。

（4）吸纳率。吸纳率指标反映房地产市场基本供求平衡状况，观察期内商品房销售面积超过商品房竣工面积能够反映开发商手中可售房源存量下降，市场需求增强。如果商品房销售面积大幅超过商品房竣工面积，表明市场供不应求现象严重，可能催生投机炒房现象。同时，如果商品房竣工面积持续大于销售面积，表明市场中消费者观望气息浓重，成交放缓，开发商手中空置房屋面积出现不断增加的可能。

3）行业内部协调关系

（1）商品房销售额。商品房销售额是指报告期内出售商品房屋的合同总价款，反映了市场的绝对规模，包括销售前期预售的定金、预售款、首付款及全部按揭贷款的本金等款项。

（2）房地产企业景气指数。房地产企业景气指数能够有效衡量房地产企业自身的发展状况，房地产市场的良性发展离不开稳定、健康的房地产开发企业。此指标能够从企业内部的运营状况角度反映房地产开发企业自身景气程度。

（3）商品房新开工面积/商品房竣工面积。该指标反映房地产市场当前与未来供给状况。观察期内商品房新开工面积过低，一方面，反映出市场开发热情走低，亦有可能出现土地囤积现象；另一方面，可能会在未来造成市场供给不足。另外，此指标数值过高可能表示市场出现过热现象，同时会导致未来某一时刻商品房集中入市，给市场造成冲击。

（4）房地产开发贷款资金/房地产企业自有资金。该指标反映房地产开发企业资金来源状况。观察期内房地产企业贷款数额和自有资金比例过高，表明房地产开发商开发热情高涨，通过大量银行贷款完成开发，同时表明房地产开发企业具有较大的资金风险，一旦市场出现波动，出现资金链断裂的可能性加大，为整个市场带来隐患。如果此比例过低反映房地产开发企业开发热情减退，同时信贷支持力度不足，亦不利于房地产企业和房地产市场的高效运转。

4）房地产业与民生协调关系

（1）商品住宅平均销售价格/城镇居民可支配收入。商品住宅平均销售价格/城镇居民可支配收入是反映商品住宅价格增长的幅度是否与居民收入的增长相协调的指标。商品住宅平均销售价格说明市场上为大多数购买者提供的普通商品住宅所处的价格水平，当商品住宅平均销售价格与大多数购买者的收入比例相协调时，则商品住宅的价格不会脱离市场需求的支撑，仍然处于大多数购买者的购买能力之内；但是当商品住宅价格长期增长过快，远远高于大多数购买者的居民收入可承受范围时，则预示着商品住宅销售价格开始脱离市场支撑，容易产生市场波动，引起全社会的经济社会问题。客观上，商品住宅平均销售价格/城镇居民可支配收入必然有一个合理的比例区间。比例过低或比例过高，都存在相应的问题。

（2）房价增长率/收入增长率。房价增长率与收入增长率的比例关系能够反映出房地产市场价格增长与市场中的消费者购买力的协调程度。如果房价增速大大高于人民群众的收入增长速度，则可能对民生产生极为负面的影响，会导致购房难等问题，同时，购房支出给消费者造成过重的负担可能导致消费者其他领域消费能力不足，影响消费者生活质量。两增长率的长期偏离会对市场的可持续发展造成威胁。

3. 2001～2013年中科房地产健康指数

围绕上文提出的房地产健康评价体系，本报告运用因子分析法确定各指标的权重，以万德数据库的数据为基础，计算中科房地产健康指数，结果如表3.2所示。

表 3.2　中科房地产健康指数

时间	中科房地产健康指数	时间	中科房地产健康指数	时间	中科房地产健康指数
2001q1	100.0000	2005q2	141.7838	2009q3	123.9293
2001q2	112.3949	2005q3	148.4306	2009q4	171.7661
2001q3	112.2957	2005q4	180.8172	2010q1	167.1670
2001q4	115.9357	2006q1	168.5677	2010q2	170.4263
2002q1	158.9342	2006q2	161.2680	2010q3	173.0271
2002q2	131.8194	2006q3	157.7249	2010q4	187.3038
2002q3	150.6079	2006q4	151.6763	2011q1	156.1395
2002q4	66.9803	2007q1	150.5230	2011q2	172.8343
2003q1	146.7669	2007q2	166.2151	2011q3	160.4129
2003q2	162.0241	2007q3	176.6394	2011q4	126.8748
2003q3	160.6125	2007q4	166.0657	2012q1	180.8370
2003q4	152.0194	2008q1	221.7928	2012q2	142.4545
2004q1	153.6528	2008q2	161.1432	2012q3	152.1257
2004q2	152.4727	2008q3	132.3871	2012q4	141.2535
2004q3	154.5772	2008q4	93.1164	2013q1	153.6528
2004q4	164.0264	2009q1	72.0143	2013q2	181.6729
2005q1	138.0283	2009q2	100.4977	2013q3	173.4265

根据表 3.2，我们构建了中科房地产健康指数图，如图 3.1 所示。

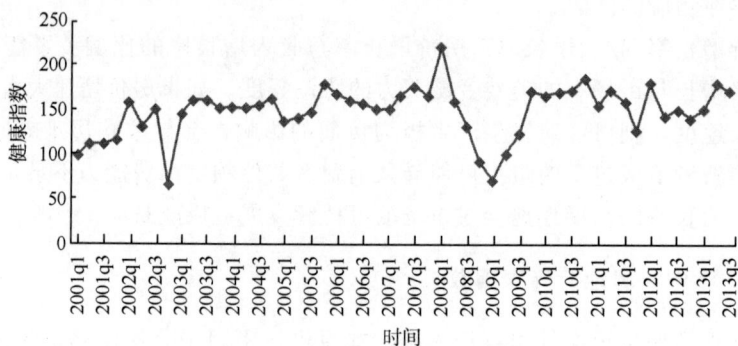

图 3.1　中科房地产健康指数趋势图

（三）CAS-REH 的指数解读及功能

1. CAS-REH 指数解读

2012 年第三、第四季度，受全国房地产价格走低、居民住房消费价格指数与 CPI 之比上升等因素共同影响，房地产市场健康状况略有下降。步入 2013 年，我国房地产市场围绕土地政策、税收政策和行政手段等调控措施持续摇摆波动。从 2013 年总体房地产市场健康状况上看，在经历了 2013 年第一季度的新一轮价格上涨后，2013 年第二季度之后的市场显然重新回归了有限的冷静，健康水平企稳回升，市场情绪也较为缓和，房地产企业经营情况也较为平稳，土地市场热度均衡，高中低端及保障性住房建设有序进行。

2013 年下半年，以一线城市为主的房地产市场风向出现了明显的变化，在较长时间没有推出新的政策的背景下，市场看涨情绪明显突出，各地地王频现，比较有代表性的地块包括北京台湖地块、农展馆地块等，其中后者预计销售价格达每平方米 15 万元。同时，房地产开发企业在销售过程中也逐渐通过种种手段绕开政策限制，行政限价手段的效果正在被抵消，市场实际成交价格出现进一步的快速提高。同时，从全国房地产市场来看，由于各地限购限价等行政控制措施，房地产企业销售额和销量低于预期，房地产开发企业，特别是中小房地产开发企业的投资热情有所降温，在二、三线城市的投资出现收缩，房地产开发投资额占固定资产投资额的比重出现了降低。上述现象直接反映在房地产健康水平上，第三季度市场健康指数环比下降明显。

总体来看，虽然房地产健康指数所反映出的 2013 年第三季度的房地产市场健康水平较 2013 年上半年有所下降，但 2013 年全年的房地产市场健康水平同比观察，依然明显好于 2012 年，其中有一些具有代表性的问题值得关注。

在经历了前期较快的市场增长后，以温州、鄂尔多斯等为代表的二、三线城市，在最近的一年中出现了新的盘整，在销售和供给两端都出现了显著的变化，商品房空置现象集中，市场交易回归理性，价格出现反转。上述迹象在一定程度上刺破了房地产市场的过度繁荣的外衣，帮助以这些城市为代表的市场呈现出健康水平触底回升的良好趋势。

同时，在北京、上海、广州等房地产市场的传统热点区域，领涨趋势仍然明显。之所以看到健康水平出现稳中向好的态势，与此类热点一线城市所采取的严格限购和限价措施密切相关。此类城市的限购限价措施抑制了成交价格的快速攀升，前三季度整体商品房成交价格同比增速放缓。但是在对 CAS-REH 指数进行解读的过程中我们必须注意到，北京、上海、广州等一线城市的众多房地产开发企业，正在通过精装拆分、车位拆分等方式绕开限价令，在网签价格保持稳定的同时，通过单独收取装修费、车位费等额外费用造成实际成交价格远高于网签价格。此种现象一方面使得原有调控措施丧失了其基本意义，另一方面造成了市场交易数据的失真，对调控决策、政策分析及市场预期产生极其不利的影响。

与此同时，2013 年在土地市场的一系列动作同样保证了房地产市场健康水平的稳步回升。一些地区在土地出让过程中合理控制地价，通过竞房价、配建公共租赁住房、配建公共服务设施等手段获得土地。此举有效遏制了地价的无序上涨，同时也为日后项目建成后的合理调控打下了基础。另一个值得关注的问题是，党的十八届三中全会指出，逐步建立城乡统一的建设用地，同时坚持农村土地集体所有权，赋予农民对承包地的流转权能。这显示出在土地管理制度上可能出现新的变革，不排除未来在集体土地上出现可供销售或出租的商品住房，这将对土地市场产生积极和深远的影响，CAS-REH 指数也将对此保持高度的关注。

2. CAS-REH 指标的功能

第一，中科房地产健康指数能够对房地产市场健康发展状况予以监测，通过科学方法获得的定量指标对中国城市房地产发展的健康发展做出全面和准确的探测，能够通过简单易行的方式发现房地产市场发展中存在的隐患和问题。CAS-REH 指数对极为不利的市场变化十分敏感，例如，2009 年年初，CAS-REH 指数所表现出来的极低指数。除此之外，对于不同城市，CAS-REH 指数能够用来进行横向比较，针对不同城市房地产市场健康发展程度的不同提供量化意见，对房地产市场健康程度欠佳的地区或城市提供借鉴和参考作用。

第二，中科房地产健康指数还具备市场引导功能，其能够通过一定的标准，为市场发展和人们的思维意识指明方向。在当前中国房地产市场发展面临诸多问题和困难的背景下，中科房地产健康指数对市场将起到重要的指引作用。中科房地产健康指数在对房地产市场发展的评价过程中，摒弃了单一、粗放的评价方式，而是将市场及其内外部的协调性统一考虑，对房地产市场的协调和可持续发展提供重要参考。引导政府、企业和消费者从全面、合理的角度看待房地产市场发展，有助于决策者及时调整管理手段和调控措施，有助于房地产企业走上科学发展的轨迹，亦有助于消费者面对纷繁复杂的市场局面做出理性和正确的判断。

第三，中科房地产健康指数对未来市场具有预警作用。房地产市场出现的波动可能会对整体社会经济运行造成巨大危害，除对房地产市场进行监测和对市场进行引导外，该指数还力图为市场提供预警功能，通过对房地产市场健康状况的跟踪、监控，反映房地产市场变化和整体健康水平，政府主管部门可以利用该指数了解房地产业发展状况与行业结构及行业与宏观经济的协调比例关系，为调控国民经济产业结构和引导房地产业健康发展服务，同时减少银行信贷风险，为调整房地产业的地区结构和统筹兼顾提供参考。

三、中科房地产金融状况指数（CAS-REF）

（一）CAS-REF 指数简介

中科房地产金融状况指数（CAS-REF）是由中国科学院大学房地产研究中心于 2013 年首度推出的，反映我国整体房地产金融体系运行状况的综合指数。它以 2000 年 1 月为基期（2000M1＝100），通过观察其变动趋势或与其他相关指标结合分析，评判和预测我国整体房地产金融体系的运行状况，甚至在一定程度上可以反映我国潜在的房地产金融风险。

本研究中心建立 CAS-REF 指数，旨在达到两个方面的目的：一是考量其能否较好地为房地产开发经营提供资金保障和支持居民住房消费能力的提高提供依据；二是监测我国潜在的房地产金融风险。

（二）CAS-REF 指数的指标体系与评价方法

1. 评价指标的选取原则

科学合理地选取评估我国房地产金融状况的指标是构建 CAS-REF 指数的基本前提，由于反映房地产金融状况的指标不易界定，因此在构建 CAS-REF 指数的指标体系时按照以下五项基本原则来选取指标。

第一，全面性。对房地产金融状况的评估应该涵盖房地产金融的主要方面，CAS-REF 指数既要监测我国房地产金融风险，又要考量其能否较好地为房地产开发经营提供资金保障和支持居民住房消费能力的提高提供依据。因此，对于房地产金融状况每一个主要方面的变动都应采用一个或者多个指标进行评估，而且这种评估要能较好地度量变动或影响的程度。

第二，简洁性。一般而言，选取指标的数量越多越能充分全面反映房地产金融的状况，但是指标太多也容易造成指标的重复和累赘，而且并非所有的指标都能达到预期的度量目的，因此在选取指标时要考虑指标的实用性。只有选定的指标体系为完备集中的最小集合，才能避免重复和累赘，并能达到识别的目的。

第三，可操作性。可操作性一是指所选择的指标必须是可量化的，而且可以通过某些方式取得相应的数据。二是指各个指标数据的长度和频度必须保持一致，对于频度不一致的指标数据，应通过一定的工具和手段进行调整，最终确保所有指标数据具有相同的时间长度和频度。

第四，可比性。为了便于与其他指标或历史数据进行横向或纵向对比，CAS-REF 指数评价指标应在指标的名称和体系结构等方面尽量与现行制度保持统一，对于指标的计算口径和相应数据的选取曾出现历史变动的，应进行相应调整以确保数据的连续性和相对稳定。此外，对其中的异常点也要进行调整，这样的指标体系才具有实际意义。

第五，预警性。CAS-REF 指数的重要功能就是它的预警功能，这就要求在建立指标体系时应尽量选取具有先行性的指标，或者所选指标能从根本上反映我国房地产金融体系所面临的潜在风险，或者所选指标能预示我国房地产金融体系能在多大程度上为房地产开发经营提供资金保障和支持居民住房消费能力的提高。

2. CAS-REF 指数的指标体系的构成

基于以上五项指标选取原则，着眼于我国房地产金融体系进行指标选取，本报告共选取了如下 7 个指标。具体指标及相应的指标解释如表 3.3 所示。

表 3.3　中科房地产金融状况指数（CAS-REF）评价指标体系

序号	指标	指标解释
1	商品房销售均价	房价的变动跟房地产金融风险密切相关，我们选用商品房销售均价（商品房销售额/商品房销售面积）作为衡量房地产金融风险的指标之一
2	申万行业房地产指数	衡量房地产金融状况的指标之一（月数据由日数据加权平均所得）
3	房地产开发国内贷款	衡量房地产金融状况的指标之一（房地产开发资金来源：国内贷款）
4	房地产开发自筹资金	间接衡量房地产金融状况（房地产开发资金来源：自筹资金）
5	银行间同业拆借加权平均利率	同业拆借市场能够迅速反映货币市场的资金供求状况，银行间同业拆借加权平均利率可以作为金融市场利率的代理变量
6	人民币实际有效汇率指数	真正体现一国汇率水平并对宏观经济产生实际影响的应当是实际汇率而不是名义汇率，我们采用人民币实际有效汇率指数（2010 年＝100）作为汇率的代理指标
7	CPI	选用消费者价格指数（上年＝100）作为衡量通货膨胀率的指标

3. CAS-REF 指数的评价方法

1) 向量自回归模型

向量自回归（VAR）模型是一种常用的计量经济模型，由克里斯托弗·西姆斯（Christopher Sims）于 1980 年提出。VAR 模型是基于数据的统计性质建立模型，把系统中每一个内生变量作为系统中所有内生变量的滞后值的函数来构造模型，从而将单变量自回归模型推广到由多元时间序列变量组成的"向量"自回归模型。VAR 模型是处理多个相关经济指标的分析与预测最容易操作的模型之一，并且在一定的条件下，多元 MA 和 ARMA 模型也可转化成 VAR 模型，因此近年来 VAR 模型受到越来越多的经济工作者的重视。

VAR（p）模型的数学表达式是：

$$y_t = A_1 y_{t-1} + \cdots + A_p y_{t-p} + BX_t + \varepsilon_t$$

式中，y_t 为 k 维内生变量向量；X_t 为 d 维外生变量向量；p 为滞后阶数，样本个数为 T。$k \times k$ 维矩阵 A_1，$\cdots$，A_p 和 $k \times d$ 维矩阵 B 是要被估计的系数矩阵。ε_t 是 k 维扰动向量，它们相互之间可以同期相关，但不与自己的滞后值相关及不与等式右边的变量相关，假设 $\sum$ 是 ε_t 的协方差矩阵，是一个 $(k \times k)$ 的正定矩阵。

2）广义脉冲响应函数

VAR 模型的动态分析一般采用"正交"脉冲响应函数来实现，而正交化通常采用 Cholesky 分解完成，但是 Cholesky 分解的结果严格地依赖于模型中变量的次序。Koop 等 1996 年提出的广义脉冲响应函数正好克服了上述缺点。

运用广义脉冲响应函数后，设响应指标 Z_0 对冲击指标 Z_i 在第 t 期的响应为 λ_{it}，则响应指标 Z_0 对冲击指标 Z_i 在 t 期内的加权响应为

$$\lambda_i = \sum_{t=1}^{T} \frac{1}{t} \lambda_{it}, \ i = 1, 2, \cdots, n$$

则表 3.3 的指标体系内每个指标的权重为

$$w_i = \frac{\lambda_i}{\sum_{i}^{n} |\lambda_i|}, \ i = 1, 2 \cdots, n$$

计算综合评价函数为

$$F_t = \sum_{i}^{m} w_i y_{it}, \ i = 1, 2, \cdots, n$$

选取样本内第一期的值为基准，设基期的综合评价得分为 f_0，报告期内其他期的综合评价得分 f_t。设定基期的值为 100，则报告期内其他期的值为

$$F'_t = \frac{F_t}{F_0} \times 100, \ i = 1, 2, \cdots, T$$

3）CAS-REF 指数的构建

我们选取 2000 年 1 月～1013 年 10 月的数据为样本，数据均来自万德数据库。通过对数据进行插值、季节性调整、剔除通货膨胀影响和平稳性处理后，将处理后数据按照上文的评价方法进行评价，得到的结果如表 3.4 所示。

表 3.4 中科房地产金融状况指数（CAS-REF）结果

时间（年-月）	CAS-REF 指数	时间（年-月）	CAS-REF 指数	时间（年-月）	CAS-REF 指数	时间（年-月）	CAS-REF 指数
2000-1	100.00	2000-8	96.97	2001-3	97.83	2001-10	104.41
2000-2	96.67	2000-9	101.19	2001-4	98.35	2001-11	99.22
2000-3	97.63	2000-10	96.91	2001-5	96.72	2001-12	99.17
2000-4	96.85	2000-11	96.11	2001-6	100.82	2002-1	110.73
2000-5	100.11	2000-12	98.42	2001-7	101.23	2002-2	102.20
2000-6	95.91	2001-1	99.03	2001-8	103.83	2002-3	93.70
2000-7	99.97	2001-2	111.95	2001-9	101.61	2002-4	99.63

时间 (年-月)	CAS-REF 指数	时间 (年-月)	CAS-REF 指数	时间 (年-月)	CAS-REF 指数	时间 (年-月)	CAS-REF 指数
2002-5	100.09	2005-4	102.96	2008-3	118.27	2011-2	105.64
2002-6	100.72	2005-5	102.42	2008-4	124.42	2011-3	97.50
2002-7	95.16	2005-6	99.59	2008-5	111.74	2011-4	97.25
2002-8	101.18	2005-7	101.73	2008-6	125.27	2011-5	105.05
2002-9	100.92	2005-8	97.60	2008-7	110.77	2011-6	101.97
2002-10	101.13	2005-9	98.80	2008-8	117.04	2011-7	98.26
2002-11	102.51	2005-10	100.01	2008-9	111.42	2011-8	104.89
2002-12	102.08	2005-11	99.80	2008-10	103.23	2011-9	103.83
2003-1	100.76	2005-12	99.50	2008-11	100.60	2011-10	112.37
2003-2	101.86	2006-1	97.67	2008-12	89.53	2011-11	100.01
2003-3	100.55	2006-2	99.03	2009-1	100.24	2011-12	104.78
2003-4	99.84	2006-3	98.62	2009-2	86.33	2012-1	98.58
2003-5	100.47	2006-4	96.23	2009-3	93.92	2012-2	95.34
2003-6	100.35	2006-5	97.97	2009-4	87.39	2012-3	99.90
2003-7	102.99	2006-6	99.09	2009-5	84.75	2012-4	97.17
2003-8	100.59	2006-7	97.12	2009-6	80.61	2012-5	93.34
2003-9	100.69	2006-8	99.92	2009-7	76.29	2012-6	98.07
2003-10	99.85	2006-9	94.54	2009-8	120.72	2012-7	108.25
2003-11	101.69	2006-10	98.25	2009-9	101.91	2012-8	109.06
2003-12	98.98	2006-11	92.81	2009-10	88.27	2012-9	97.69
2004-1	99.91	2006-12	86.41	2009-11	89.83	2012-10	100.08
2004-2	96.97	2007-1	89.77	2009-12	107.04	2012-11	101.18
2004-3	99.49	2007-2	103.60	2010-1	112.73	2012-12	87.60
2004-4	100.67	2007-3	85.69	2010-2	113.05	2013-1	86.08
2004-5	104.95	2007-4	79.61	2010-3	97.16	2013-2	107.23
2004-6	101.96	2007-5	64.08	2010-4	110.04	2013-3	111.60
2004-7	102.01	2007-6	82.38	2010-5	124.78	2013-4	101.36
2004-8	101.52	2007-7	96.92	2010-6	97.57	2013-5	94.13
2004-9	99.95	2007-8	48.72	2010-7	100.83	2013-6	104.71
2004-10	98.90	2007-9	91.74	2010-8	89.11	2013-7	104.31
2004-11	100.40	2007-10	100.08	2010-9	99.00	2013-8	92.77
2004-12	100.94	2007-11	108.52	2010-10	93.34	2013-9	91.84
2005-1	101.49	2007-12	125.03	2010-11	104.25	2013-10	99.48
2005-2	100.75	2008-1	88.94	2010-12	101.33		
2005-3	101.53	2008-2	117.75	2011-1	95.78		

（三）CAS-REF 指数的功能及指导性

1. CAS-REF 指数及解读

　　从以上 CAS-REF 指数（图 3.2、图 3.3）来看，我们可以把我国房地产金融状况大致分成三个阶段，第一个阶段为 2007 年以前，整个房地产金融状况非常平稳，指数波动幅度很小，说明此阶段我国的房地产金融状况良好，房地产市场运行正常。

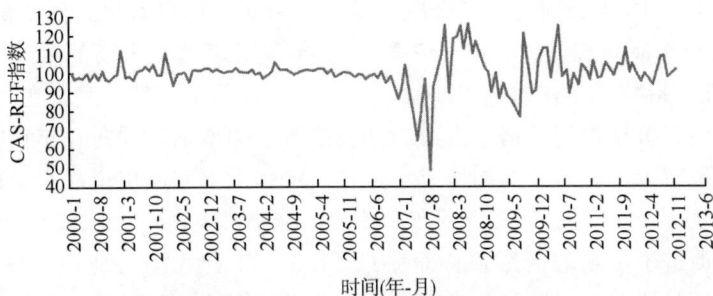

图 3.2　CAS-REF 指数趋势图

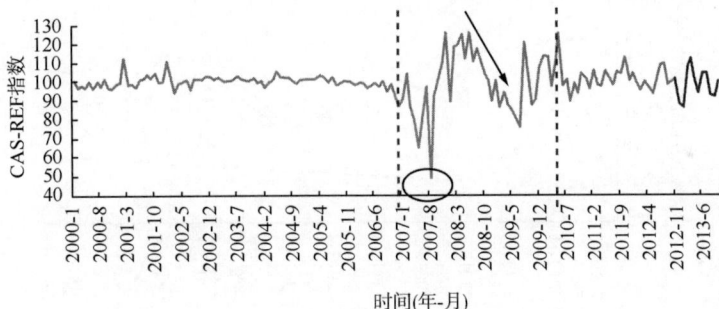

图 3.3　CAS-REF 指数趋势图解读

　　第二个阶段为 2007～2010 年第二季度，此阶段 CAS-REF 指数的波动幅度较大，房地产金融状况在 2007 年 8 月达到最差，CAS-REF 指数仅为 48.72，但之后，到 2007 年年底房地产金融状况指数一路回升到 125.0，2008 年的前两个季度 CAS-REF 指数比较平稳，房地产金融状况也较之前明显转好，CAS-REF 指数在 2008 年 6 月达到了最高值 125.3，但是从 2008 年的第三季度开始，房地产金融状况指数一路震荡下滑到 2009 年 7 月的 76.3，2008 年的下半年到 2009 年的上半年是我国遭受由美国次贷危机引发的全球经济危机影响最严重的时期。2008 年 8 月份，70 个大中城市房价出现了房改以来的首次下跌，且跌幅是逐月增加，房地产企业面临着前所未有的困境，购房者也因房价下跌而出现了还款违约行为，此时的房地产金融状况在不断恶化。2009 年的第三季度，房市在政府"保增长"的经济刺激下，开始止跌回暖，房地产金融状况也出现了转好的迹象，从 CAS-REF 指数来看，2009 年 8 月底就已经回升到 120.7，虽然之后 CAS-REF 指数有一定幅度的波动，但还在相对较高的数值上，说明在次贷危机影响过后，从 2009 年第三季度开始我国的房地产金融状况就有了明显的好转。

第三个阶段是 2010 年第三季度以后，此时 CAS-REF 指数相对处于平稳数值上，此阶段我国房地产金融状况相对比较平稳，但从波动幅度来看，可以发现，第三阶段的波动幅度比第一阶段的幅度相对要大，虽然在经济危机影响过后，我国的房地产金融状况运行良好，相对平稳，但与 2007 年前相比，我国的房地产金融状况波动幅度增大，房地产市场的风险也在增大。

进一步分析 2013 年我国房地产金融状况，由图 3.4 可以看出，到目前为止，CAS-REF 指数呈现整体波动式收敛状态，说明 2013 年我国房地产市场的风险整体上在逐渐减小。CAS-REF 指数在年初的剧烈波动，一方面，来源于大部分房企在 2012 年销售状况良好，开发商积极性提高，房地产市场开发投资金额增加；同时在年初时银行个人房贷的利率下浮也减少了购房者的购房成本，在一定程度上刺激房市成交量攀升。另一方面，2013 年 2 月"新国五条"政策颁布和实施，新政策影响了房地产市场各方的预期和行为，短暂促进了市场的活跃，从而促进了 2013 年初我国房地产市场的资金流动。但随着新政策的具体实施，银行在房地产贷款上更加审慎，同时整个房地产市场对新政的认识也更加清晰，并伴随着已有房地产调控政策的继续实施和对房产税的预期，整个市场在 2013 年逐渐趋于理性和平稳。

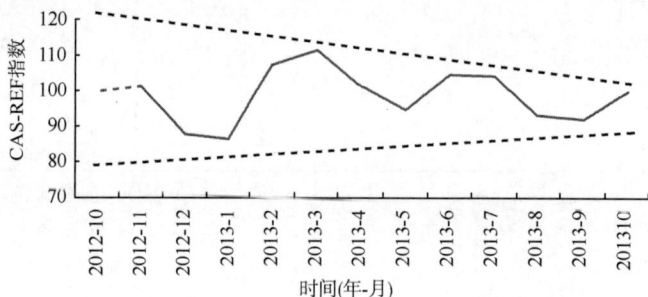

图 3.4　2012 年 10 月以来的 CAS-REF 指数趋势图

CAS-REF 指数不仅能准确反映房地产金融状况，而且在经济形势发生改变前对房地产市场有一定的预测能力，比其他反映房地产市场变化的指数具有一定先行性。首先我们比较分析 CAS-REF 指数与房地产业企业家信心指数，从图 3.5 中可以看出，CAS-REF 指数曲线的最低点在 2007 年 8 月，而房地产企业家信心指数的最低点在 2008 年 12 月，并且之后 CAS-REF 指数曲线的变化趋势都领先于房地产企业家信心指数。因此，可以推断 2014 年房地产企业家信心指数不会出现太大幅度的波动，整体上将趋于收敛性平稳。

同样地，从图 3.6 和图 3.7 可以看出 CAS-REF 指数的变化也要领先于房地产开发综合景气指数和房地产业企业景气指数。因此，我们可以得出结论，CAS-REF 指数具

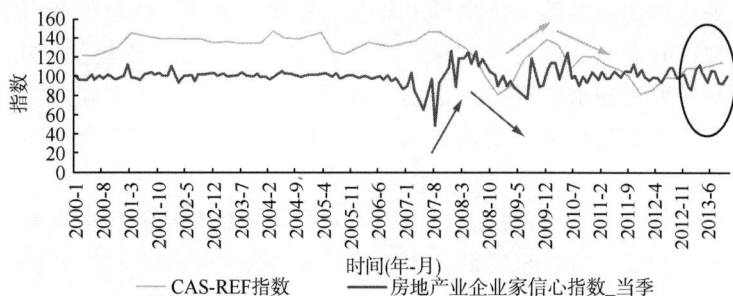

图 3.5　CAS-REF 指数与房地产企业家信心指数对比图

有很好的预测能力，不仅能准确反映房地产金融状况，而且对房地产市场具有先行预测
能力，能比其他行业指数准确及早反映市场的变化。同理，可以推断 2014 年房地产开
发综合景气指数和房地产企业景气指数均不会出现太大幅度的波动，整体上将趋于
平稳。

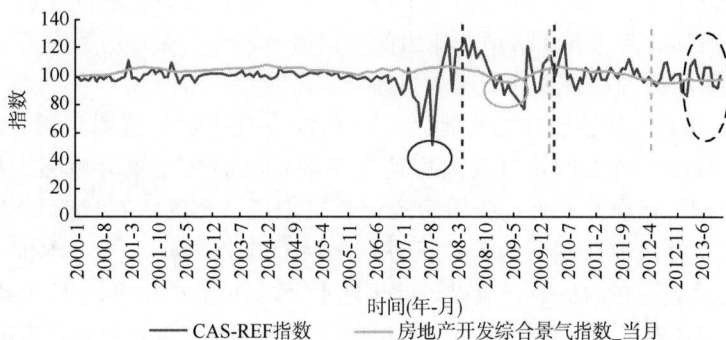

图 3.6　CAS-REF 指数与房地产开发综合景气指数对比图

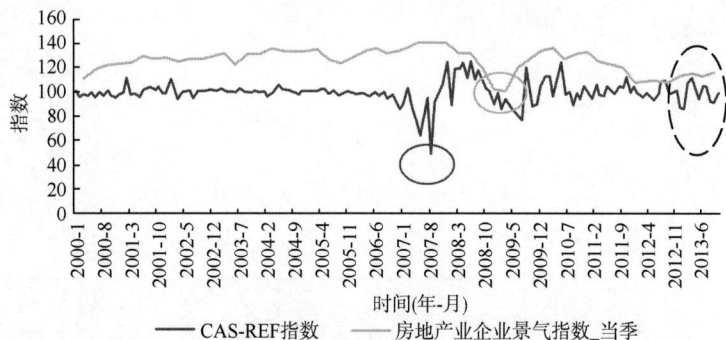

图 3.7　CAS-REF 指数与房地产企业景气指数对比图

从 CAS-REF 指数曲线来看，我国的房地产金融状况只在经济危机时期出现过大的
波动，其他时期表现都比较平稳，尤其是 2007 年前，我国的房地产金融状况运行非常
平稳。房地产金融状况运行平稳能促进我国的房地产业发展。2007 年以前，我国的房

地产开发投资稳步增加，虽然房价出现了几次大幅度的上涨，但房地产市场运行依然正常有序。对房地产开发企业来说，此时期的资金主要来源是银行贷款，由于 1998 年房改以来，国内居民购房需求的猛增，市场一直供需不平衡，房地产企业处于暴利时期，此时的房地产开发投资资金也不断地增加，房地产企业没有出现资金链问题，也没有开发投资资金压力。而对于购房者来说，国内住房按揭贷款开始盛行，银行为房屋购买者提供资金，使他们能提前获得住房。由于银行对购房贷款资格的严格审查，购房者一般不存在违约行为。到了经济危机时期，由于房价在 2008 年出现了首次下滑，导致了购房者的住房资产出现萎缩，部分出现了还款违约行为，但范围不大，仅出现在房价下滑较大的一线城市。而此时开发商由于受到经济危机、购房者预期的影响，房屋出现滞销导致房地产开发企业的资金链断裂，至少两成开发商在此时被市场淘汰。在经济危机影响过后，2009 年的第四季度，房价报复性上涨，市场又活跃起来，由于银行在此次经济危机影响中，承受了来自房地产行业的巨大风险，政府也开始控制房地产企业的开发投资资金的银行贷款，很多企业不得不自谋出路，此时银行的贷款风险有所降低。对于购房者来说，由于房价上涨，政府出台了很多调控政策，以防止房价过快过猛上涨，且在研究设计一些提高购房者住房消费能力的支持措施，加大保障房、廉租房建设也在一定程度上降低了购房者在高房价下所承担的贷款风险。

CAS-REF 指数对我国潜在的房地产金融风险也有一定的监测作用。CAS-REF 指数以月度数据为样本数据，其对我国房地产金融状况的变化较为敏感。我们以 CAS-REF 指数历史期的标准差来衡量我国房地产金融市场面临的潜在风险，从图 3.8 可以看出，2007 年 7 月之前我国房地产金融状况较为稳定，风险水平基本维持在 4 以下，2007 年 7 月之后，潜在的房地产金融风险迅速上升，并与 2010 年 4 月达到峰值，而正是这个时候我国颁布了严厉的"国十条"房地产宏观调控政策，并在之后继续推行了多项房地产宏观调控措施。2012 年 4 月之后，我国房地产金融风险水平虽然仍维持在不超过 10 的高位，但是呈现下降的趋势，说明我国房地产宏观调控政策对于控制房地产金融风险确实起到了一定的积极作用。

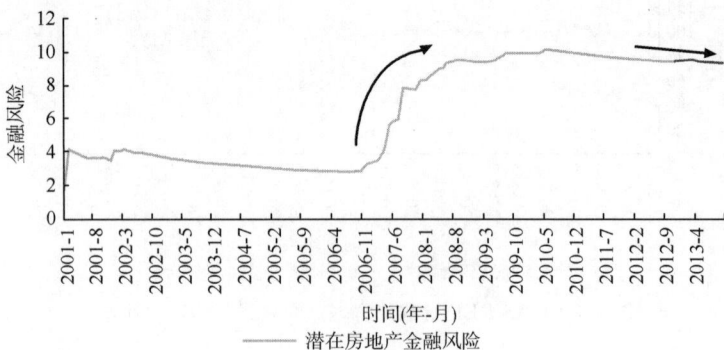

图 3.8　潜在房地产金融风险趋势图

进一步观察 2013 年我国潜在的房地产金融风险，通过图 3.9 可以看出，到目前为止，我国潜在的房地产金融风险整体呈下降趋势，从2013年3月的9.42下降到2013年10月的9.28，降幅为1.48%。虽然相较于2007年7月之前的低位状态，目前还处于9以上的高位，但是整体在向良性发展，说明我国房地产金融风险在目前得到了控制，并在缓慢地下降。

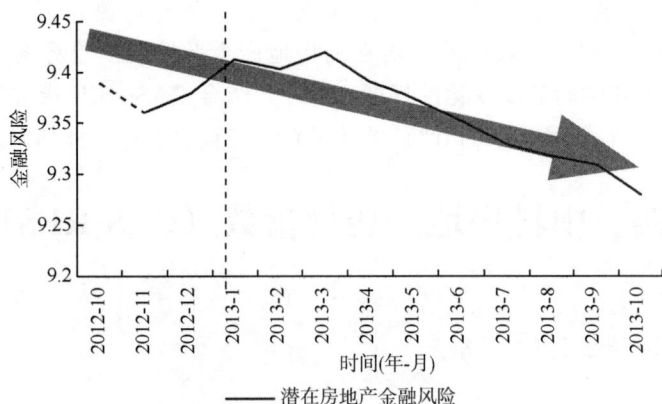

图3.9 潜在房地产金融风险趋势图

2. CAS-REF 指数的功能及指导性详解

从前文构建CAS-REF指数的过程及解读来看，CAS-REF指数有利于对我国房地产金融体系的整体运行状况进行科学、客观的评估。其主要具有三个方面的功能：一是评估我国房地产金融体系运行状况的功能；二是预测我国房地产金融市场走势的功能；三是监测我国潜在的房地产金融风险的功能。

第一，评估我国房地产金融体系运行状况的功能。2000年我国房地产金融市场相对稳定，CAS-REF指数以2000年1月为基期（2000M1=100），通过比较报告期与基期数值的差距可以评估我国房地产金融体系在报告期内的运行状况。同时，通过观察报告期内CAS-REF指数的变化也有助于增强各界人士对我国房地产金融市场变化趋势的认识，政府亦可以通过该指数来评估房地产相关调控政策的实施效果，探析当前我国房地产金融市场面临的问题，并以此作为依据来颁布或调整相应房地产金融调控政策。

第二，预测我国房地产金融市场走势的功能。CAS-REF指数具有先行性，通过观察其走势，可以预测未来我国房地产金融体系的运行趋势。对于房地产开发商和购房者而言，准确预测我国房地产金融市场的运行趋势，有助于其较好地调整自己的经营策略和消费方式。目前，由于我国严厉的房地产宏观调控政策，房地产企业尤其是中小房地产企业面临巨大的资金压力，许多房地产中小企业纷纷倒闭。而对于购房者，其购房行为则受对房地产市场的非理性预期影响很大。我国房地产市场两大参与主体目前所面临的形势都不利于我国房地产市场的健康发展。而CAS-REF指数恰好可以为房地产开发商和购房者选择更合适的经营策略和消费方式提供参考，从而最终间接促进我国房地产市场的发展。

第三，监测我国潜在的房地产金融风险的功能。CAS-REF 指数以月度数据为样本数据，其对我国房地产金融状况的变化较为敏感。本研究中心采用 CAS-REF 指数历史期的标准差来衡量我国房地产金融市场面临的潜在风险。通过前文的分析，可以看出 CAS-REF 指数对于我国潜在的房地产金融风险确实具有监测作用，通过观察 CAS-REF 指数历史期的标准差（反映我国潜在的房地产金融风险）趋势图，可以评估我国房地产金融风险变化的趋势及变化的程度。此外，结合 CAS-REF 指数历史期的标准差的趋势图，也可以对我国宏观调控政策的效果在一定程度上进行评估。

四、中科房地产场景指数（CAS-RES）

（一）CAS-RES 指标体系

1. 评价指标的选取

本研究根据科学性、系统性、综合性和可操作性原则，对科教、文化、卫生、交通和环境五个层面进行综合考虑构建场景指标体系；在此基础上，本着具有代表性的原则针对每个层次选取子指标，着重抓住与评价对象关系密切的要素。

此外，（AS-RES）指数指标体系的选取必须注重各子指标的可靠性。不同部门发布的诸多相似、具有可替代的统计指标，其统计口径、统计频率等方面可能不尽相同。在选取指标时，CAS-RES 指标体系尽可能挑选统计频率较为合适、统计方法和统计口径较为稳定的指标作为主要参考指标。

2. 指标简介

为了全面反映房地产区位属性，CAS-RES 指标体系设置了五个一级指标，分别是：①科教；②文化；③卫生；④交通；⑤环境。每个一级指标下设若干二级指标。指标体系如表 3.5 所示。

表 3.5　场景指数指标体系

目标层	一级指标	二级指标	单位
场景指数	科教	普通高等学校	所
		普通中学	所
		小学	所
		普通高等学校教师	人
		普通中学教师	人
		小学教师	人

续表

目标层	一级指标	二级指标	单位
场景指数	文化	剧场、影剧院数	个
		每百人公共图书馆藏书	册
	卫生	医院、卫生院数	个
		医院、卫生院床位数	张
		医生数	人
	交通	每万人拥有公共汽车	辆
		人均城市道路面积	平方米
	环境	建成区绿化覆盖率	%

(二) CAS-RES 指数构建

以下围绕上文提出的 CAS-RES 指数指标体系，以 2006~2011 年的数据为样本，运用因子分析法确定指数体系各指标权重（详细方法参见：吴迪，《基于场景理论的中国城市居住房地产需求研究》），数据来源于中国经济信息网统计数据库，结果如表3.6所示。

表3.6　中科房地产场景指数

城市	2006 年	2007 年	2008 年	2009 年	2010 年	2011 年
北京	100.00	110.60	113.35	117.16	118.85	122.80
上海	100.36	103.90	102.31	105.47	112.25	110.26
重庆	71.81	77.07	80.58	84.46	91.10	95.20
武汉	48.99	49.76	51.37	53.02	57.28	60.06
成都	42.18	44.66	49.36	47.83	50.33	55.45
西安	41.37	41.79	45.00	50.50	51.81	55.00
南京	41.57	44.29	47.24	49.13	50.29	52.37
哈尔滨	40.67	42.04	44.97	47.91	49.90	50.65
沈阳	39.84	40.83	40.65	42.12	44.87	47.75
杭州	36.30	39.09	39.49	41.05	43.06	45.21
郑州	29.50	31.55	33.26	35.71	38.23	42.04
济南	33.64	34.81	35.76	36.57	36.37	38.17
长沙	27.11	27.43	28.55	30.40	32.05	37.19
长春	30.61	31.55	32.06	33.45	34.55	35.58
昆明	26.32	27.00	21.32	24.90	25.76	34.81
太原	30.02	30.23	32.26	33.56	33.27	34.65

城市	2006 年	2007 年	2008 年	2009 年	2010 年	2011 年
佛山	25.66	27.19	27.64	28.37	29.63	31.29
大连	25.27	25.40	27.30	28.68	28.34	28.87
南昌	23.64	23.66	24.05	25.18	24.36	28.69
合肥	19.06	19.96	22.03	24.46	25.81	28.13
石家庄	21.85	23.73	28.01	29.99	26.72	28.06
青岛	23.21	24.19	24.95	25.16	26.55	27.69
兰州	20.40	23.40	22.63	24.05	25.59	27.06
乌鲁木齐	20.90	22.81	23.86	28.12	25.89	26.92
南宁	21.33	21.60	22.74	24.06	25.85	26.86
福州	17.27	18.18	19.71	20.81	23.10	24.44
贵阳	19.00	20.46	19.92	22.01	23.27	24.12
唐山	19.02	20.24	22.34	22.22	21.04	21.76
宁波	17.25	18.11	18.41	19.55	20.53	21.49
苏州	15.73	16.57	17.85	18.94	20.04	21.25
徐州	14.17	14.70	15.18	15.48	20.56	21.14
淄博	19.29	19.30	20.48	20.37	20.39	20.38
无锡	16.27	16.42	17.30	17.05	17.93	18.86
厦门	14.15	15.51	16.56	17.04	17.60	18.44
呼和浩特	13.33	13.63	14.55	16.07	17.45	16.58
衡阳	10.18	10.73	11.91	14.32	15.37	16.41
临沂	11.42	12.33	13.52	15.77	15.93	15.86
潍坊	10.23	10.60	11.79	12.52	12.96	15.67
中山	10.94	11.98	13.12	13.61	14.91	15.65
洛阳	12.47	13.06	13.18	14.48	14.90	15.36
温州	12.46	12.97	13.66	14.25	15.68	15.17
淮安	13.65	13.89	13.84	13.88	14.39	14.79
烟台	12.27	12.93	13.58	14.01	14.09	14.30
扬州	8.39	8.66	8.78	9.19	9.35	14.27
邯郸	12.63	14.18	13.85	15.00	13.98	14.01
包头	11.85	12.60	12.92	13.00	13.51	13.83
南通	7.31	7.91	8.19	12.87	13.21	13.75
吉林	13.28	13.16	13.36	13.26	13.60	13.63
大同	13.14	16.03	13.47	13.93	13.72	13.33
大庆	10.83	11.66	11.64	12.01	14.98	13.05

城市	2006 年	2007 年	2008 年	2009 年	2010 年	2011 年
南阳	11.24	11.39	11.70	11.73	12.01	12.85
枣庄	11.99	12.18	12.34	11.74	12.21	12.73
西宁	8.15	8.38	5.92	8.92	9.66	12.66
保定	9.88	10.44	11.53	14.83	11.32	12.38
湛江	12.43	11.03	11.09	11.44	14.39	12.14
莆田	9.95	10.17	10.63	10.92	11.50	12.13
泉州	8.47	9.33	9.99	9.56	10.59	11.84
泰安	10.52	9.01	9.49	10.28	11.01	11.41
绵阳	8.38	8.88	9.14	10.05	10.59	11.36
商丘	9.21	9.42	11.04	11.34	11.03	11.35
南充	10.20	11.60	10.78	10.65	11.36	11.28
鞍山	9.89	9.85	9.89	9.98	9.80	11.20
岳阳	7.11	7.91	10.31	11.44	10.43	11.12
柳州	9.49	9.73	10.06	6.91	11.14	11.04
齐齐哈尔	10.50	10.25	9.72	14.15	14.05	10.85
银川	8.49	8.62	8.96	9.20	9.71	10.82
新乡	8.82	9.13	8.84	9.57	10.28	10.59
芜湖	7.89	7.75	8.68	8.60	9.76	10.55
阜阳	8.93	9.11	9.45	9.61	9.83	10.50
济宁	7.78	8.24	8.35	8.74	8.98	10.06
平顶山	8.05	8.22	8.34	9.10	9.72	9.98
赤峰	8.66	8.96	8.95	9.12	9.93	9.98
宜昌	8.15	8.31	8.38	8.94	9.43	9.84
安阳	9.04	8.34	7.64	8.13	8.89	9.83
锦州	7.72	7.78	8.45	8.14	8.20	9.69
宝鸡	8.29	10.10	10.13	9.46	9.70	9.61
常德	7.35	7.81	8.48	9.23	9.46	9.60
信阳	7.67	7.97	7.95	8.84	9.11	9.35
盐城	7.89	8.40	8.67	9.04	9.14	9.34
秦皇岛	6.84	8.60	8.23	8.33	8.68	9.24
荆州	7.32	7.53	8.25	8.35	8.53	9.01
莱芜	7.42	7.54	7.75	7.43	8.89	8.89
菏泽	7.12	7.45	7.80	8.42	8.96	8.87
六安	6.98	7.10	7.90	8.32	10.65	8.83

城市	2006 年	2007 年	2008 年	2009 年	2010 年	2011 年
天水	6.59	7.59	7.35	8.83	8.75	8.69
抚顺	8.86	8.61	8.65	8.15	7.96	8.68
台州	7.44	7.62	7.92	8.13	8.29	8.67
淮北	7.78	8.03	8.04	8.32	8.40	8.66
湘潭	7.74	7.08	7.57	7.30	8.30	8.60
桂林	6.59	7.41	8.41	8.10	8.30	8.52
镇江	7.29	7.45	7.59	7.69	7.90	8.49
开封	7.68	7.49	7.91	7.89	8.23	8.45
泸州	6.36	6.67	7.17	7.49	7.78	8.36
佳木斯	6.41	6.96	6.25	6.48	8.05	8.33
聊城	6.31	6.20	7.05	7.90	8.03	8.32
临汾	6.96	7.09	7.70	7.52	7.94	8.20
邢台	6.55	6.75	7.42	8.90	7.84	8.17
东营	7.64	8.15	7.94	8.17	8.22	8.13
茂名	6.29	6.72	7.05	7.34	7.91	8.10
焦作	6.31	6.59	6.46	7.16	8.12	8.03
长治	5.88	6.29	6.85	8.90	7.20	8.03
宜宾	6.32	5.66	5.81	6.09	7.49	8.02
自贡	6.19	6.89	7.23	7.25	7.51	7.89
乐山	6.23	6.23	6.29	6.70	7.00	7.77
蚌埠	6.47	6.68	7.04	7.39	7.69	7.73
运城	3.94	4.12	5.57	7.19	7.36	7.70
牡丹江	6.66	6.70	6.67	6.61	7.21	7.66
遵义	5.50	6.08	6.95	7.15	8.26	7.65
郴州	5.15	5.72	5.97	5.87	6.08	7.59
内江	5.80	6.05	6.33	6.63	6.84	7.56
九江	5.42	5.43	5.36	6.25	6.45	7.55
日照	6.23	6.40	6.55	6.43	7.13	7.50
江门	8.27	8.62	8.88	9.35	9.43	7.48
漯河	6.77	6.93	7.10	7.19	8.31	7.48
张家口	6.64	6.73	6.86	7.22	7.28	7.47
永州	6.30	6.56	6.77	7.05	6.99	7.45
本溪	6.75	6.91	7.72	7.58	7.45	7.41
金华	5.86	6.33	6.47	6.73	7.30	7.35

城市	2006 年	2007 年	2008 年	2009 年	2010 年	2011 年
十堰	5.65	5.96	6.13	6.07	6.78	7.33
嘉兴	5.90	5.96	6.12	6.51	6.95	7.30
濮阳	5.55	5.87	5.99	6.40	6.80	7.15
赣州	4.66	5.22	5.64	6.25	6.28	7.12
辽阳	5.63	6.57	6.40	6.99	7.17	7.10
连云港	5.96	5.98	6.45	6.92	6.87	7.09
遂宁	5.63	5.77	6.62	7.65	7.35	7.04
益阳	6.22	6.30	6.36	6.61	6.61	7.00
鄂州	5.84	5.74	6.11	6.51	6.13	6.96
鸡西	4.94	4.87	4.82	6.57	6.19	6.94
湖州	5.85	5.99	6.17	6.40	6.46	6.90
玉林	5.39	5.74	5.29	6.15	6.45	6.77
沧州	5.55	5.92	11.25	11.28	6.97	6.68
攀枝花	5.55	5.57	5.79	5.96	6.18	6.44
阜新	5.43	5.63	5.81	5.98	6.12	6.43
亳州	5.08	5.25	5.59	5.57	6.12	6.33
驻马店	4.14	4.36	4.76	5.24	5.62	6.30
营口	4.60	5.72	6.14	6.22	6.30	6.28
抚州	5.74	5.48	5.68	5.84	6.02	6.25
葫芦岛	5.47	5.24	5.26	5.90	6.20	6.22
威海	4.79	4.52	5.05	5.41	5.86	6.14
盘锦	4.50	5.04	3.92	5.42	5.52	6.13
邵阳	4.58	4.04	4.73	5.55	5.88	6.11
孝感	4.75	4.79	4.68	4.97	4.92	6.10
滨州	4.77	4.68	5.16	5.82	5.99	6.07
马鞍山	4.25	4.33	4.58	4.69	4.91	5.89
泰州	4.19	4.78	5.29	5.53	5.53	5.88
安庆	4.88	4.83	5.40	5.33	5.46	5.88
曲靖	4.92	4.72	5.10	5.28	5.58	5.79
黄石	5.71	5.62	5.87	6.07	6.11	5.75
四平	5.66	5.07	5.48	5.47	5.48	5.70
怀化	3.71	3.85	4.06	4.59	4.48	5.70
伊春	5.03	5.02	4.81	5.76	6.04	5.68
德阳	3.73	3.94	3.85	4.35	4.41	5.67

城市	2006 年	2007 年	2008 年	2009 年	2010 年	2011 年
绍兴	4.52	4.73	4.92	5.16	5.41	5.65
阳泉	5.67	5.56	5.49	5.86	6.38	5.62
宜春	5.25	5.42	5.18	5.16	5.54	5.61
晋中	3.78	3.77	4.26	4.68	5.20	5.57
漳州	3.86	4.21	4.40	4.71	5.22	5.55
承德	4.34	4.71	4.91	5.00	5.27	5.50
萍乡	5.12	5.24	5.21	5.24	5.42	5.45
三亚	3.29	3.70	3.87	4.28	4.49	5.21
上饶	2.15	2.44	4.56	4.55	4.96	5.18
保山	3.91	4.00	4.31	4.49	4.75	5.12
景德镇	4.31	3.66	3.79	4.04	4.64	5.11
忻州	4.22	4.50	4.48	4.60	4.84	5.07
肇庆	3.88	4.74	4.66	4.67	4.94	5.04
衢州	4.37	4.60	4.71	4.75	4.81	5.03
荆门	4.51	4.51	4.61	4.82	4.69	4.83
周口	3.79	3.87	4.31	4.57	4.92	4.77
安顺	4.26	4.12	4.28	4.56	4.72	4.71
丹东	5.32	5.43	5.40	5.62	5.65	4.69
舟山	3.96	4.07	4.07	4.26	4.47	4.67
许昌	3.47	3.62	3.91	4.35	4.59	4.62
龙岩	3.88	3.89	4.13	4.26	4.42	4.52
鹤岗	4.16	4.08	4.62	4.40	4.49	4.49
鹤壁	3.78	3.88	4.57	4.19	4.35	4.35
六盘水	4.35	3.84	3.89	4.18	4.27	4.27
娄底	3.30	3.89	4.09	3.85	3.99	4.24
玉溪	3.31	3.43	3.65	3.73	4.02	4.21
宣城	2.93	3.50	3.77	4.00	4.14	4.16
梧州	3.30	3.98	3.44	3.89	3.96	4.11
德州	4.25	4.14	4.26	4.21	4.81	4.06
丽水	2.97	3.16	3.18	3.39	3.61	4.02
铁岭	3.20	3.45	2.97	3.05	3.46	3.99
滁州	3.06	3.59	4.11	3.61	3.66	3.90
晋城	3.52	3.61	3.73	3.53	3.92	3.89
铜陵	3.34	3.42	3.52	3.71	3.75	3.82

续表

城市	2006 年	2007 年	2008 年	2009 年	2010 年	2011 年
黄冈	2.92	3.12	3.21	3.05	2.72	3.73
吉安	3.05	3.22	3.46	3.63	3.47	3.67
随州	6.87	5.45	6.13	3.51	3.54	3.64
通化	3.30	3.36	3.40	3.39	3.59	3.60
池州	3.09	3.04	3.07	3.32	3.41	3.58
乌海	4.28	3.28	3.40	3.39	3.52	3.47
潮州	2.35	3.02	3.25	3.23	3.15	3.41
白城	3.42	3.49	3.43	3.22	3.41	3.40
朝阳	3.32	3.34	3.35	3.36	3.68	3.35
张家界	2.79	3.06	3.29	3.00	2.99	3.33
达州	3.06	3.02	3.55	4.03	3.56	3.25
南平	2.94	2.95	2.95	2.98	2.99	3.24
黄山	2.74	2.79	2.99	2.94	3.01	3.18
绥化	3.06	3.53	3.49	3.48	3.55	3.15
宁德	2.41	2.49	2.66	2.74	3.12	3.11
三门峡	2.34	2.38	2.58	2.76	2.84	2.97
克拉玛依	3.01	2.73	2.77	2.75	2.82	2.86
三明	2.62	2.26	2.37	2.34	2.64	2.75
呼伦贝尔	2.51	2.41	2.59	2.34	2.61	2.70
七台河	2.94	3.16	3.13	3.28	3.42	2.62
吴忠	1.97	2.16	2.23	2.47	2.50	2.53
鹰潭	1.29	1.34	1.48	1.51	1.64	1.76
黑河	1.07	1.15	1.05	1.42	1.29	1.64

注：本年度对指标权重进行了适当的调整，因此，与上年有较大不同，但不影响横向比较。

为了进一步揭示场景与房价之间的匹配性，下文对商品房销售均价标准化数据与中科房地产场景指数排名做商，以此反映城市房价的性价比。根据我们的研究假设，房价指标比场景指标，数值越大则性价比越低，数值越小则性价比越高。例如，重庆2006～2011 年房价场景比都不高于 0.6，则表明，重庆房价在全国范围内较为合理。结果如表3.7 所示。

表 3.7 房价场景匹配性指数

城市	2006 年	2007 年	2008 年	2009 年	2010 年	2011 年
太原	1.44	1.54	1.51	1.74	2.63	0.41
重庆	0.38	0.43	0.42	0.49	0.57	0.60
大同	1.92	1.59	2.02	2.45	2.62	1.22

续表

城市	2006 年	2007 年	2008 年	2009 年	2010 年	2011 年
哈尔滨	0.80	0.88	1.02	1.07	1.29	1.32
西安	0.97	0.98	1.05	0.93	1.04	1.35
成都	1.04	1.16	1.19	1.24	1.42	1.45
沈阳	1.02	1.09	1.23	1.28	1.46	1.49
上海	0.87	0.97	0.97	1.47	1.56	1.60
郑州	1.18	1.37	1.43	1.45	1.57	1.64
北京	1.00	1.26	1.32	1.42	1.81	1.66
长沙	1.18	1.46	1.41	1.45	1.66	1.91
石家庄	1.14	1.25	1.13	1.55	1.75	2.04
衡阳	1.48	1.62	1.78	1.82	1.89	2.15
南宁	1.63	1.90	2.10	2.29	2.40	2.32
乌鲁木齐	1.25	1.41	0.20	1.48	2.08	2.32
南阳	1.53	1.64	2.10	2.00	2.09	2.47
南昌	1.60	1.82	1.74	1.81	2.26	2.50
合肥	1.98	1.98	1.97	2.09	2.76	2.72
洛阳	1.90	2.19	2.37	2.29	2.57	2.83
唐山	1.48	1.86	1.66	1.92	2.35	2.88
保定	1.99	2.27	2.31	1.98	2.84	2.93
忻州	3.87	4.02	4.89	3.40	5.20	2.96
邯郸	1.80	1.85	2.12	2.38	2.83	2.99
新乡	2.00	2.05	2.43	2.40	2.66	3.04
呼和浩特	2.15	2.30	2.27	2.93	2.84	3.04
商丘	1.91	2.43	1.64	1.97	2.25	3.08
佛山	1.82	2.35	2.35	2.66	3.08	3.08
杭州	2.07	2.35	2.57	3.11	3.96	3.14
岳阳	1.97	2.39	2.45	1.95	3.02	3.17
大连	2.16	2.65	2.55	2.63	3.00	3.37
永州	2.43	2.51	2.16	2.42	3.05	3.40
安阳	2.24	2.37	3.11	2.88	2.98	3.40
西宁	3.00	3.49	5.92	3.92	4.17	3.48
信阳	2.61	2.58	2.55	2.59	2.71	3.49
平顶山	2.32	2.41	2.70	2.69	2.99	3.49
齐齐哈尔	1.84	2.20	2.60	2.36	2.52	3.65
漯河	2.62	3.06	2.75	3.32	3.10	3.68

续表

城市	2006 年	2007 年	2008 年	2009 年	2010 年	2011 年
常德	3.06	2.60	2.73	2.65	2.87	3.83
包头	1.98	2.94	3.02	3.14	3.99	3.86
锦州	2.69	3.05	3.69	3.98	5.10	4.02
宝鸡	2.18	1.77	1.94	3.34	3.39	4.02
赤峰	2.30	2.51	2.88	3.32	3.57	4.12
伊春	2.25	2.51	3.37	3.25	3.45	4.17
南充	1.47	1.66	2.40	2.95	3.19	4.19
大庆	2.87	2.72	3.08	3.59	3.40	4.20
焦作	2.33	3.30	4.42	3.46	3.54	4.20
邢台	3.04	3.29	3.25	2.78	3.84	4.20
绵阳	2.63	2.69	3.07	3.41	4.06	4.29
郴州	3.04	3.73	3.53	3.58	4.28	4.30
开封	2.97	3.83	3.16	3.64	4.13	4.41
驻马店	3.98	3.76	3.61	3.64	3.75	4.42
鞍山	3.23	3.56	3.56	4.07	4.51	4.49
佳木斯	2.79	2.88	3.76	4.67	4.16	4.53
中山	3.38	4.03	4.04	4.09	4.23	4.56
濮阳	3.31	3.38	4.16	3.95	4.01	4.59
柳州	2.96	3.37	3.57	5.79	4.21	4.60
益阳	1.84	2.42	3.18	3.51	4.18	4.64
邵阳	3.22	3.81	3.71	3.72	3.85	4.68
湘潭	2.33	3.06	3.20	3.86	4.16	4.70
临汾	3.39	4.15	3.82	4.34	3.93	4.71
张家口	2.93	3.16	3.21	3.80	4.68	4.81
怀化	4.19	4.64	4.09	4.32	5.10	4.84
银川	3.41	3.37	3.81	4.62	4.89	4.89
湛江	2.02	2.81	2.96	3.95	3.52	4.95
泸州	2.43	3.11	3.35	3.52	4.42	5.00
阜阳	2.34	2.79	3.10	3.75	4.53	5.05
自贡	2.51	2.97	3.46	4.18	4.85	5.35
宜宾	3.09	3.70	4.29	5.00	4.96	5.43
牡丹江	2.86	3.25	3.80	4.93	5.49	5.44
遂宁	2.66	2.95	2.74	2.80	3.84	5.46
淮北	2.95	3.13	3.85	3.97	4.16	5.49

城市	2006 年	2007 年	2008 年	2009 年	2010 年	2011 年
桂林	4.04	3.93	4.01	4.45	5.20	5.51
玉林	4.28	4.12	4.41	4.45	4.42	5.55
内江	2.51	2.66	3.48	3.92	4.78	5.56
抚顺	2.99	3.36	3.97	4.68	5.54	5.70
六安	2.88	3.57	3.82	4.22	3.98	5.71
茂名	3.05	3.49	3.43	3.91	4.27	5.77
阜新	3.62	4.36	5.12	4.66	5.45	5.80
九江	2.96	4.19	4.49	5.80	5.45	5.87
本溪	4.06	4.38	4.25	4.98	5.42	5.91
周口	3.81	4.00	4.02	5.06	4.52	5.95
鸡西	4.22	4.91	5.58	5.21	6.41	5.97
长治	3.70	4.68	3.58	3.43	4.40	5.98
沧州	3.66	4.32	2.31	2.89	5.13	6.17
芜湖	4.44	5.00	5.54	5.41	6.43	6.20
辽阳	4.41	4.11	4.98	5.12	5.72	6.23
娄底	7.36	4.46	5.18	5.96	6.08	6.34
秦皇岛	5.07	5.19	5.80	6.25	6.27	6.45
葫芦岛	3.84	5.12	5.72	5.67	6.85	6.46
乐山	2.67	3.66	4.34	4.28	5.75	6.67
阳泉	3.43	4.59	5.32	5.68	4.92	6.68
攀枝花	4.37	4.48	4.52	5.63	4.92	6.77
晋中	4.84	5.78	5.60	5.46	5.77	6.92
安庆	3.93	4.48	4.18	5.51	6.61	6.95
抚州	2.68	3.71	3.93	4.46	5.07	6.98
宜春	2.92	3.28	3.96	4.53	5.16	7.19
蚌埠	4.03	4.59	4.74	5.46	6.64	7.23
盘锦	4.87	4.36	9.25	7.31	7.69	7.27
亳州	4.49	3.93	4.69	4.99	5.65	7.31
营口	4.25	3.90	4.36	5.52	6.63	7.31
赣州	3.65	4.25	4.43	5.12	6.62	7.40
萍乡	4.08	3.81	4.16	4.93	5.70	7.44
鹤壁	4.17	5.05	4.63	5.60	6.77	7.75
许昌	5.16	5.61	5.96	6.48	6.68	7.78
晋城	6.91	9.50	9.14	9.39	9.26	7.86

城市	2006 年	2007 年	2008 年	2009 年	2010 年	2011 年
马鞍山	6.34	7.91	8.45	10.24	10.78	7.89
运城	4.43	4.40	3.35	3.05	3.07	7.98
上饶	7.00	6.83	4.38	5.48	6.61	8.05
承德	5.50	6.65	5.97	6.90	7.26	8.16
梧州	6.62	5.76	6.97	7.67	7.83	8.19
德阳	5.49	6.63	7.33	7.72	9.06	8.35
鹤岗	4.37	4.88	4.68	5.73	5.80	8.59
江门	3.00	4.22	4.33	4.82	6.00	8.63
丹东	4.93	5.36	5.83	6.80	7.01	8.70
铁岭	7.02	7.04	8.37	9.21	9.80	8.71
朝阳	5.82	6.11	7.44	6.71	7.61	8.89
景德镇	3.78	5.95	6.74	6.40	6.23	9.85
宁波	3.81	4.17	4.74	5.55	6.60	10.03
三门峡	8.03	6.68	6.58	10.18	9.34	10.26
张家界	6.57	7.21	7.04	8.06	10.46	10.39
嘉兴	7.05	8.16	8.72	9.27	11.04	10.67
克拉玛依	6.95	7.09	0.44	8.35	11.31	11.26
湖州	6.88	7.78	8.21	9.60	11.73	11.35
肇庆	7.13	7.50	7.59	8.92	10.01	11.38
吉安	4.76	5.47	5.32	6.30	8.83	11.57
绥化	5.12	5.09	5.94	7.93	8.15	11.64
宣城	7.67	6.79	8.15	8.55	9.43	11.79
潮州	7.94	7.22	7.83	8.40	11.74	11.94
台州	7.67	8.09	8.21	9.55	10.41	12.05
滁州	7.23	7.10	7.11	9.94	11.39	12.32
达州	4.87	6.31	6.73	7.03	9.75	12.57
金华	7.83	9.09	8.15	9.78	10.74	12.70
温州	5.65	7.00	7.82	11.51	10.36	13.44
乌海	4.53	7.42	6.94	7.28	11.20	13.84
吴忠	8.82	8.73	10.25	11.46	13.42	14.63
池州	7.28	8.54	10.16	10.69	12.54	14.76
铜陵	8.45	12.65	11.32	12.13	14.77	15.49
七台河	6.74	6.98	7.52	7.49	9.40	15.50
黄山	7.76	8.59	9.29	11.58	13.82	15.75

续表

城市	2006 年	2007 年	2008 年	2009 年	2010 年	2011 年
衢州	6.66	7.33	7.84	9.47	13.30	16.51
呼伦贝尔	8.98	9.67	11.93	12.64	12.89	17.21
绍兴	11.72	12.90	13.15	14.89	16.95	17.86
丽水	17.88	19.01	20.87	22.14	19.71	22.16
黑河	14.41	11.69	19.56	22.58	24.85	22.37
鹰潭	11.80	16.91	15.26	23.31	24.47	24.29
舟山	13.03	14.54	18.31	18.96	24.51	26.81
三亚	24.56	22.93	28.28	31.39	46.54	29.66

（三）CAS-RES 的解读及功能

1. CAS-RES 指数解读

我们选取了表 3.7 中具有代表性的几个城市的房价场景匹配性指数进行解读。

以北京为例，北京房价场景匹配性指数在 1 和 2 区间，我们认为这是比较符合北京实际的。随着奥运周期的到来，北京开始了大规模的城市建设，从 2006 年起大规模的新设施拔地而起，由此也为北京带来了进一步的发展机遇。当前，北京的房价已经进入了一个全国相对较高的水平，然而北京的城市建设水平、场景完善程度也同时乔冠全国，因此场景指数显示北京的城市房价尚处于合理性价比范围之内。

以上海为例，相对于北京而言，上海的城市场景在 2006 年略优于北京，以交通为例，上海的交通环境略优于北京，而场景指数在 2007 年以后增长缓慢，与北京产生分化，从客观上讲，上海虽然召开了"世博会"，但是其影响略逊于奥运会。由于本数据截至 2011 年，因此，可以预见上海的场景指数在 2012 年至今将是回升的态势。

以杭州、大连为例，这两个城市的场景指数发展趋势比较相近，同为副省级城市的两个城市的房价水平并没有过于偏离城市场景建设水平，除与东南沿海地区经济发展水平、结构较为合理相关以外，还与两地政府的科学管理密不可分。

除了这些主要城市，我们可以看到，在肇庆、吉安这些二、三线城市，其房价场景性价比普遍略低，且均呈现一定的上升趋势。我们认为，二、三线城市的城市设施及场景发展相对滞后是老大难问题，而房价在一线城市的火爆，对这些城市产生了辐射作用。随着一、二线城市限购等房地产调控政策的出台，大量的开发商开始争夺二、三线城市的房地产市场，进一步催生了这些地区的房地产"泡沫"。

2. CAS-RES 指标的功能

CAS-RES 指数能够反映房地产的区位属性，指导房地产行业可持续发展。场景因素在我国城市居民居住区位选择和分布中具有重要的影响作用。尤其是在截面意义上，场景水平与房地产发展水平显著相关，场景指数越高的地区，房价水平普遍较高；反之较低。我国房地产行业所采用的粗放型发展方式已经不可维持，必须改变现有的经营和发展模式，将发展和经营的重点由原来的规模化转向精细化，在绿色、低碳、人文领域实现新的增长和突破。CAS-RES 指数反映了房地产产品的根本属性——区位性，可以为房地产行业的精细化经营服务提供借鉴和参照。此外，CAS-RES 指数也在某种程度上体现了区域房地产价格的发展潜力。场景的丰富与完善必将带来房地产及其相关行业的不断发展，而房地产的发展又进一步带来周围场景投资的阶跃式增长，从而推动房地产的进一步发展。

第四章 重点城市房地产市场运行情况

一、北京市 2013 年 1～10 月房地产市场分析

（一）北京市 2013 年前三季度经济形势概况

北京市统计局数据显示，在第二、三产业的带动下，2013 年 1～10 月份北京市地区生产总值稳步上升，固定资产投资稳定，企业景气指数、消费者信心指数的攀升表明北京市经济环境良好，另外居民收入、支出情况也稳中有升。

北京经济运行主要呈现以下几个特点。

1. 生产总值稳步上升，第三产业拉动作用显著

2013 年前三季度，北京市地区生产总值达 13 766.2 亿元，同比上升 7.7％。其中，第一产业生产总值为 111.9 亿元，同比上升 3.8％；第二产业生产总值为 2890.0 亿元，同比上升 8.6％；第三产业生产总值为 10 764.3 亿元，同比上升 7.5％。虽然第二产业增速高于第三产业，但是第三产业的生产总值占北京市的 78.2％，拉动作用明显。另外第一产业的比重逐年下降，是北京市经济结构转型升级的必然结果。

分行业来看，2013 年前三季度工业生产总值 2396.6 亿元，建筑业生产总值 493.4 亿元，可见工业仍然是第二产业的支柱产业，但建筑业生产总值增速较快，同比上升 10.7％，这与北京市 2013 年的房地产市场运行有密切关系。在第三产业生产总值中，重要的组成部分有信息传输、计算机服务和软件业，批发和零售业，金融业（前三季度生产总值分别为 1249.7 亿元、1753.8 亿元、2015.9 亿元），其中金融业增速最为明显，为 11.1％。三产中只有住宿和餐饮业出现增速下降，生产总值为 262.7 亿元，同比下降 3.7％。

2. 社会固定资产投资稳定，与经济增速基本一致

2013 年 1～10 月，北京市全社会固定资产投资持续稳定增长，投资总额为 5604.8 亿元，同比增长 8.0％，与地区生产总值增速基本保持一致。其中基础设施投资 1352.9 亿元，同比增长 1.7％，建安投资 2657.7 亿元，同比增长 11.0％，可见北京市并未通过加大对基础设施的投资来拉动经济增长，而是加大了对建安方面的投资，改善社会环

境。另外，外商和港、澳、台投资为 639.7 亿元，同比增长 73.4%，说明 2013 年北京市引进外商及港、澳、台投资方面有很大进展。

3. CPI、PPI 稳定，住宅价格指数攀升

2013 年 1～10 月，北京市居民消费价格指数、工业生产者出厂价格指数非常稳定，而新建住宅价格指数攀升明显，如图 4.1 所示。

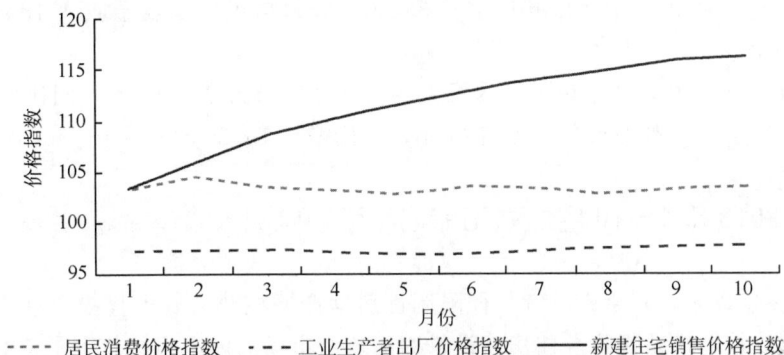

图 4.1　2013 年 1～10 月北京市价格指数趋势
（均以 2012 年同期为 100 的指数）
资料来源：北京市统计局

虽然居民消费价格指数、工业生产者出厂价格指数非常稳定，但是居民消费价格指数明显要高于 2012 年同期，而工业生产者出厂价格指数则低于 2012 年同期。无论新建住宅还是二手住宅，它们的销售价格指数在 1～10 月都有明显的上升趋势，刚需释放、政策效应等原因造成了北京市房地产市场的火爆，下文将做进一步的分析。

4. 综合景气状况喜忧参半、消费者信心指数稳定

2013 年第三季度，北京市企业景气指数为 126.0，与 2012 年同期基本持平，企业家信心指数为 126.9，比 2012 年同期增加 10.8。分行业来看，交通运输、仓储和邮政业及房地产业等行业综合景气状况较好，与 2012 年同期相比有较大提升，然而住宿和餐饮业，信息传输、软件和信息技术服务业等行业综合景气状况较差，与 2012 年同期相比有较大下滑。交通运输、仓储和邮政业企业景气指数为 139.9，比 2012 年同期增加 27.6，企业家信心指数为 124.7，比 2012 年同期增加 23.5。房地产业企业景气指数为 126.6，比 2012 年同期增加 14.6，企业家信心指数为 123.2，比 2012 年同期增加 23.8。住宿和餐饮业企业景气指数为 115.4，比 2012 年同期下降 34.3，企业家信心指数为 110.7，比 2012 年同期下降 43.5。信息传输、软件和信息技术服务业企业景气指数为 137.2，比 2012 年同期下降 21.9，企业家信心指数为 156.9，比 2012 年同期下降 4.0。

2013 年第三季度，北京市消费者信心指数为 105.5，比较稳定，其中就业状况满意

指数为 115.4，家庭收入状况满意指数为 96.3，可见消费者对就业状况的满意程度相比 2012 年同期更为满意，而对收入状况满意程度不及 2012 年同期。

5. 居民收入、支出情况

2013 年 1～10 月，北京市城镇居民人均家庭总收入为 37 293 元，同比增长 9.9%。其中 20% 的低收入户人均家庭总收入为 15 196 元，同比增长 12.2%；20% 的高收入户人均家庭总收入为 59 744 元，同比增长 8.4%。农村居民人均现金收入 18 004 元，同比增长 11.1%。

2013 年 1～10 月，北京市城镇居民人均消费性支出为 21 643 元，同比增长 9.2%；农村居民人均生活消费支出合计 10 780 元，同比增长 15.2%。

（二）2013 年 1～10 月北京市房地产市场概况

自 2013 年以来，北京市继续贯彻限制性房地产调控政策，严控投资性需求，执行差别化信贷政策，推动保障性住房建设，为房地产市场的健康运行打下了良好基础。但由于北京市 2013 年年初二手房交易税实施及调控政策预期等原因，1～10 月房地产市场出现交易量下降、房价波动等情况，下文做进一步分析。

1. 房地产开发投资

2013 年 1～10 月，北京市房地产开发投资稳定，全市房地产开发投资完成 2475.7625 亿元，比 2012 年同期下降 1.7%，增幅比 1～9 月下降 3.1 个百分点，房地产开发投资占全社会固定资产投资的比重为 49.31%。

从房地产开发投资累计同比变化趋势来看，2013 年下滑趋势明显，住宅投资增速接近零，而房地产开发投资出现负增长。这与限制性调控政策预期有关，北京市继续严格执行限制性房地产调控政策，房地产行业利润被压缩，开发商投资意愿降低。其中 3～4 月增速下降尤为明显，在 3～4 月之后房地产开发投资增速和住宅开发投资增速有小幅回升。北京市 2013 年 1～10 月房地产月度开发投资额及累计同比变化趋势如图 4.2 所示。

从投资不同房屋类型来看，商品住宅投资仍然是房地产开发投资的主体，办公楼投资、商业营业用房投资小幅上升。2013 年 1～10 月，北京市商品住宅投资 1380.50 亿元，比 2012 年同期增长 7.2%，占全部房地产开发投资的 62.24%；写字楼（办公楼）投资较 2012 年同期大幅上涨，1～10 月累计投资额为 468.26 亿元，比 2012 年同期增长 45.2%；商业营业用房投资 251.74 亿元，比 2012 年同期增长 18.5%。其中值得关注的是写字楼（办公楼）投资的大幅上涨，这主要是因为限制性调控政策继续实施，投资性需求被挤出市场而刚性需求毕竟有限，所以部分开发商转而向不受政策限制的写字楼（办公楼）领域加大投资（图 4.3）。

如图 4.4 所示，2013 年 1～10 月北京市房地产开发投资资金来源比例与 2012 年同期相比变化不大，银行及非金融机构贷款（国内）1530.68 亿元，同比增长 30.5%；利

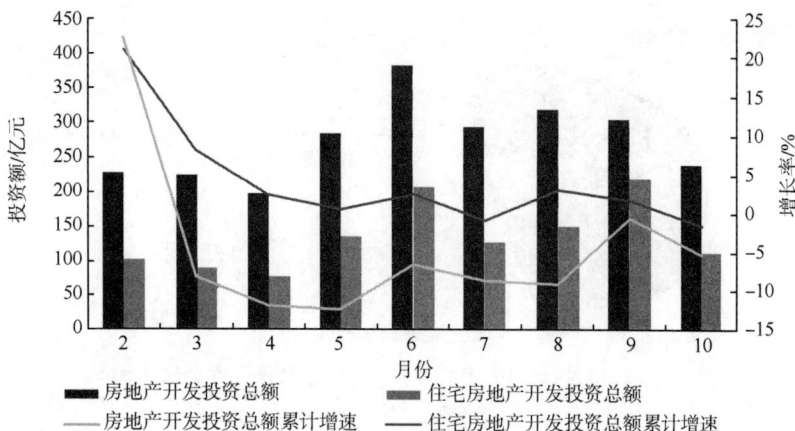

图 4.2　2013 年 1～10 月北京市房地产月度开发投资额及累计同比变化

资料来源：北京市统计局

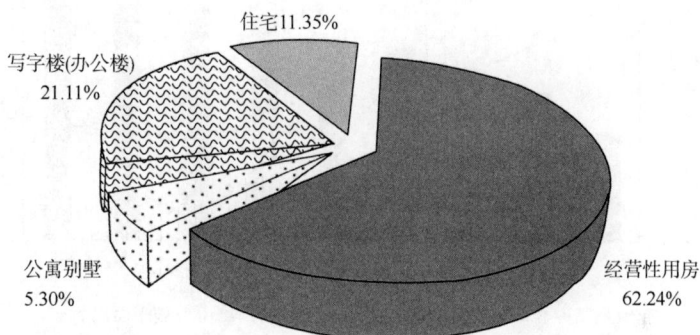

图 4.3　2013 年 1～10 月北京市房地产开发投资分类情况

资料来源：北京市统计局

用外资 10.73 亿元，同比增长 154.2%；自筹资金 1852.58 亿元，同比增长 63.8%；其他资金来源 2863.73 亿元，同比增长 29.1%。在资金来源比例中，银行及非金融机构贷款（国内）依然占据了主要部分，2012 年北京市根据国家政策要求，严控房地产开发投资贷款比例，2013 年有所松动，所以同比增速有所增长。

2. 商品房建设情况

随着北京市房地产开发投资增速的下滑，商品房在建规模增速也有所下降。如图 4.5 和图 4.6 所示，2013 年 1～10 月，北京市商品房累计施工面积 12 828.48 万平方米，同比增速 3.8%，商品房累计竣工面积 272.96 万平方米，同比增速 13.1%。

由于 2010 年"新国十条"的影响，近三年来北京市商品房建设增速有所放缓，施工面积逐年下滑必然导致竣工面积下降。虽然"新国十条"要求增加住房有效供给，但由于其对商品房需求的抑制作用，使得开发商投资意愿降低，进而导致施工面积和竣工面积下降。

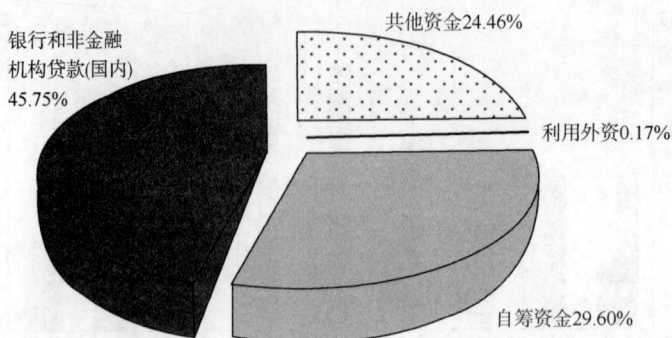

图 4.4 2013 年 1～10 月北京市房地产开发投资资金来源情况

资料来源：北京市统计局

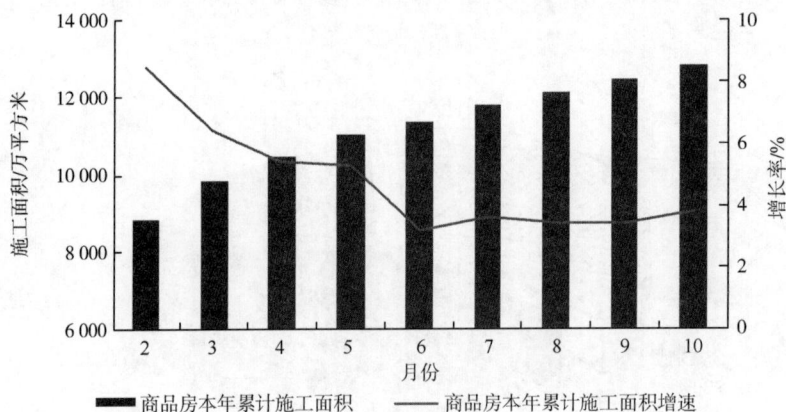

图 4.5 2013 年 1～10 月北京市房地产施工面积情况

资料来源：中国经济信息网统计数据库

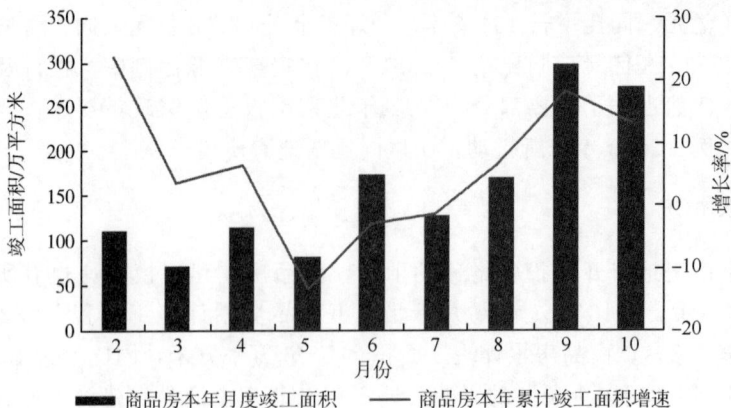

图 4.6 2013 年 1～10 月北京市房地产竣工面积情况

资料来源：中国经济信息网统计数据库

3. 商品房交易情况

2013 年北京市商品房月度交易相对稳定，销售量和销售金额增速高开低走。如图 4.7 所示，1～10 月累计销售面积 1453.56 万平方米，比 2012 年同期上升 10.7％，其中商品住宅累计销售面积 1044.17 万平方米，比 2012 年同期上升 3.1％。

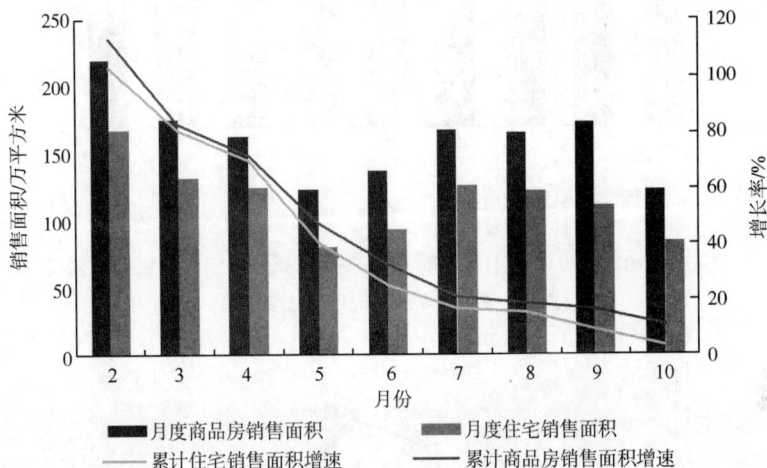

图 4.7　2013 年 1～10 月北京市商品房销售面积及住宅累积销售面积情况

资料来源：中国经济信息网统计数据库

2013 年年初，商品房销售面积增速约是 2012 年同期的两倍，但到 10 月份累计增速接近于零。主要原因是受到"国五条"严格按个人转让住房所得的 20％征收个人所得税的影响，这一政策预期导致 2～4 月房地产销售火爆，交易双方为了避开交易税或转嫁税务成本而进行了大量的交易，4 月之后商品房销售面积增速和住宅销售面积增速均有大幅度下降。

2013 年 1～10 月，北京市商品房销售额及住宅销售额如图 4.8 所示，截止到 10 月，北京市商品房销售额为 2797.42 亿元，同比增长 18.1％，其中住宅销售额 1968.73 亿元，同比增长 9.9％。商品房销售额和住宅销售额的增速情况与销售面积趋势相同。

4. 商品房销售价格情况

2013 年 1～10 月，北京市商品房及住宅销售价格在 1～4 月有所波动，但 1～10 月总体来看较为稳定，如图 4.9 所示。受"国五条"北京细则的影响，1～4 月北京市商品房及住宅销售价格有所波动，在"国五条"实施之前，交易双方为了避税达成了大量的交易，这些交易相对价格较低，造成了 4 月前房价下降的趋势；但在 4 月后"国五条"北京细则实施，二手房交易的个人所得税大量转嫁给购房者，导致二手房房价同比上升，4 月以后的商品房及住宅销售价格也有所上升；在下半年"国五条"政策影响逐渐消失后房价逐步回归稳定趋势。

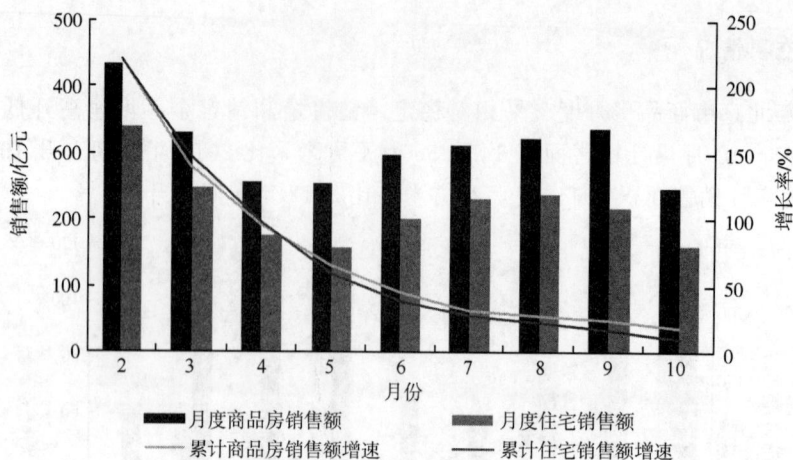

图 4.8　2013 年 1～10 月北京市商品房销售额和住宅各月销售额情况

资料来源：中国经济信息网统计数据库

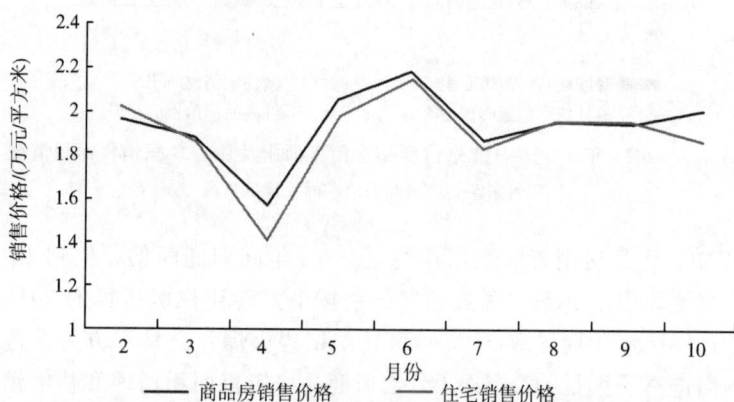

图 4.9　2013 年 1～10 月北京市商品房及住宅月度销售价格情况

资料来源：中国经济信息网统计数据库

图 4.10 展示了 2013 年 1～10 月北京市新建住宅及二手住宅月度销售价格指数情况。新建住宅与二手住宅价格指数的对比显示，与 2012 年同期相比二手住宅的价格指数增幅要高于新建住宅，主要原因是"国五条"北京细则要求的二手房交易所得税 20％的税赋转嫁给了购房者。由于缺乏足够的制度约束和信息保障以及刚性需求的存在，卖房者可以无障碍地将税赋转嫁给购房者。

（三）政策建议

1. 继续贯彻差别化房地产市场调控政策

2013 年北京市房地产市场运行状况基本良好，"国五条"引起的短暂价格波动并不

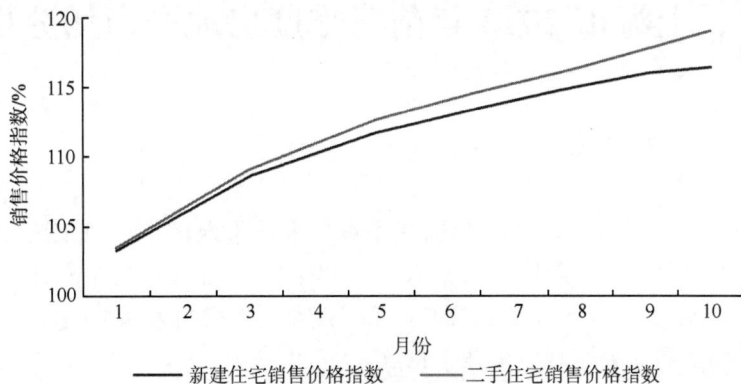

图 4.10　2013 年 1～10 月北京市新建住宅及二手住宅月度销售价格指数
（均以 2012 年同期为 100 的指数）
资料来源：北京市统计局

影响整体状况。政府应该继续贯彻差别化房地产市场调控政策，挤出投机性需求，抑制北京市房价快速上涨。目前来看，北京市对二套房的购买资格及信贷政策做了严格的要求，这些手段的实施收到了比较理想的效果，商品房及住宅均价与 2012 年同期相比上升 2% 左右，基本起到了让房价回归理性的作用。

2. 推动土地及保障房供给，保障刚性需求利益

北京市在推动土地供给和保障房建设方面一直走在全国前列，土地供给的增减对房地产市场及其预期有很大的影响，而保障性住房的大力建设也将在很大程度上解决刚性需求。建议北京市在土地供给上把握住市场的趋势，稳步放开；同时加大保障性住房的建设和制定切实有效的政策，保证夹心层刚性需求的利益。

3. 完善二手房收入税政策，保障政策切实有效

"国五条"北京细则的一个要点是二手房转让的收入要缴纳 20% 的税费，但通过调研发现这 20% 的税赋几乎全部转嫁给了买房者，所以 2013 年 1～10 月北京市二手住宅价格上涨趋势完全可以用税赋转嫁给买房者来解释。"国五条"北京细则的本意应该是一种差别化的财政政策手段，通过对多套房持有者征收收入税来抑制投资性需求，但如果政策起不到原本的作用反而推高房价就会让房地产市场产生扭曲。建议出台配套的措施完善税收政策，例如，加强房地产信息平台建设，规范房地产中介行为等。

二、上海市 2013 年前三季度房地产市场分析

（一）上海市 2013 年前三季度经济形势概况

上海市统计局数据显示，2013 年前三季度，上海市地区生产总值为 15 474.13 亿元，按可比价格计算，比去年同期增长 7.7%，其中，工业生产稳中有升。第二和第三产业所占比重分别为 37.97% 和 61.57%，第三产业同比增幅为 9.1%。

上海市经济运行主要呈现以下几个特点。

1. 工业生产稳中有升，汽车制造业和石油化工及精密化工制造业大幅上涨

2013 年前三季度，在汽车制造业和石油化工及精密化工制造业的带动下，上海市规模以上工业（以下简称工业）企业完成工业总产值 23 558.17 亿元，比 2012 年同期增长 3.5%。其中，轻工业完成 5319.13 亿元，增长 4.8%；重工业完成 18 239.04 亿元，增长 3.2%。分经济类型看，国有经济完成工业总产值 1013.38 亿元，比 2012 年同期增长 2.6%；股份制经济完成 7252.34 亿元，比 2012 年同期增长 2.2%；外商及港、澳、台投资经济完成 14 668.85 亿元，比 2012 年同期增长 4.3%。

六个重点发展的工业行业共完成工业总产值 15 790.70 亿元，比 2012 年同期增长 3.6%。其中，电子信息产品制造业完成 4632.89 亿元，比 2012 年同期下降 3.6%；由于上海大众南京分厂产能扩增等影响，汽车制造业完成 3632.99 亿元，比 2012 年同期增长 14.7%；受上年国内外化工产品市场萧条影响，石油化工及精细化工制造业 2012 年同期数较低，2013 年石油化工及精密化工制造业出现大幅上涨，完成 3076.50 亿元，增长 8.4%；精品钢材制造业完成 1148.88 亿元，下降 1.5%；成套设备制造业完成 2692.92 亿元，下降 1.5%；生物医药制造业完成 606.52 亿元，增长 14.8%

2. 社会固定资产投资三大领域"两升一降"，第一产业投资加大

2013 年前三季度，上海市全社会固定资产投资持续增长，9 月达到 3754.25 亿元，比 2012 年同期增长 11.1%。1~9 月，三大产业投资中，第一产业投资 6.76 亿元，一改以往投资额下降态势，比 2012 年同期增长 51.8%；第二产业投资 767.09 亿元，比 2012 年同期下降 4.7%；第三产业投资 2980.40 亿元，比 2012 年同期增长 16.0%。其中，三大投资领域，房地产开发投资 2019.68 亿元，同比增长 19.8%；城市基础设施投资 610.50 亿元，同比增长 2.0%；工业投资 761.58 亿元，同比下降 5.3%。在 3 月市场经历了"国五条"政策，出现小幅波动，之后房地产市场呈现供需两旺的态势。非住宅开发投资、大项目投资快速上涨。同时，另外两个投资领域中，在基础设施投资领域，由于电力建设较 2012 年同期大幅下降，导致基础设施建设较 2012 年同期下降；工业投资出现小幅下降，这主要源于逐步深化的经济转型和结构调整，内部结构优化的态势初见成效。

3. 消费品市场销售持续稳步增长

上海市商业积极应对各种不利因素的影响，在节庆、旅游、休闲等一系列活动的共同推动下，消费品市场进一步繁荣，销售持续稳步增长。2013年1～9月，上海市实现社会消费品零售总额5895.59亿元，比2012年同期增长8.7%；其中限额以上企业实现消费品零售额4364.47亿元，比2012年同期增长7.2%。分行业看，1～9月，上海市限额以上批发和零售业企业实现零售额4004.52亿元，比2012年同期增长7.9%；住宿和餐饮业实现零售额359.95亿元，比2012年同期下降0.1%。分商品类别看，1～9月，上海市限额以上零售额均比2012年同期增长，吃、穿、用、烧类商品零售额分别为990.62亿元、535.56亿元、2491.01亿元和347.28亿元，分别增长3.3%、6.2%、9.5%和4.7%。

4. 私营企业拉动进出口增长，进出口下降幅度缩小

2013年前三季度，上海市实现外贸进出口总额3239.76亿美元，比2012年同期下降1.3%。其中，出口1503.42亿美元，比2012年同期下降2.7%；进口1736.35亿美元，与2012年同期持平。和2012年相比，2013年出口总额中国有企业和外商投资企业有所减少，较2012年同期分别下降14.90%和1.3%，私营企业有所增长，较2012年同期增长15.6%；进口总额中国有企业和外商投资企业有所减少，较2012年同期下降10.1%和3.3%，私营企业有所增长，较2012年同期增长7.00%。

5. 城市居民科教文卫消费支出增长

2013年前三季度，上海市城市居民人均可支配收入达到32 786元，比2012年同期增长8.5%，城市居民人均消费支出为21 199元，比2012年同期增长6.7%。其中，居住、医疗保健、教育文化娱乐服务增幅居前，分别为52.5%、30.9%和9.3%。前三季度，交通和通信支出为3429亿元，较2012年同期下降6.3%。

6. 房地产业拉动企业景气指数和企业家信心指数波动回升

2013年第一季度，上海市企业家信心指数为124.4，第二季度为115.5，第三季度为122.3，第二季度与第一季度相比，信心指数均下降，降幅为8.8%；第三季度，由于房地产业，批发和零售业，交通运输、仓储和邮政业企业家信心指数回升，第三季度与第二季度相比回升，涨幅为6.8%。

同企业家信心指数类似，企业景气指数也在2013年前三季度出现波动回升。前三季度，企业景气指数分别为131.1、123.5和126.1。其中，房地产企业指数也在震荡中呈现上行态势，第三季度为126.7，较第一季度上行3.9个百分点。

（二）2013 年 1～10 月上海市房地产市场概况

2013 年以来，上海市积极贯彻落实各项房地产调控政策，坚决抑制房地产投机性需求，严格执行差异化信贷政策，加快保障性住房建设供应力度。随着政策效应的逐步显现，前三季度，上海市房地产开发投资增幅逐渐收窄，商品房销售面积继续下降。

1. 房地产开发投资

如图 4.11 所示，2013 年 1～10 月，上海市房地产开发投资稳步增长，全市房地产开发投资完成 2279.69 亿元，比 2012 年同期增长 20.3%，增幅比 1～9 月下降 0.4 个百分点。房地产开发投资占全社会固定资产投资的比重为 53.26%，同比上升 19.3 个百分点。

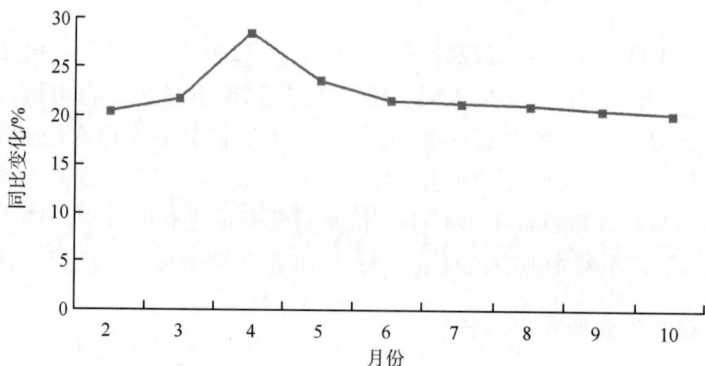

图 4.11　2013 年上海市房地产开发投资额同比变化趋势

资料来源：上海市统计局

从不同房屋类型看，商品住宅投资仍然是房地产开发投资的主体，办公楼投资，商业营业用房投资小幅上升。2013 年 1～10 月，上海市商品住宅投资额 1281.66 亿元，比 2012 年同期增长 12%，占全部房地产开发投资额的 56.22%；办公楼投资额较 2012 年同期大幅上涨，1～10 月累计投资额为 317.29 亿元，比 2012 年同期增长 66.3%；商业营业用房投资为 308.63 亿元，比 2012 年同期增长 20.0%。如图 4.12 所示。

2013 年和 2012 年相比，虽然没有很多房地产调控政策出台，但是市场没有出现房屋价格疯涨的现象。政府新领导者上台，减少财政政策对经济的干预，更多依靠市场自身的调节作用。2 月出台的新"国五条"造成房地产市场短时波动，房地产开发投资额 5 月同比大幅下降，之后市场再次趋于稳定。各类房地产开发投资额稳步增加。从图 4.13 中可以看出，与以往相同，房地产投资额累计变化主要依靠住宅投资的支撑，说明市场中居民对住房的刚性需求依然存在，这也是支撑房地产市场发展的主要原因。办公楼投资额和商业用房投资额数量相当，在房地产投资额中所占比重不大。

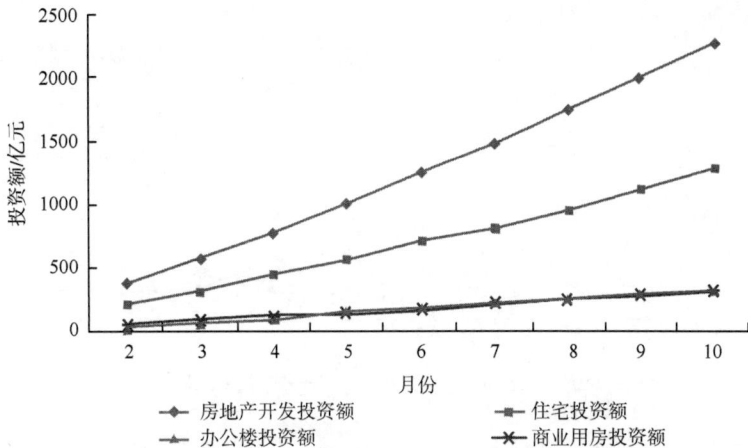

图 4.12　2013 年上海市房地产开发投资额累积变化趋势
资料来源：上海市统计局

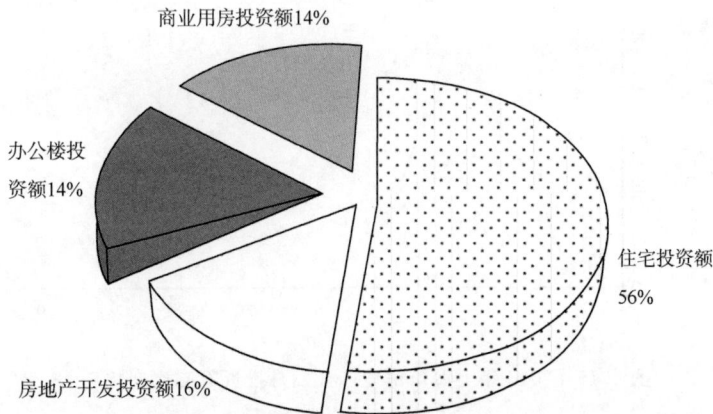

图 4.13　2013 年 1～10 月上海市房地产开发各类投资额累积占比
资料来源：上海市统计局

　　如图 4.14 所示，2013 年 3～5 月，房地产开发投资额并未发生大的变化，但在图 4.15 中，3 月开发投资额按月同比增长 25.10%，到 4 月骤变为 50.40%，5 月又下降为 9.5%，发生如此大波动的主要原因是 2012 年年初房地产市场严厉的调控政策使房地产投资大幅下降，导致 2012 年 3～5 月的开发投资额基数较小。在图 4.14 中，房地产开发投资总额变化与住宅投资额变化一致。

　　2013 年与 2011 年、2012 年不同，新政府采取主要依靠市场力量调节经济的政策，仅在 2 月出台新"国五条"。上海市 5 月出台贯彻"国五条"细则，房地产市场商业住房投资额产生影响，产生小幅波动。在 7 月住宅投资不景气时，开发商又将目光转向商业住房投资，从而导致如图 4.15 所示 5～7 月商业住房投资额的波动。

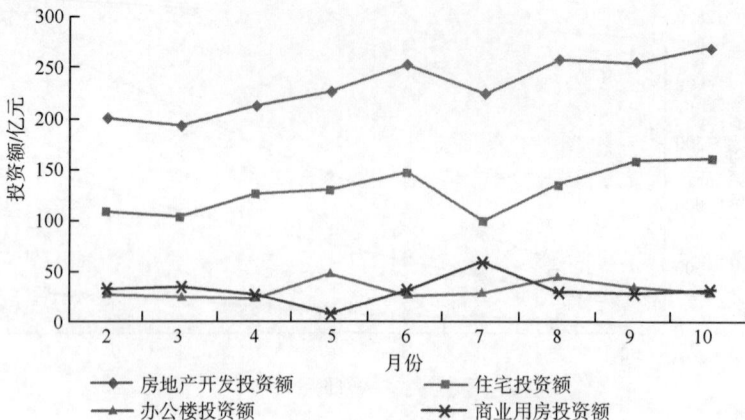

图 4.14　2013 年上海市房地产开发月投资额变化趋势

资料来源：上海市统计局

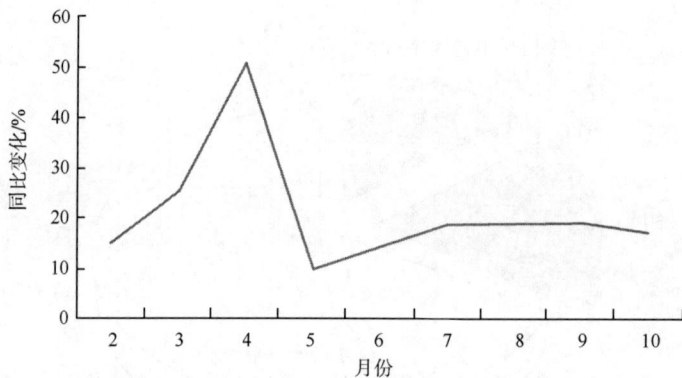

图 4.15　2013 年上海市房地产开发月投资额同比变化趋势

资料来源：上海市统计局

2. 商品房建设情况

随着上海市房地产开发投资的增长，商品房在建规模继续扩大，但由于国家的调控政策，新开工面积较 2012 年同期减少，减少幅度由 3 月的 20.6％收窄到 10 月的 12.2％。截至 2013 年 10 月，上海市商品房施工面积累计 13 010.97 万平方米，与 2012 年同期持平，其中商品住宅施工面积累计 7866.76 万平方米，比 2012 年同期下降 3.9％。商品房新开工面积为 2053.57 万平方米，比 2012 年同期减少 12.2％，其中商品住宅新开工面积为 1256.34 万平方米，比 2012 年同期减少 7.2％。

施工面积、新开工面积和竣工面积各月波动较大。施工面积 4 月、8 月达到最大值，分别为 11 482.77 万平方米和 12 622.85 万平方米，7 月出现回落。随着上海 5 月 8 个"地王"的出现，5 月新开工面积出现上涨，为 1046.17 万平方米。9 月再次出现新开工面积的上涨。与施工面积和新开工面积相比，竣工面积各月变动较小。如图 4.16 所示，施工面积和新开工面积在 7 月达到最小值，主要原因是房地产开发投资额下降。

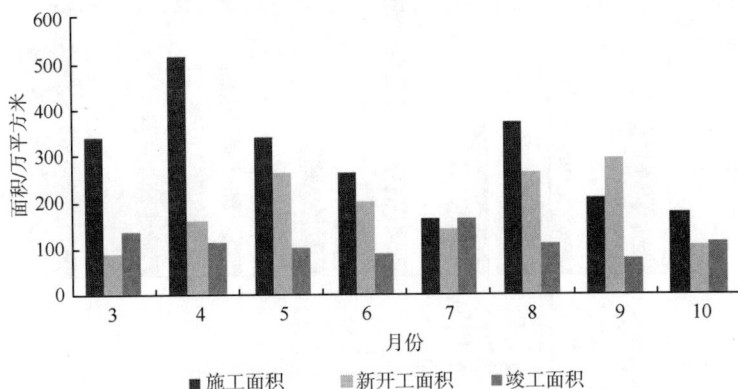

图 4.16　2013 年上海市房地产施工、新开工、竣工面积情况

资料来源：上海市统计局

3. 商品房交易情况

2013 年 1～10 月，上海市商品房累计销售面积为 1914.75 万平方米，比 2012 年同期上升 34.2％，其中商品住宅累计销售面积为 1637.91 万平方米，比 2012 年同期上升 35％。在 2012 年一系列房地产调控政策的作用下，商品房销售面积低位运行，进而引起 2013 年商品房销售的大幅上涨。如图 4.17 所示，2013 年 3～5 月，总销售面积累计同比变化波动较大的主要原因是 2012 年房地产市场严厉的调控政策，导致 3～4 月总销售面积基数较小。

如图 4.18 所示，受上海贯彻"国五条"细则影响，2013 年 5 月总销售面积出现下降。政策效应过后，6 月总销售面积出现回升。这一现象说明市场中存在居民购买住房的刚性需求。与以往相同，"金九银十"再次迎来房地产市场总销售面积的增长。

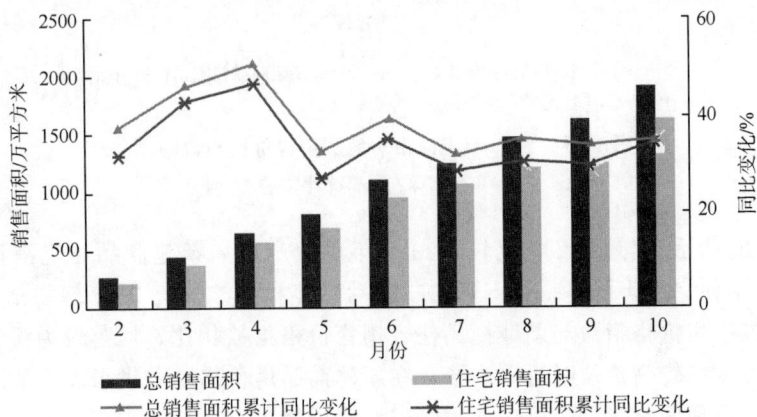

图 4.17　2013 年上海市房地产销售面积及住宅累积销售面积情况

资料来源：上海市统计局

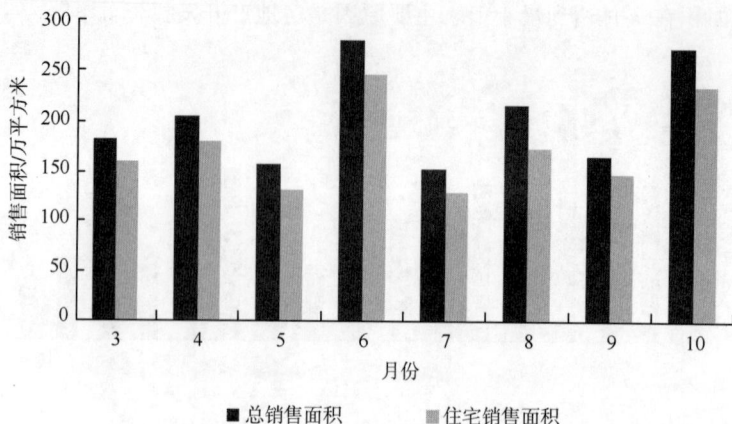

图 4.18　2013 年上海市房地产销售面积及住宅各月销售面积情况

资料来源：上海市统计局

如图 4.19 所示，与 2012 年不同，2013 年 1～10 月，上海市房屋销售价格指数总体持续下降，其中，新建住宅销售价格指数下降幅度大于二手住宅销售价格指数。

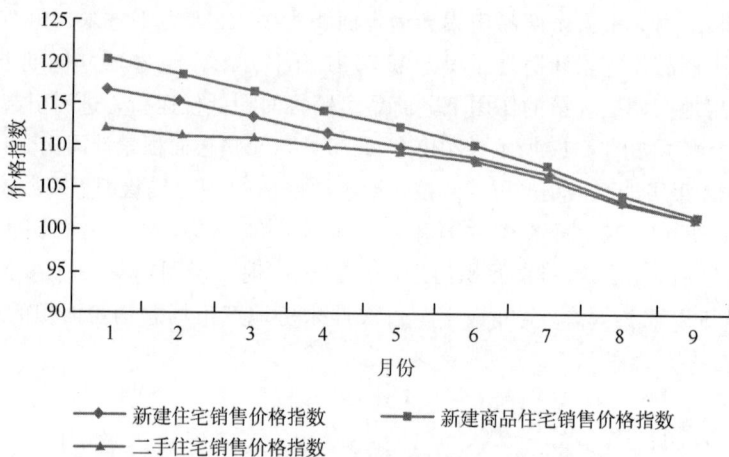

图 4.19　2013 年上海市房地产销售价格指数同比

资料来源：国家统计局

　　如图 4.20 所示，与 2012 年比较，2013 年房地产市场新建商品住宅销售价格指数（环比）和二手住宅销售价格指数（环比）波动趋势相同。5～8 月出现震荡之后，9 月恢复平稳。二手房价格指数与新建商品住宅销售价格指数相比，回落较为缓慢，体现出很多二手房业主在较高价位时进入市场，在新建商品房价格随着供求关系的改变和宏观调控的作用而出现回落时，二手房业主普遍对降价销售存在抵触心理，短时间内价格松动不大。但无论哪个指数的环比变化都可以充分说明 2013 年的上海市总体房地产销售价格和 2012 年相比已经产生了符合调控目的和市场以及消费者心理预期的变化。

　　如图 4.21 所示，与 2012 年相同，2013 年第一季度上海市商品住宅平均销售价格

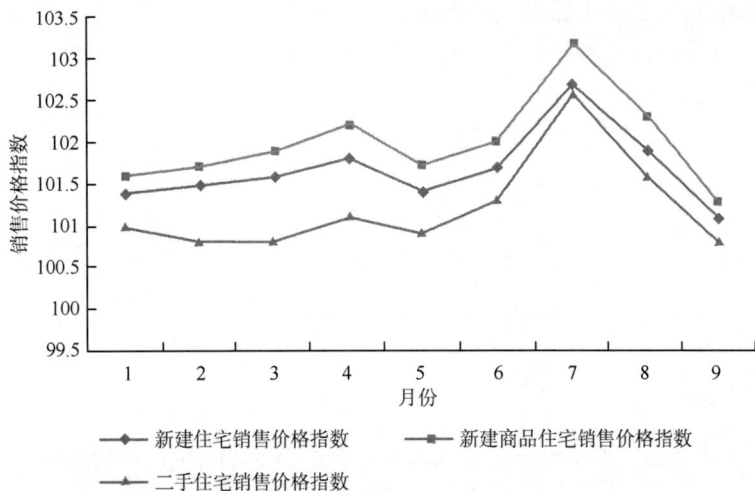

图 4.20　2013 年 1～9 月上海市房地产销售价格指数（环比）
资料来源：国家统计局

持续上升。主要原因是年前压抑的购房需求，在年初大量释放，造成房地产成交额上升，平均销售价格持续上升，进而造成 4～5 月价格的震荡回落。6 月一部分急于购房的消费者选择出手购买，从而拉动第二季度的房价出现了小幅上升的局面。2013 年随后的时间里平均销售价持续小幅波动，这主要是由于买卖双方出现了较为胶着的博弈状态，原因有两个方面，一是房屋竣工面积下降，造成房屋供给下降；二是一部分具有较强购买需求的消费者入市，但由于党的十八届三中全会的召开，消费者渴望新政策出台会引起房价下跌，进而采取观望态度。

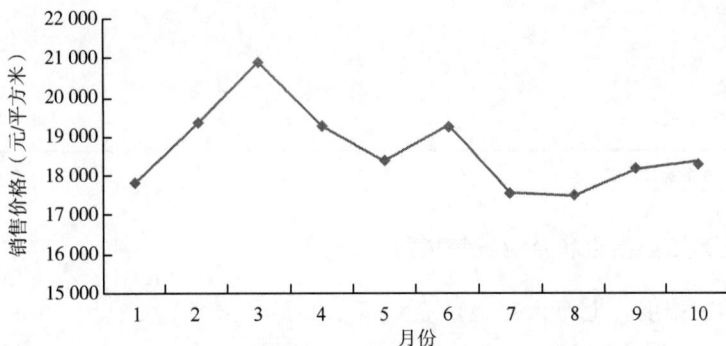

图 4.21　2013 年 1～10 月上海市商品住宅平均销售价格
资料来源：上海市统计局

如图 4.22 所示，与 2012 年相比，上海市商品住宅平均销售价格同比在 2 月份骤增，之后出现回落，6 月之后出现稳定震荡。2 月同比骤增的主要原因：一是 2012 年在房地产政策的打压下，年初房地产市场销售额极低；二是年前积压的住房刚性需求在 2 月开始释放，房地产市场住宅成交量上升。随着居民住宅刚性需求逐步释放，房地产市场住宅销售价格同比也趋于稳定。上海市 5 月出台的新落实"国五条"细则和 8 月出台的"沪七条"对居民住宅销售价格并未产生大的影响。

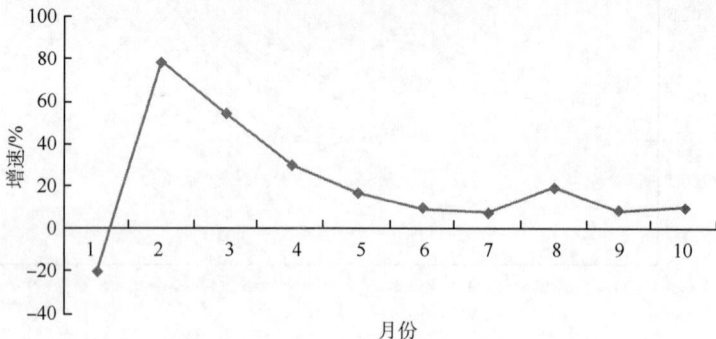

图 4.22　2013 年 1～10 月上海市商品住宅平均销售价格同比增速
资料来源：上海市统计局

2013 年前三季度，上海市房地产开发企业本年到位资金为 5597.06 亿元，比 2012 年同期增长 7.1%，增幅较 2012 年下降 6 个百分点。在资金来源中，国内贷款、利用外资和自筹资金与 2012 年同期相比都有一定程度的回升，但自筹资金同比增速却由升转降，由 2012 年的 6.9% 降到 2013 年的 9.9%，金额由 2012 年 9 月的 2600.38 亿元下降为 2013 年的 2344.00 亿元（表 4.1）。

表 4.1　前三季度本市房地产企业到位资金情况

指标	金额/亿元	增长/%	比重/%
资金来源小计	5597.06	7.1	100.0
国内贷款	1323.52	21.2	23.6
利用外资	126.16	6.3	2.25
自筹资金	2344.00	−9.9	41.88
其他资金	1803.38	12.6	32.22

资料来源：上海市统计局

4. 房地产企业家信心指数和企业景气指数

2013 年前三季度，上海市房地产企业家信心指数分别为 121.2、109.1 和 124.9，第二季度较第一季度下降 12.1%，第三季度出现回升，增长 15.8%。"国五条"的出台，表明政府调控房地产市场的决心，也对房地产企业家信心指数造成影响。同时，居民住房刚性需求旺盛，房地产企业家对未来发展充满信心。

2013 年前三季度，上海市房地产景气指数分别为 122、119.8 和 126.7。在 2012 年多条房地产政策打压下，房地产景气明显不足。2013 年政府采取"有限政府"职能，更多依靠市场力量调节经济，没有出台过多的房地产调控政策。虽然第二季度指数略有下降，指数为 119.8，但房地产景气指数仍持续高位。

5. 房地产相关政策

2013 年 3 月 30 日，上海市人民政府办公厅印发关于贯彻《国务院办公厅关于继续做好房地产市场调控工作的通知》实施意见的通知。该《通知》中主要内容包括：对新"国五条"中转让个人住房所得计征个人所得税，增加普通商品住房用地供应，深化完善"四位一体"的住房保障体系。为贯彻落实新"国五条"，上海市人民政府在《通知》中进一步强调对个人住房转让所得计征 20％的个人所得税，进而挤压房地产市场投机性需求，保证普通住房者的刚性需求。为满足刚性需求，上海市人民政府在此《通知》中对普通住宅土地供给做出具体规定："按照全年供应量不低于前 5 年年均实际供应量的要求，结合实际，统筹安排编制本市 2013 年度住房用地供应计划，保证普通商品住房、保障性住房土地供应，一季度公布全市年度供地计划。规划、国土资源等部门要按照计划推进，确保全年土地供应稳定、均衡、合理。"并对提供普通住宅土地的开发商提供信贷优惠："对中小套型住房套数达到项目开发建设总套数 70％以上的普通商品住房建设项目，银行业金融机构在符合信贷条件的前提下，优先支持其开发贷款需求。"除此之外，在深化完善"四位一体"的住房保障体系中，提出保障性住房建设的具体目标："根据确定的目标任务，确保全年新开工建设、筹措各类保障性住房和旧住房综合改造 10.5 万套、750 万平方米，基本建成保障性住房 10 万套、730 万平方米。"从以上《通知》内容可以看出，上海市人民政府改善居民住房条件的决心，提出的各项房地产政策不再是只停留在宽泛的政策方面，而是在各项政策中提出具体的实施目标。

2013 年 11 月 8 日，上海市人民政府发布《上海市关于进一步严格执行国家房地产市场调控政策相关措施》。该《措施》是对 3 月发布的《通知》的进一步细化，主要体现在三个方面：一是增加住房用地供应，进一步严格执行差别化的住房信贷政策和从严执行住房限购政策。二是在增加住房用地供应方面，具体规定："2013 年本市住房用地供应量在不低于过去五年平均供应量的基础上，再增加 30％的供应量，确保住房用地供应 1000 公顷。优化结构，进一步加大中小套型住房用地供应，加强土地市场跟踪分析和交易预警管理，确保土地市场交易平稳。"在严格执行差别化的住房信贷政策中，对第二套住房首付款做出具体规定，首付款比例从不得低于 60％到不得低于 70％及以上。三是在严格执行住房限购政策方面，"调整非本市户籍居民家庭购房缴纳税收或社保费年限，从能提供自购房之日起算的前 2 年内在本市累计缴纳 1 年以上，调整为能提供自购房之日起算的前 3 年内在本市累计缴纳 2 年以上"。

（三）政策建议

1. 推行差别化信贷政策，保障居民首套住房刚性需求

2012 年信贷政策中央行对基准利率进行调整，进而有效抑制房地产市场的投机投资性需求。2013 年对房地产市场的调节政策更加具体化，对贷款购买住房家庭的首付款做出具体规定，一方面有利于抑制房地产市场投机投资性需求；另一方面也保障普通住房家庭首套自住房屋需求。可见，中央政府要一改以往的"一刀切"政策，国务院出台的政策中实施差别化调控，避免地方政府因土地财政而放松对地方房地产市场的管控，从根源上抑制房价过快增长的同时，满足居民住房刚性需求。

2. 税务和房屋管理部门密切配合，适度推进房产税征收

上海市自 2011 年 1 月 28 日开征房产税，成为全国率先试点房产税的两个城市之一。房产税的开征主要是完善税制，引导我国房地产业健康发展，房地产价格合理回归。在上海开展房产税的过程中暴露了一些问题：一方面，住房产业信息公开化和透明化不足，导致在征收房产税的过程中出现偷漏税的现象；另一方面，在我国房地产市场中存量住房占主力，而房产税仅针对符合条件的新建商品住房征收，导致房产税实施之后的调控效果并不明显。因此，上海市在推进房产税的过程中，要加强税务和房屋管理部门之间的密切配合，避免房产税征收过程中的偷漏税现象。

3. 鼓励房地产开发商进行保障房投资，确保保障房工程质量

保障房价格低廉，保障中低收入家庭，特别是一些高级人才的住房需求，是完善我国住房体系的重要组成部分。但由于保障性住房销售价格较低，房地产开发商利润空间小，造成很多房地产开发商不愿进行房地产开发业务。因此，中央政府要采取措施鼓励房地产开发商投资保障房建设，开展保障房全程监测，确保保障房工程质量。例如，上海市 2013 年 3 月出台的政策中规定："对中小套型住房套数达到项目开发建设总套数 70％以上的普通商品住房建设项目，银行业金融机构在符合信贷条件的前提下，优先支持其开发贷款需求。"

4. 深化完善"四位一体"的住房保障体系

多样化房地产政策，按照"保基本、广覆盖、可持续"的要求，形成廉租住房、共有产权保障住房、公共廉租住房和征收安置住房"四位一体"的住房保障体系，满足居民不同住房需求，做到"租售并举"、"应保尽保"。对中低收入家庭进行统筹安排，分类解决。加快棚户区改造工作，保证住房土地供给。

三、重庆市 2013 年前三季度房地产市场分析

（一）重庆市 2013 年 1～9 月经济形势概况

2013 年前三季度，在全国经济企稳回升的大背景下，重庆市经济运行总体良好。重庆市紧紧围绕以提高经济增长质量和效益为中心，推动经济结构转型，经济结构明显改善，经济效益显著提升，经济发展保持了稳步发展势头。重庆市地区生产总值

8637.10 亿元，按可比价格计算，同比增长 12.4%，增长速度居全国第三。分产业看，第一产业增加值 672.67 亿元，同比增长 3.8%；第二产业增加值 4597.66 亿元，增长 13.4%；第三产业增加值 3366.77 亿元，增长 12.2%。

1. 特色农业初现成效，畜禽产量增长稳定

重庆市粮油生产总体稳定，夏收粮食作物产量 153.6 万吨，同比下降 0.4%，其中小麦产量 33.7 万吨，下降 12.4%；薯类产量 97.8 万吨，增长 3.7%；油菜籽总产量 40.1 万吨，增长 6.3%。2013 年前三季度，全市蔬菜产量为 1220.8 万吨，增长 4.0%。全市生猪、家禽、牛、羊出栏分别为 1310.8 万头、17 379.9 万只、30.2 万头、114.6 万只，分别增长 1.7%、2.6%、7.1%、6.7%。肉类总产量达到 130.9 万吨，增长 5.1%，其中猪肉产量为 95.2 万吨，增长 3.3%；禽肉产量为 26.5 万吨，增长 3.6%。

2. 服务业发展初现成效，新兴产业主导发展

服务业发展势头良好。2013 年前三季度，第三产业增加值同比增长 12.2%，占 GDP 比重达到 39.0%。全市结构调整步伐加快，现代服务业，包括金融、信息传输等服务业发展较快，金融业增加值增长 16.5%，其他服务业增加值增长 13.8%，分别比工业增加值增速高出 3.4 个和 0.7 个百分点。

新兴产业起了带头发展作用。一是特色效益农业发展迅速。城市发展新区正逐渐成为油料、蔬菜优势主产区，两翼地区则依托山区资源初步形成中药材、食用菌、水果、茶叶等优质特色农产品生产基地。2013 年前三季度，全市蔬菜产量为 1220.8 万吨，同比增长 4.0%；油菜籽总产量为 40.1 万吨，增长 6.3%；水果产量增幅达 7%。二是汽车、电子产业"双轮驱动"带动工业内部结构优化。在加快引进低能耗、高产值的企业过程中，工业结构调整的最大亮点是汽车行业的提档升级与电子产业的快速崛起。前三季度，汽车制造业产值 2035.32 亿元，同比增长 23.1%，对工业增长贡献率为 29.0%。计算机、通信和其他电子设备制造业实现产值 1481.83 亿元，增长 39.2%，对工业增长贡献率达 30.9%。汽车、电子两大产业对全市工业增长的贡献率达 59.9%，产业结构调整成效初显，成为重庆工业稳定增长的核心动力。

3. 固定资产投资平稳增长，民间投资呈领先态势

2013 年前三季度，全市完成固定资产投资 7634.32 亿元，同比增长 20.7%，保持平稳增长状态。其中，工业投资完成 2407.50 亿元，增长 18.7%，占全市投资比重的 31.5%。同时，民间投资在其中保持领先态势。1~9 月，全市民间固定资产投资完成 3515.75 亿元，同比增长 33.6%，占全市投资的比重为 46.1%，对全市投资的贡献率为 67.5%，拉动投资增长 14.0 个百分点。民间投资各月投资增速均领先全市投资增速，从 3 月起，民间投资增速均保持在 33% 以上。

4. 居民收入和消费均平稳增长

居民收入稳步增长。全市城镇居民人均可支配收入 18 812 元，同比增长 9.5%。从总收入构成看，工资性收入、经营净收入、财产性收入和转移性收入均实现平稳增长，分别增长 8.4%、9.2%、23.0% 和 5.6%。农民人均现金收入为 7289 元，增长 12.8%。其中，工资性收入、家庭经营现金收入、转移性收入和财产性收入分别增长 12.4%、8.5%、26.1% 和 20.4%。

消费品市场稳步增长。全市累计实现社会消费品零售总额 3279.04 亿元，同比增长 13.5%，增速与上半年持平，较 2012 年同期回落 2.2 个百分点。从运行走势看，自 2013 年以来各月社会消费品零售总额增速均保持在 13.0% 以上，其中，6 月份在全市大力开展购物美食节、汽车会展等活动助推下，零售额同比增长 14.3%，到达 2013 年以来最高水平。第三季度，全市消费品市场逐月回暖，9 月份全市消费品零售总额增长 14.0%，比 8 月份高 0.6 个百分点，比 7 月份高 0.9 个百分点。

5. 居民消费价格温和上涨，工业生产者价格低位运行

如图 4.23 所示，2013 年前三季度，居民消费价格总水平累计同比上涨 2.8%。八大类商品与服务价格"七升一降"，其中，食品价格上涨 3.7%，烟酒上涨 0.9%，衣着上涨 7.7%，家庭设备用品及维修服务上涨 1.4%，医疗保健和个人用品上涨 1.2%，娱乐教育文化用品及服务上涨 2.2%，居住上涨 2.8%，交通和通信下降 1.7%。

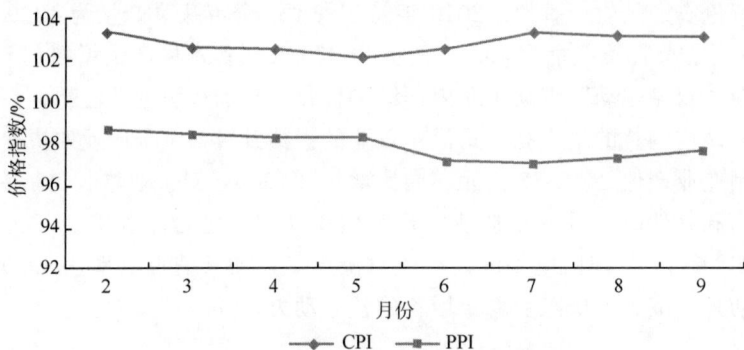

图 4.23　重庆市 2013 年各月主要价格指数

资料来源：重庆市统计局

2013 年前三季度，工业生产者出厂价格累计同比下降 2.0%，工业生产者购进价格累计同比下降 2.4%。从两大部类来看，生产资料出厂价格下降 2.5%，生活资料出厂价格下降 0.7%。

6. 对外贸易持续增长，引进外资保持平稳

据重庆市海关统计，2013 年前三季度，全市实现进出口总额 474.23 亿美元，同比增长

17.5%。其中出口总额 322.14 亿美元，增长 9.7%；进口总额 152.09 亿美元，增长 38.5%。服务外包成倍增长，全市服务外包离岸执行额 8.30 亿美元，增长 1.3 倍；实际对外投资（含内保外贷）5.35 亿美元，增长 27.2%；对外承包工程营业额 5.00 亿美元，增长 56.7%。前三季度，全市新签订外资项目 172 个，签订合同外资额 18.09 亿美元；实际利用外资 60.56 亿美元，与 2012 年同期持平。实际利用内资达 3853.04 亿元，增长 3.6%。

另外，2013 年以来，全市外贸的持续增长得益于加工贸易进出口的强力拉动。前三季度，以笔记本电脑为代表的加工贸易持续快速增长，实现进出口 215.18 亿美元，同比增长 85.3%，占比 45.4%，居各贸易方式之首。累计出口笔记本电脑 3293 万台，增长 33.6%；出口价值 131.11 亿美元，增长 54.1%，占出口总额逾 4 成。

7. 工业企业效益向好，就业形势基本稳定

重庆市规模以上工业企业利润增速持续走高。2013 年 1~8 月，全市规模以上工业主营业务收入 9322.38 亿元，同比增长 15.3%；实现利润 362.45 亿元，增长 42.2%，增速排名全国第一，比上半年提高 3.7 个百分点。其中，汽车制造业、电气机械及器材制造业、通用设备制造业分别实现利润 117.55 亿元、27.04 亿元、21.87 亿元，分别增长 116%、12.1%和 9.5%。前三季度规模以上工业企业产销率达到 98.0%，同比提高 1.3 个百分点。其中，中小企业发展迅速，有效激发经济活力。截至 2013 年 9 月底，全市累计发展中小企业 10.03 万户，注册资本金达 105.94 亿元，带动就业 76.28 万人。

就业人数持续增长。据重庆市就业局统计，2013 年前三季度，全市城镇新增就业 56.12 万人，同比增长 1.5%；9 月末，城镇登记失业率为 3.4%。从企业景气调查结果显示，全市用工计划"增加"和"持平"的企业占 86.27%，环比增加 1.25 个百分点。

8. 财政收支平稳增长，金融运行总体平稳

2013 年前三季度，全市公共财政预算收入累计完成 1238.99 亿元，同比增长 14.3%。税收、非税收入均衡增长，增幅基本相当，税收收入占全市公共财政预算的比例为 65.2%，增长 14.2%；非税收入增长 14.6%。自 6 月以来，全市公共财政预算收入增幅稳定在 14%左右，财政收入的稳步回升是全市经济稳中有进发展绩效的现实体现。全市公共财政预算支出 2132.23 亿元，增长 13.7%。其中，城乡社区事务、社保和就业、教育和一般公共服务分别支出 434.60 亿元、314.85 亿元、267.19 亿元和 187.15 亿元，分别增长 40.4%、7.5%、7.2%和 10.8%。

2013 年 9 月末，全市金融机构本外币存款余额为 22 516.79 亿元，同比增长 20.9%；本外币贷款余额为 17 629.95 亿元，增长 15.8%；前三季度全市新增本外币存款 3084.14 亿元，新增本外币贷款 2007.58 亿元。9 月末，全市人民币存贷款比为 77.6%，比上半年末高出 0.7 个百分点。

（二）重庆市 2013 年前三季度房地产市场运行情况

2013 年以来，重庆市房地产开发市场在"国五条"的政策背景和经济增长放缓的

市场背景中走势较为强劲，投资额、施工面积、新开工面积等供给先行指标增长速度均在第二季度呈现出加快趋势。第三季度开发投资、商品房销售面积及房地产开发企业资金来源增速均呈现出不同程度的放缓趋势。从市场发展趋势看，短期波动特征较为显著，未来全市房地产开发市场仍可保持平稳发展。

1. 重庆市商品房开发情况分析

1）开发投资分析

2013 年前三季度，重庆市房地产投资同比增长呈现了起伏波动的变化趋势，总体波动幅度不大（图 4.24）。前三季度，全市完成房地产开发投资 2112.19 亿元，同比增长 20.6％，较一季度回落 4.7 个百分点，较二季度降低 7.1 个百分点，但每个月的增长幅度均为两位数，增长幅度比较大，4 月份达到了 27.9％。其中商品住宅投资 1442.39 亿元，增长 19.4％。商品住宅开发投资增速在经历 2012 年低于全市房地产开发投资增速的相对弱势调整后，受新"国五条"中"增加普通商品住房供给及供地供应"的影响，从 2013 年 3 月起逐月加快，成为助推第二季度房地产开发市场投资稳中有进的主要动力，同时成为总体投资增速第三季度回落的主要因素。第三季度商品住宅增速由年初的高位回落至 19.45，导致全市第三季度各月房地产开发投资增速分别为 23.1％、22.0％和 20.6％，呈持续下降态势。然而，重庆市房地产开发市场中非住宅类房屋投资仍呈现较快增长态势。2012 年全市非住宅类开发投资增长势头迅猛，办公楼开发投资突破 100 亿元，增长 92.9％，商业营业用房开发投资突破 300 亿元，增长 41.0％，2013 年该趋势得以延续，但对总体下降态势没有构成主要影响因素。

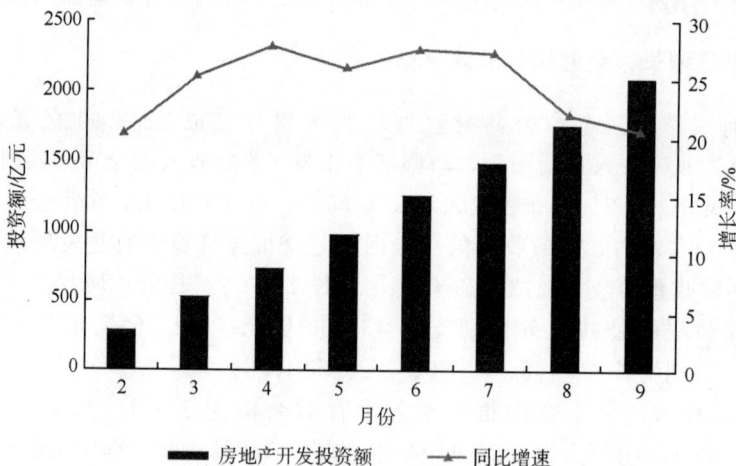

图 4.24　2013 年 2～10 月重庆市企业房地产开发投资额
资料来源：重庆市统计局

2）商品房施工面积分析

2013 年前三季度，重庆市商品房总施工面积稳步上扬，未来供给预期不断向好。前三季度，全市商品房施工面积为 23 779.14 万平方米，同比增长 16.4％，较 1～8 月回落 0.7 个百分点，其中住宅施工面积为 17 636.60 万平方米，增长 11％，较 1～8 月增长 1.8 个百分点；办公楼施工面积为 737.16 万平方米，增长 64.2％，较 1～8 月回落 1.7 个百分点；商业营业用房为 2535.55 万平方米，增长 40.8％，较 1～8 月增长 6.1 个百分点。如图 4.25 所示。

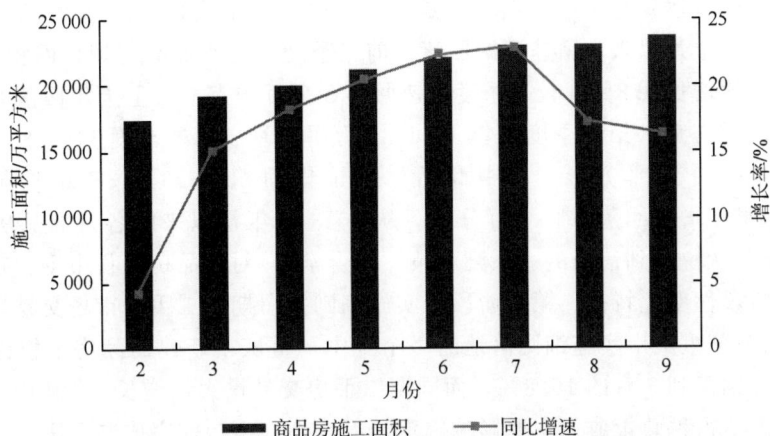

图 4.25　2013 年前三季度重庆商品房施工面积情况
资料来源：重庆市统计局

3）商品房竣工面积分析

2013 年前三季度，全市商品房竣工面积受施工周期及 2012 年基数影响，呈现出较大的震荡趋势，2～4 月，商品房竣工面积大幅度下降；4 月以来，增速一直保持着较低水平。前三季度竣工面积为 2117.73 万平方米，同比增速−4.2％，其中商品住宅竣工面积为 1587.8 万平方米，增长−14.4％。竣工面积增长情况如图 4.26 所示。

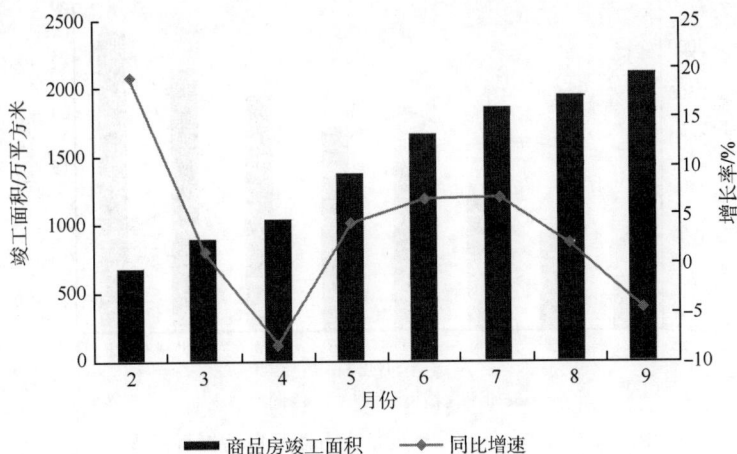

图 4.26　2013 年前三季度重庆市商品房竣工面积情况
资料来源：重庆市统计局

2. 商品房销售情况分析

1）商品房销售面积分析

2013 年前三季度，重庆市商品房销售面积增速呈高开低走的变动趋势，1～2 月 24.5％的增长速度达到全年最高点，也是近三年以来的最高位，3～7 月增速维持一定幅度变动，近两个月以来，增速逐渐回落。前三季度，全市商品房销售面积为 3205.36 万平方米，同比增长 8.8％，较一季度增速回落 8 个百分点，较上半年回落 8.2 个百分点，呈基本放缓态势。第一季度销售 1041.42 万平方米、第二季度 1144.85 万平方米、第三季度 1179.09 万平方米。其中商品住宅销售面积为 2946.36 万平方米，增长 9.8％，较上半年增速回落 8.5 个百分点。从 2013 年年初以来的各月商品房销售情况看，"国五条"从税收到信贷的一系列政策"组合拳"，对商品房销售市场影响作用较为明显，形成阶段性变化特征。第一阶段，实施细则空白期，二手房市场交易量激增。从"国五条"出台到重庆市实施细则落地的一个月中，重庆市新建商品房销售面积增速由 2 月的 24.5％回落到 3 月的 16.8％，而同期二手房交易量大幅增长，"国五条"中对房产转让的个人所得税政策成为主要影响因素，赶在细则出台前完成二手房交易的意愿极为明显。第二阶段，地方细则出台后一、二手房市场结构变化。3 月底，重庆市政府落实"国五条"的实施细则出台，同样强调了房产转让的个人所得税政策，二手房交易量明显回落，新建商品房销售市场有所回升，3～5 月各月全市商品房销售面积增速分别为 16.8％、17.4％和 20.1％。第三阶段，调控政策有利于形成供给与刚性需求的平衡。"国五条"一方面从保障房和供地政策上刺激市场供给增长，另一方面通过税收和信贷政策遏制投资、投机性购房需求，从而有利于刚性需求和市场供给形成较为健康的供求平衡状态，已达到对房地产市场调控的政策目的（图 4.27）。

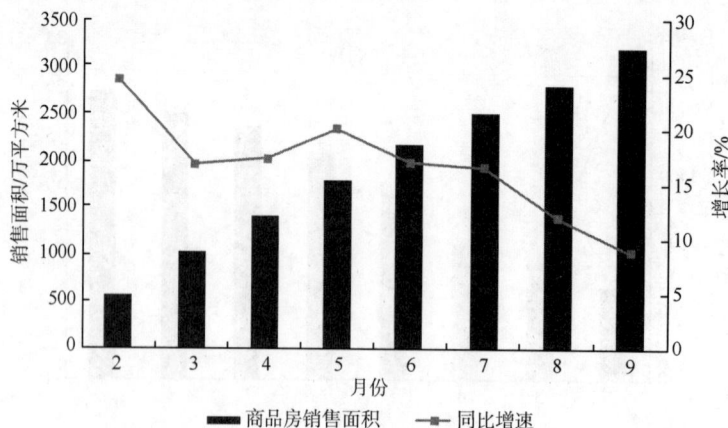

图 4.27 2013 年前三季度重庆市商品房销售面积情况
资料来源：重庆市统计局

2）商品房销售额分析

2013 年前三季度，重庆市商品房销售额为 1789.33 亿元，同比增长 18.7％；其中第一季度销售额为 575.24 亿元，第二季度为 638.94 亿元，第三季度为 575.15 亿元。2013 年前三季度，住宅销售额为 1548.76 亿元，同比增长 18.2%；办公楼销售额为 50.57 亿元，同比增长 28.9%；商业营业用房为 163.05 亿元，同比增长 24.8%，如图 4.28 所示。

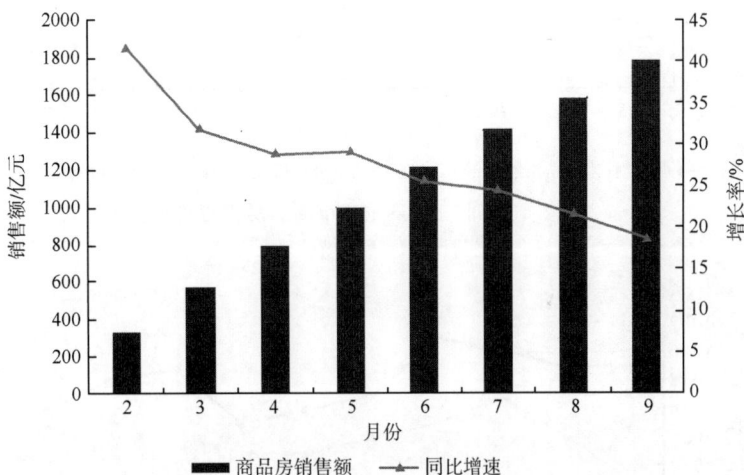

图 4.28 2013 年前三季度重庆市商品房销售额情况

资料来源：重庆市统计局

3. 2013 年前三季度房地产市场销售价格指数

2013 年前三季度，重庆市房屋销售价格指数总体出现上升趋势，如图 4.29 所示的三个指标均在第三季度末达到了最高值，即新建商品住房价格指数 109.4、新建住宅价格指数 109.2、二手房价格指数 103.6。其中二手房价格在 2013 年前三季度波动较为剧烈，这主要受到公积金贷款新政、房产税和限购令的影响，在二级市场这些政策得到了更加明确的反映。但是从 8 月起，重庆市二手房市场开始企稳回收，在逐渐消化了年初的连环新政后，市场各类需求有所抬头，尤其是 8 月份开始以婚房为代表的需求量明显增长，从这一时期的成交结构来看，二手房市场出现了重心外移和房龄偏老的趋势。从总体趋势来看，2013 年市政府通过宏观调控手段在房地产市场打出的一系列组合拳，已经开始慢慢呈现效果，但要想在价格上出现更加明显的松动还需要政策更长期地发挥作用。

2013 年重庆市房屋销售价格指数环比总体呈现出下降趋势。从 2013 年年初开始，新建商品房价格指数和新建住宅价格指数均呈现出相似的变化趋势。如图 4.30 所示。

4. 房地产企业家信心指数和企业景气指数

2013 年前三季度，重庆市房地产业企业家信心指数和企业景气指数双双走高。三个季度信心指数分别为 118.60、114.39、125.96，第三季度企业家信心指数达三季度以来的最高水平，显示出房地产开发企业对重庆房地产市场预期不断向好。三个季度，

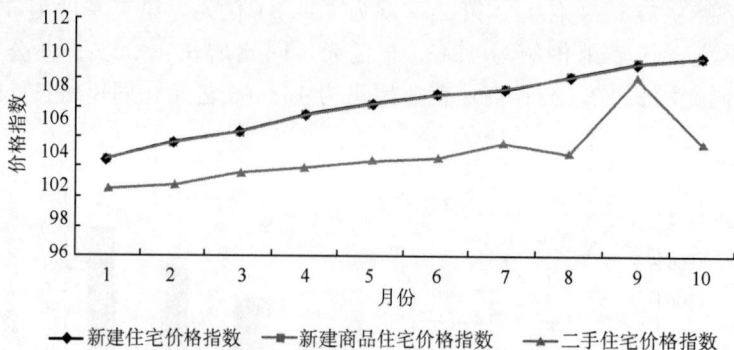

图 4.29 2013 年前三季度重庆市商品房销售价格指数

资料来源：国家统计局

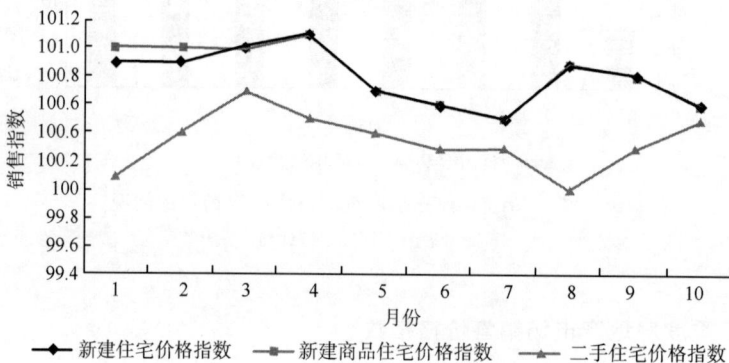

图 4.30 2013 年前三季度重庆市商品房销售均价走势

资料来源：国家统计局

重庆市房地产景气指数分别为 123.86、115.79 和 122.81，显示出房地产企业良好的运行状态。

5. 房地产市场不确定性因素增加

总体来看，2013 年前三季度全市房地产市场供给强劲、需求活跃，呈现出良好的发展态势，但面对较为复杂的国内外经济环境，影响市场前景的不确定性因素仍在增加。

首先，国际经济环境中美国经济恢复预期渐强，国际资本从发展中国家向欧美国家回流的趋势正在显现，各国宽松的货币政策也正在转向平稳，因此，国内各项投资资金供给力度均有减弱的可能，进而影响房地产开发投资的持续增长。

其次，以银行为主的国内金融系统资金流动性瓶颈显现，主要是来自于国际经济形势变化和银行信贷中的中长期贷款比重偏高两方面因素影响。因此，银行贷款或将进行必要的结构调整，减少中长期贷款比重，提高信贷资金流动性，增强风险抵抗能力，势必减弱房地产开发贷款和个人住房按揭贷款的发放力度，从而对房地产市场的供给和需求形成制约。

再次，中央政府面对当前的国际经济环境变化、信贷资金流动性减弱、国内经济保增长调结构的要求和近期一线城市房价的上涨压力，将进一步出台宏观调控政策，对整体经济环境和房地产开发市场产生直接影响。

最后，基于重庆特殊发展地位的利好因素，重庆市作为年轻的直辖市，携政策、环境、定位等多方面优势，以成为长江上游经济中心为发展目标，刚性购房需求仍将是重庆房地产开发市场的主导力量，特别是城乡统筹发展过程中经济中心与周边区域房地产市场的轮番循环发展模式，仍将是重庆房地产开发市场健康发展的重要保障。

（三）政策建议

重庆市于2013年9月底出台新功能区规划，这是对全市各区域发展目标进行的准确定位，是在新型城镇化发展模式的要求下，对"一圈两翼"经济发展区域格局的进一步细化与深入。该规划的出台，势必会推动全市城镇化进程，为重庆房地产开发市场开辟出崭新的发展空间和区域格局，五大功能区势必形成合力，支撑重庆房地产开发市场长期、健康、平稳发展。放眼全国一、二线城市，房价均出现大幅度反弹，一线城市和部分二线城市房价增长过快，主要还是供求矛盾的体现。为了稳定房价，结合重庆实际情况，提出以下政策建议。

1. 构建住房三元供应模式

由此前"商品房＋保障房"的二元供应模式，向"满足中低收入群体的保障房＋满足夹心层住房需求的限价房序列＋满足中高收入群体的商品房"三元供应模式转变，将重庆住房供应分成三个层面：一是保障性住房体系，满足中低收入人群需求。政府采取政策鼓励社会资金参与保障房融资，增加租赁房补贴租金和经适房政府补贴。继续推进保障性安居工程建设，确保保障性住房的供给比例，加大公租房建设力度，加大廉租房、经济适用房、限价商品房和定向安置房等保障性住房的住房用地，确保商品住宅用地配建保障性住房，加快推进棚户区改造，改善居民居住条件，从而建立起政府主导的、保障中低收入群体基本住房的机制。二是商品房市场体系，主要满足中等以上收入人群需求。重点通过实施税收政策，放开行政管制，允许其自由价格交易，并根据交易价格征收交易税和所得税。三是限价房体系，通过"限房价、竞地价"方式，加大自住型商品住房供应力度，在土地供应计划中单列此类住房用地，主要满足夹心层的住房需求。通过实施以房产税调节高端需求、以土地制度改革和首套房贷款优惠支持中端需求、以保障房覆盖低端需求等一系列政策组合，形成"低端有保障、中端有政策、高端有控制"的长效机制。

2. 完善房产税征收制度

我国房地产调控已经走到了一个十字路口，作为调控的一个重要手段，房产税有利于改变人们对于房地产发展的预期，改变房地产脱离其本来属性变为投资品的趋势。房产税先试先行十分必要，有必要在上海、重庆试点。

3. 继续推行"限购、限贷、限价"政策

继续推行"限购、限贷、限价"的行政性调控措施。房价调整涉及社会多个经济层面，要做好以住房工作为重点的民生工作，继续坚持房地产市场调控决心不动摇、方向不改变、力度不放松。对住宅地产继续实施限价、限购、限贷等差别化的消费政策，加大普通商品住宅用地的有效供应，推动房价合理回归。

四、青岛市 2013 年前三季度房地产市场分析

（一）青岛市 2013 年前三季度经济形势概况

青岛市 2013 年前三季度生产总值实现 5656.68 亿元，同比增长 9.7%，比上半年上升 0.3 个百分点。从三大产业来看，第一产业增加值为 246.65 亿元，增长了 0.8%；第二产业增加值 2697.71 亿元，增长 10.7%；第三产业增加值为 2712.32 亿元，增长 9.4%。

1. 投资结构不断改善，投资额有较快增长

2013 年前三季度，青岛市固定资产投资完成 3612.7 亿元，同比增长 21%。从不同产业来看，第一产业投资完成 90.9 亿元，增长 75.8%；第二产业投资完成 1684.8 亿元，增长 26.5%，其中，工业投资完成 1650.7 亿元，增长 29.2%；第三产业投资完成 1837 亿元，增长 14.7%。另外，前三季度中青岛市房地产开发累计完成额实现 783.8 亿元，增长 14.4%。青岛市商品房销售面积实现 722.6 万平方米，增长 19.1%；商品房销售额实现 602.1 亿元，增长 22%。

2. 城乡居民收入提升缓慢，农村居民收入增速继续超过城市

2013 年前三季度，青岛市城市居民人均可支配收入 25 640 元，同比增长 9.4%，比上半年提高 0.2 个百分点。前三季度，农民人均现金收入 13 802 元，增长 12.6%，比上半年提升 0.2 个百分点。

3. 居民消费价格平稳上涨

2013 年前三季度，青岛市居民消费价格总水平比 2012 年同期上涨 2.3%。其中食品价格上涨 5.0%，非食品价格上涨 1.2%；服务项目价格上涨 0.3%，消费品价格上涨 3.1%。另外，9 月份，青岛市新建住宅销售价格同比上涨 8.9%；二手住宅价格同比上涨 2.9%。由此可见，居民消费价格的上涨，房价的贡献度较高。

4. 消费市场运行增长平稳

2013 年前三季度，青岛市实现社会消费品零售额 2079.6 亿元，同比增长 12.9%，比上半年提高 0.1 个百分点。从不同行业来看，批发和零售业零售额为 1807.0 亿元，同比增长 13%；住宿和餐饮业零售额为 272.6 亿元，同比增长 11.9%。

5. 工业生产整体稳中有升

2013 年前三季度，青岛市规模以上工业实现增加值增长 11.22%，比上半年增长了 0.17 个百分点。其中，轻工业增长 9.5%，重工业增长 12.5%。从不同行业来看，青岛市 36 个工业大类行业中 35 个产值实现增长，增长率为 97.2%。其中，家电、石化等十条千亿级产业链完成产值 8948 亿元，占规模以上工业比重为 75.4%。

6. 对外贸易保持持续增长势态

2013 年前三季度，青岛市完成外贸进出口 561.31 亿美元，同比增长 5.6%，比上半年提高 0.1 个百分点。其中，出口 307.79 亿美元，进口 253.52 亿美元，同比分别增长了 2.6%、9.5%。出口额中，一般贸易出口 178.32 亿美元，增长 9.6%；加工贸易出口 112.29 亿美元，下降 8.9%。另外，实际使用外资 45.39 亿美元，增长 16%。

7. 财政收支增长缓慢，金融市场运行平稳

2013 年前三季度，青岛市公共财政预算收入实现 587.8 亿元，同比增长 16.8%，比上半年回落 1.2 个百分点。9 月末，青岛市金融机构本、外币存款余额 11 193 亿元，比年初增加 1327 亿元，其中人民币各项存款余额为 10 739 亿元，比年初增加 1256 亿元；金融机构本、外币贷款余额 9394 亿元，比年初增加 740 亿元，其中人民币各项贷款余额为 8660 亿元，比年初增加 692 亿元。

（二）青岛市房地产市场概况

1. 固定资产投资与房地产投资整体平稳增长，但二者增速有所回落

2013 年前三季度中，青岛市房地产开发累计完成额实现 783.8 亿元，增长 14.4%。第一、第二、第三季度的房地产开发投资额相比 2012 年同期有所增长，其中，第三季度同期增长最多。统计资料显示，青岛市第一季度同比增长了 13.3%，第二季度同比增长了 7.0%，第三季度同比增长了 24.0%。青岛市 2012~2013 年第三季度固定资产投资和房地产开发投资情况，具体如图 4.31 所示。

2. 房地产开发平稳发展，增速有所回落

如图 4.32 和图 4.33 所示，青岛市 2013 年前三季度商品房施工面积 6694.9 万平方

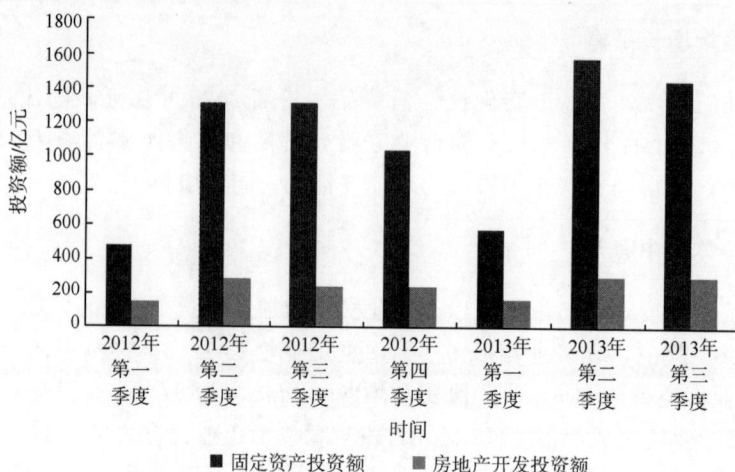

图 4.31　2012～2013 年前三季度青岛市固定资产投资和房地产开发投资情况

资料来源：青岛市统计信息网

米，同比增长 7.4%，商品房竣工面积 482 万平方米，同比下降了 3.3%。由图 4.32 可知，商品房施工面积在第一季度大都增长，这是因为房地产项目一般在年初开工。由图 4.33 可知，商品房竣工面积在年末，即 2012 年 12 月有大幅度增长，在 2013 年 1 月的竣工面积也比其他月份多，仅次于 12 月，这是因为房地产项目一般在年末或者年初竣工。2013 年商品房施工面积在前三季度同比分别增长 6.7%、0.8%、25.6%，由此可见，第三季度同比增长率最大。2013 年商品房竣工面积 2 月同比增长率为 23.2%，而3 月、4 月相对于 2012 年同期出现大幅下降。

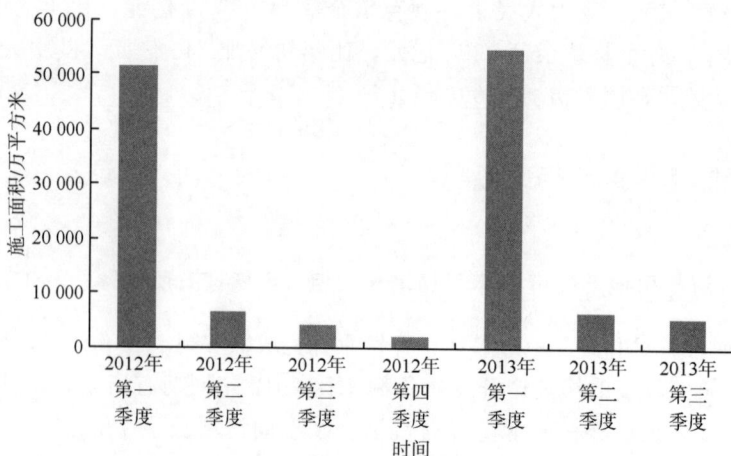

图 4.32　2012～2013 年前三季度青岛市商品房施工面积

资料来源：青岛市统计信息网

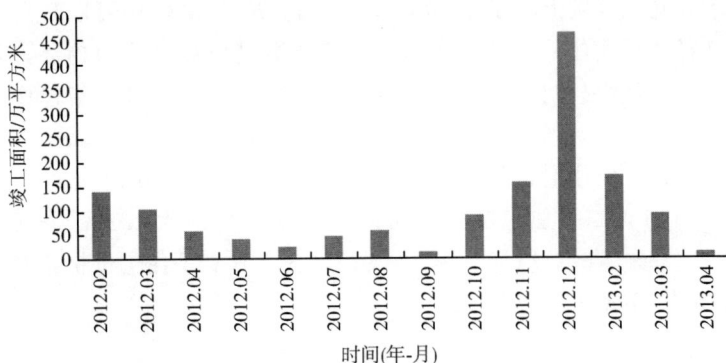

图 4.33 2012～2013 年 4 月青岛市商品房竣工面积
资料来源：青岛市统计信息网

3. 房地产销售稳步增长

如图 4.34 所示，2013 年前三季度青岛市房地产销售面积和销售额实现同步大幅度增长，其中，前三季度房地产销售额为 602.1 亿元，增长 22%；房地产销售面积为 722.6 万平方米，增长 19.1%。2013 年，相对于 2012 年同期，前三季度的房地产销售额与销售面积都有所增长，据统计资料显示，房地产销售面积前三季度同比增长率分别为 18.9%、32.8%、10.1%，其中，第二季度同比增长最多；房地产销售额同比增长率分别为 20.1%、40.3%、11.8%，其中，第二季度同比增长最多。

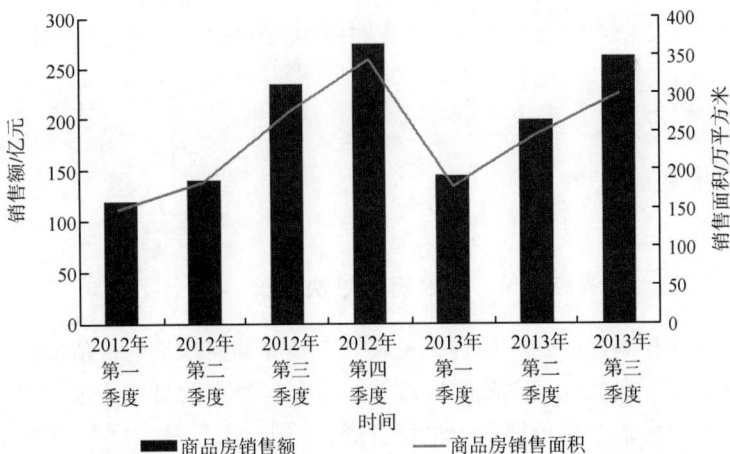

图 4.34 2012～2013 年前三季度青岛市商品房销售面积与销售额
资料来源：青岛市统计信息网

4. 房地产价格指数

如图 4.35 所示，2013 年 9 月青岛市新建住房价格指数与二手住宅价格指数分别为

108.9 和 102.9，同比分别上涨了 14.4％和 5.9％。从图 4.35 中可以看出，自 2012 年 1 月到 2013 年 9 月，新建住宅与二手住宅的价格指数呈稳步上涨的趋势，其中，新建住宅价格指数的增长速度快于二手住宅价格指数。2013 年 1～9 月，新建住宅各个月份同比增长率分别为 −2.20％、−1％、2.7％、7.5％、8.9％、10.0％、11.5％、12.9％、14.4％，在 1～2 月新建住宅价格指数有所下滑，在 3～8 月新建住宅价格指数是上涨的。2013 年 1～9 月，二手住宅各个月份同比增长率分别为 1.2％、−0.2％、2.7％、3.8％、5.6％、6.2％、6.2％、6.0％、5.9％，在 2 月二手住宅价格指数有所下滑，在 3～8 月二手住宅价格指数是上涨的。

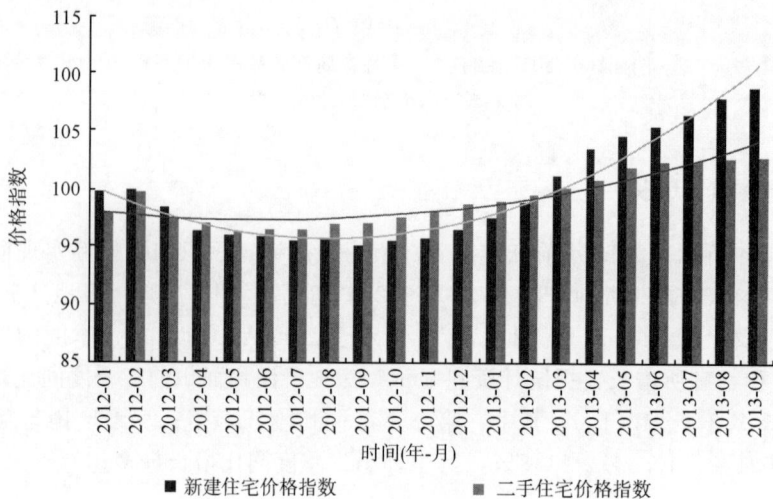

图 4.35　2012～2013 年前三季度青岛市新建住宅与二手住宅价格指数
资料来源：青岛市统计信息网

（三）政策建议

1. 仍需努力落实房地产调控政策，遏制房价过快增长

　　坚持住房向居住本性回归，信贷、税收和土地等调控政策的价值取向应是优先满足基本自住需求，继续严格执行"限购"政策，抑制房地产的投机需求，促进住房市场供需基本平衡，引导房地产市场健康、平稳发展。"国五条"地方实施细则出台后，目前只有北京等少数城市按二手房转让所得的 20％计征个人所得税，大部分地区并未真正执行。因此，对于无法确认原值或其他合理费用的住房，建议青岛市可按总售价的 2％～3％缴纳个人所得税，这样可以简便易行。努力落实房地产调控政策，遏制房价过快增长是当前各大城市的房地产市场必须实现的目标。

2. 鼓励支持首套、中小户型住房消费

我国城镇人均居住面积已达到了中等收入国家的平均水平，不应鼓励大户型住宅的发展，小型舒适型住房的建设不仅节能、环保、省地、长期和可持续，而且可以节约使用银行信贷资金，降低不良资产比率。《2004 年中国房地产金融报告》中提出，提倡节约使用住房的消费理念，鼓励中小户型住房消费，满足绝大多数居民的基本居住需要。要提倡人人首先有房住，而不是少数人有多个房屋产权。

因此，青岛市可以通过对首次置业或购买中小户型的家庭实行优先满足贷款需求，提高批贷效率，或实行较低的首付比例和优惠利率等优惠政策，支持"先小后大、先租后买"的住房梯级消费行为，使得住房需求有序释放。通过二手房租售市场盘活存量资源，增加整体住房的有效供给。

3. 中性的房地产金融政策要循序渐进

从国际经验来看，利率等金融政策变化对房地产市场波动有很大的影响，而我国近年来房地产市场波动也与利率调整有很大的关系。建议通过实行中性的住房金融政策，稳定市场需求，从而实现房地产市场平稳运行。

为了避免房地产市场在短期内需求发生大幅波动，应该让住房金融政策相对稳定。在调节利率时，应该采取相应的政策以对冲掉利率改变对房地产市场波动的影响。例如，实行住房首付和贷款利率反向调整政策，在贷款利率下调时，适当上调首付比例，防止因利率政策调整造成购房人支付能力在短期内发生重大变化，进而造成市场需求大幅波动。

4. 建立长效的保障性住房投融资体系

首先，要加大财政投入力度。青岛市在积极争取上级补助资金和政府公共预算优先安排的基础上，一是要确保土地出让收益用于廉租房和公租房建设的比例；二是要确保年度住房公积金增值收益扣除风险准备金和管理费之后的余额全部用于廉租房和公租房建设；三是要提高地方政府债券用于廉租住房建设的比例。

其次，建立市场化融资平台。一方面，吸引各种资金参与保障性住房建设；另一方面，发挥住房公积金支持保障性住房建设的作用。

再次，建立保障性住房债务偿还机制。随着保障性住房建设规模的逐年扩大，资金需求不断增加，财政投入已经不能满足需要其对资金的需求。因此，通过举债融资筹集保障性住房建设资金已成为必然选择，同步建立举借债务偿还机制势在必行。

最后，盘活现有的保障性住房存量资源。一方面，保障性住房并轨建设和转换等工作要做好。随着经济社会的快速发展，以及退出机制的不断完善，保障性住房的保障对象将逐步减少，要积极探索廉租房、公租房并轨建设和转换工作；另一方面，做好廉租住房租金的收取工作。

五、广州市 2013 年 1～10 月房地产市场分析

（一）广州市 2013 年前三季度经济形势概况

广州市统计局数据显示，在第三产业的带动下，2013 年前三季度广州市地区生产总值稳步上升，固定资产投资稳定上升，工业品出厂价格指数略有回落，城市居民消费价格总指数有小幅上升。

广州市的经济运行主要呈现以下几个特点。

1. 生产总值上升较大，第三产业拉动作用显著

2013 年前三季度，广州市地区生产总值为 11 127.89 亿元，同比上升 12.00％，其中第一产业增加值 158.49 亿元，同比上升 2.00 ％；第二产业增加值 3849.97 亿元，同比上升 9.10 ％；第三产业增加值 7119.43 亿元，同比上升 14.10 ％。三大产业增加值比重分别为 1.42％、34.60％和 63.98％，可见第三产业仍然是广州市经济增长的重要支柱。

2. 固定资产投资稳定上升，民营投资有较大提升

2013 年 1～10 月，广州市全社会固定资产投资 3303.11 亿元，同比上升 19.60％。其中房地产开发投资 1230.22 亿元，同比上升 18.60％；中央和省属固定资产投资 600.02 亿元，同比上升 33.60％；市属固定资产投资 2703.09 亿元，同比上升 16.90％；民营固定资产投资 1265.27 亿元，同比上升 34.90％；国有固定资产投资 890.61 亿元，同比上升 3.50％。民营固定资产投资在广州市全社会固定投资额中占有较大比重，与 2012 年同期相比上升明显。

3. 工业品出厂价格指数略有回落，城市居民消费价格总指数有小幅上升

2013 年 1～10 月，广州市工业品出厂价格指数 98.20，同比下降 1.80％；城市居民消费价格总指数 102.70，同比上升 2.70％。虽然 PPI 有所回落，CPI 有所上升，但幅度都较小，广州市价格水平较为稳定。

（二）2013 年 1～10 月广州市房地产市场概况

1. 房地产开发投资增速依旧处于高位

2013 年 1～10 月，广州市累计房地产开发投资额为 1230.22 亿元，同比增长 18.60％。由图 4.36 可知，2013 年 2～4 月，广州市房地产开发投资累计增速接近 40％，虽然年末增速有所下降，但依旧处于较高水平。

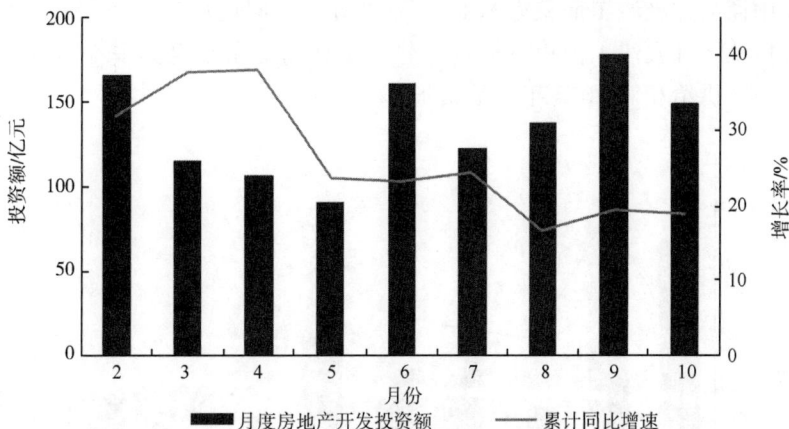

图 4.36　2013 年 1～10 月广州市月度房地产开发投资额及累计同比增速

资料来源：广州市统计局

2. 房地产开发施工面积稳定上升

2013 年 1～10 月，广州市累计房地产开发施工面积为 8534.63 万平方米，同比增长 14.00%，其中商品住宅施工面积为 5279.33 万平方米，同比增长 12.50%。由图 4.37 可知，广州市房地产开发施工面积处于逐月稳定上升的趋势，施工面积既包括新开工面积，也包括往期开工当期在建面积，所以广州市稳定上升的施工面积与近几年房地产开发投资稳定增加有很大关系。

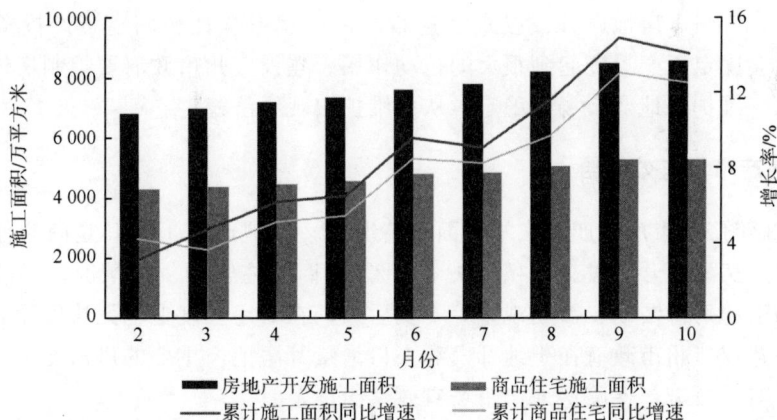

图 4.37　2013 年 1～10 月广州市累计房地产开发施工面积及累计增速

资料来源：广州市统计局

3. 房地产开发竣工面积大幅回落

2013 年 1～10 月，广州市累计房地产开发竣工面积为 644.63 万平方米，同比增长

1.80％，其中商品住宅竣工面积为 431.26 万平方米，同比增长 9.30 ％。由图 4.38 可知，广州市房地产开发竣工面积由年初 40％以上的增速滑落至近乎 0 增速，可见 2013 年广州市房地产供给相对 2012 年非常紧张。

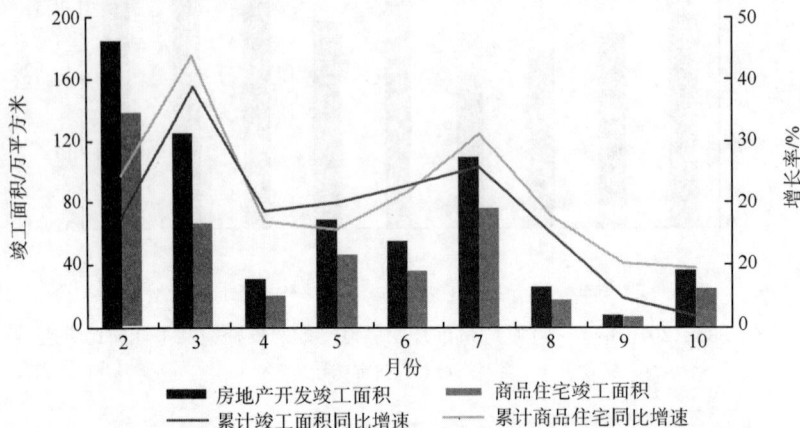

图 4.38　2013 年 1～10 月广州市月度房地产开发竣工面积及累计增速

资料来源：广州市统计局

（三）政策建议

1. 严格控制房地产开发投资增速过热

近几年，广州市房地产开发投资增速较高，一直占全社会固定资产投资的较高比重，这对社会固定资产投资起到很大的拉动作用。建议广州市政府要控制房地产开发投资过度上涨，维护房地产市场的稳定，从而维护宏观经济稳定。

2. 保障房地产市场有效供给

从 2013 年广州市房地产开发竣工面积情况看，房地产竣工尤其是商品住宅竣工面积起伏较大。房地产开发竣工面积反映了 2013 年商品住宅的供给情况，供给出现较大波动很容易引起房价波动、市场观望等不良后果，在一定程度上也无法保障商品住宅的有效供给。建议广州市政府在土地开发和人口增量等房地产重要的供需变量上制订相应的计划或针对性政策，保障房地产市场有效供给稳定。

六、深圳市 2013 年 1～10 月房地产市场分析

（一）深圳市 2013 年 1～10 月经济运行状况

从 2013 年 1～10 月深圳市的经济运行情况来看，2013 年深圳市的经济增长总体呈

现稳中有进的态势。2013 年前三季度，深圳市全市的生产总值达到 10 083.34 亿元，与 2012 年同期相比增长 9.7%，比同期全国水平高 2.0 个百分点，较广东全省高 1.2 个百分点。此外，产业结构持续优化，主要表现为第三产业比重持续提升、支柱产业支撑作用增强、战略性新兴产业发展表现较好、先进制造业和高技术制造业增速提高等特点。总体上看，2013 年深圳市的发展状况平稳且发展质量稳中有升，具体呈现以下几个特点。

1. 工业生产水平平稳增长

2013 年 1～10 月，深圳市规模以上工业增加值为 4557.07 亿元，比 2012 年同期增长 8.6%，增速与 2012 年前三季度持平，比 2012 年同期提高 3.1 个百分点。其中，股份制企业增加值为 2038.37 亿元，增长 14.9%；通信设备、计算机及其他电子设备制造业增加值为 2504.09 亿元，增长 10.7%。

2. 固定资产投资水平稳步增长

2013 年 1～10 月，深圳市实现固定资产投资 1956.56 亿元，增长 12.9%，增速比 2012 年前三季度提高 0.4 个百分点，比 2012 年同期提高 0.8 个百分点，达到 2013 年以来的最高增速。其中，第二产业投资 296.31 亿元，下降 29.8%；第三产业投资 1657.35 亿元，增长 25.9%。城市更新改造投资占固定资产投资比重达 12.3%。

3. 社会消费品零售总额增速持续回升

2013 年 1～10 月，深圳市实现社会消费品零售总额为 3579.68 亿元，增长 9.8%，增速比 2012 年前三季度提高 0.2 个百分点，达到 2013 年以来的最高增速。

4. 外贸出口增速逐步回落

据深圳市海关统计，2013 年 1～10 月，深圳市进出口总额为 4496.53 亿美元，增长 20.8%，增速比 2012 年前三季度回落 4.3 个百分点。

5. 财政金融运行良好

2013 年 1～10 月，深圳市实现公共财政预算收入 1538.35 亿元，增长 17.0%；公共财政预算支出 1246.35 亿元，增长 7.4%。

（二）2013 年深圳房地产市场概况

如图 4.39 所示，从 2013 年年初到 12 月，深圳市二手房房屋销售均价未低于 19 000元/平方米，呈现持续上升的态势，平均环比涨幅为 2.23%。除了 6 月环比价格呈现下降外，其他月份的价格均保持了上涨，一反 2012 年初深圳房地产市场出现的下行趋势。

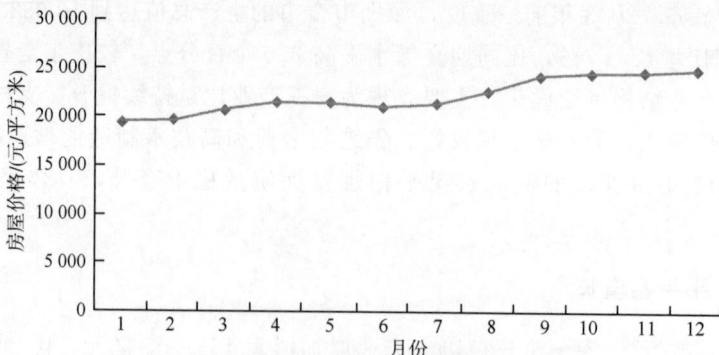

图 4.39　2013 年深圳市二手房房屋价格走势
资料来源：安居客网站数据

（三）政策建议

1. 加强房地产市场数据公开

2013 年以来，深圳市房地产市场呈现的主要问题表现为房地产市场数据公开透明的有限性。本年度以来，深圳市官方房地产市场数据较往年公开的频次和完整性均较弱，为本报告发布以来最难以获取的一年。我们认为，在当前国家三令五申调控房地产市场，并对各主要省、市下达调控目标要求的背景下，数据的及时、准确公开是对调控政策最大的配合，不但有助于房地产市场的调控，而且也有利于各界监督、协助地方政府的房地产市场调控。而从本报告 2013 年度对深圳市房地产数据的调研情况来看，在房地产市场数据公开方面深圳市还有待加强。

2. 严格执行房地产调控政策

虽然 2013 年本报告未能从官方渠道获得深圳市房地产市场的相关数据，但是从我国最大的几个房地产网站之一的"安居客"房地产网站，我们获得了由该网站深圳地区房地产"置业顾问"给出的二手房地产价格数据。从该数据来看，深圳市房地产市场的上涨趋势仍未改变。虽然从 2012 年的情况来看，限购、限贷等调控政策，对稳定房地产市场起到一定作用。但从长期的价格走势来看，这些政策的影响正在逐渐被市场所消化，因此有必要加强对房地产市场调控的执行，以防止政策的过快失效，进而反正价格及市场预期的过快反弹。

七、2013 年三、四线城市房地产市场分析

近几年来，我国三、四线城市房地产市场情况关注度越来越高，主要是由于某些

三、四线城市出现房地产市场大幅波动的情况。本节主要分析唐山市和鄂尔多斯市的房地产市场运行情况，以此说明我国一些三、四线城市房地产市场运行存在的问题。

（一）房地产开发投资与非农业人口

如图 4.40 所示，1996～2012 年，唐山市非农业人口由 176.38 万人增长到 246.7 万人，增幅为 39.87%。房地产开发投资由 6.51 亿元增长到 516.52 亿元，增幅为 7828.77%；其中住宅开发投资由 10.67 亿元增长到 374.24 亿元，增幅为 3405.99%。

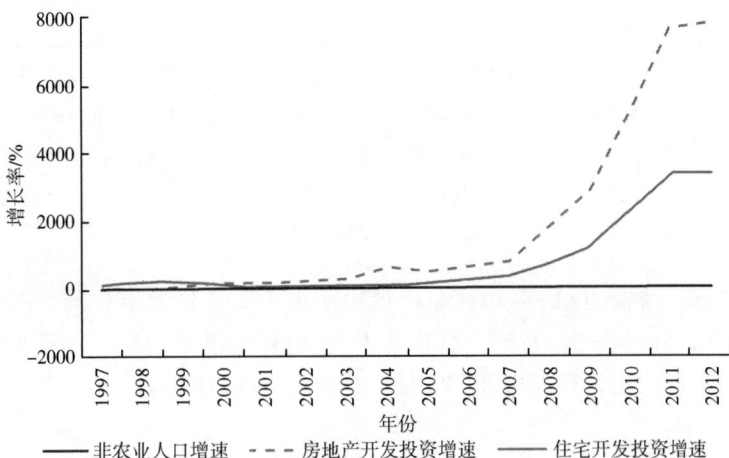

图 4.40　唐山市房地产开发投资与人口增速
（均以 1996 年为基期）
资料来源：Wind 数据库

如图 4.41 所示，2007～2012 年，鄂尔多斯市非农业人口由 46.34 万人增长到 47.99 万人，增幅为 3.56%。2007～2011 年，鄂尔多斯市房地产开发投资由 88.38 亿元增长到 457.80 亿元，增幅为 417.97%；其中住宅开发投资由 63.26 亿元增长到 227.03 亿元，增幅为 258.89%。

房地产市场尤其是住宅市场的主要需求来自非农业人口数量，唐山市和鄂尔多斯市均属三、四线城市，人口流动性不大，刚性需求并不强。但是由上述的数据可以发现，这两个城市的房地产开发投资和住宅开发投资的增长速度已经大大超过了人口的增长速度。快速增长的投资产出的房地产和住宅大部分由本地人口"消化"，许多家庭持有的房子都远远超过一套，所以当房地产市场受到微小冲击的时候很容易使家庭抛售房子，从而引发剧烈波动。

（二）商品房与住宅销售情况

如图 4.42 所示，2002～2011 年，唐山市商品房销售面积由 117 万平方米增长到

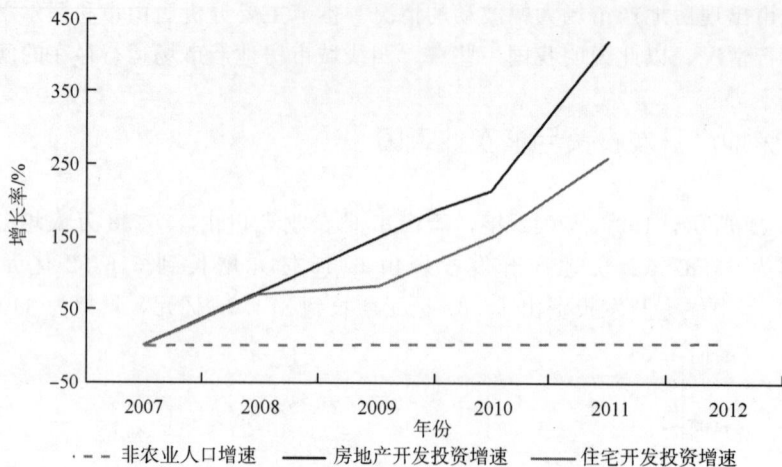

图 4.41　鄂尔多斯市房地产开发投资与人口增速
（均以 2007 年为基期）
资料来源：CEIC 数据库

686.78 万平方米，增幅为 487%；商品房销售额由 17.70 亿元增长到 355.98 亿元，增幅为 1911.19%；2005～2011 年，唐山市住宅销售面积由 151.57 万平方米增长到 595.65 万平方米；住宅销售额由 31.93 亿元增长到 291.61 亿元。

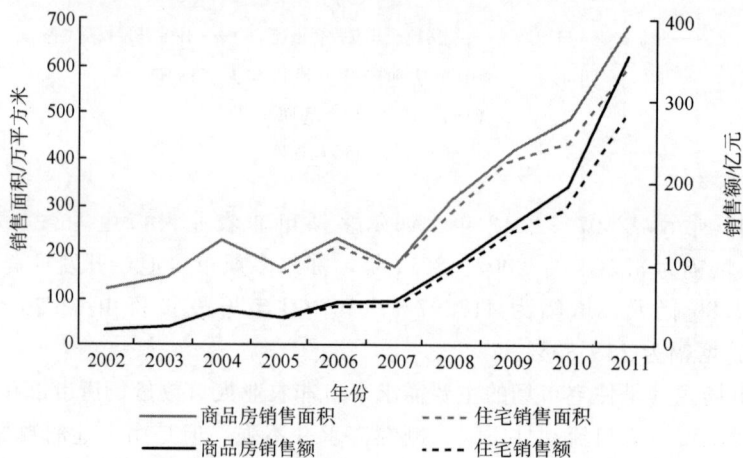

图 4.42　唐山市商品房销售与住宅销售情况
资料来源：Wind 数据库

如图 4.43 所示，2007～2011 年，鄂尔多斯市商品房销售面积由 416.37 万平方米增长到 459.88 万平方米，其中住宅销售面积由 327.95 万平方米增长到 360.68 万平方米；商品房销售额由 118.13 亿元增长到 224.28 亿元；其中住宅销售额由 81.12 亿元增长到 155.82 亿元。

唐山市的商品房销售情况在 2007 年出现了比较显著的加速，在 2007 年以前商品房销售和住宅销售增速比较平缓，但是在 2007 年以后唐山市的商品房销售快速上升，销售面积和销售额增速都呈明显的上升趋势。鄂尔多斯市的商品房销售也有类似唐山市的特点，不同的是在 2011 年，鄂尔多斯市商品房销售出现了明显的转折，商品房和住宅的销售面积与销售额增速下降，随后鄂尔多斯房地产泡沫破裂。

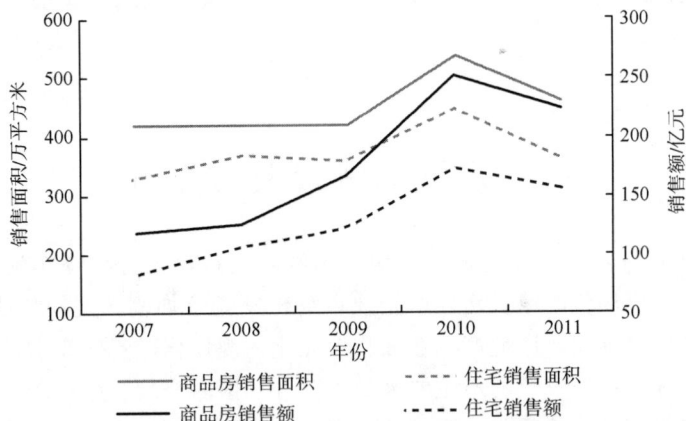

图 4.43　鄂尔多斯市商品房销售与住宅销售情况
资料来源：CEIC 数据库

（三）房地产市场的问题和对策

综合以上分析，以唐山市和鄂尔多斯市为代表的部分三四线城市房地产市场出现了泡沫程度比较高的问题，其房地产投资增速远远超过人口增速，同时商品房销售急转直上必然造成房价的波动。产生这些问题的主要原因有三个：一是地方政府土地供给规划性差，个别地方政府过于依赖土地财政，土地供给过量导致当地房地产库存化严重；二是经济发展结构不合理，房地产投资过量不仅当地家庭无法"消化"，还会挤压其他行业的资金需求；三是投资、投机问题严重，一些三四线城市缺乏投资品，资金大量涌入房地产市场，企图借房地产市场的火爆局面分一杯羹，从而引发泡沫经济。

针对这些原因，政府应该制定相应的对策，例如，一是制定合理可持续的土地供给规划，对当地人口增长等刚性需求因素有客观科学的认识和预测，避免土地过量供给。二是经济结构合理健康，泡沫经济程度高的城市往往经济比较发达，有自己的优势产业，政府可以继续发展优势产业，充分发展配套服务行业，而不是一味的鼓励房地产投资。三是抑制投机性需求，必要的时期可以采用一线城市的限制性调控措施，实行差别化的调控政策。

第五章　2013 年房地产金融形势分析

一、房地产融资渠道分析

2013 年我国经济发展平稳增长，金融市场健康运行，央行继续实施稳健的货币政策，加大推进利率市场化改革。房地产企业市场份额竞争加剧，规模扩张的压力增大，加之经营性地产资金沉淀，房地产企业面临多元化、规模化融资的需求。一直以来，自筹资金是房地产开发投资资金的最主要来源，此外，国内贷款、股市融资、房地产信托也是房地产开发投资资金的重要组成部分。在此背景下，我国房地产行业融资环境逐步改善，房地产贷款快速增长，股市融资体系进一步完善，房地产信托再次探头。

（一）商业性房地产贷款

1. 2013 年前三季度商业性房地产贷款情况

2013 年第一季度，我国经济发展开局保持平稳增长态势，金融市场平稳运行，央行继续实施稳健的货币政策，银行体系流动性资金较为充裕。我国继续严格实施差别化住房信贷政策，支持保障性住房、中小套型普通商品住房和居民首套自住型商品房消费，坚决抑制投机性购房。第一季度，房地产贷款快速增长，住户贷款增速继续回升。3 月末，主要金融机构及小型农村金融机构、外资银行人民币房地产贷款余额为 12.98 万亿元，同比增长 16.4%，增速比上年末高 3.6 个百分点，增量占同期各项贷款增量的 27%。地产开发贷款余额为 1.04 万亿元，同比增长 21.4%，增速比上年末高出 9 个百分点，已经连续 10 个月稳步增长。房产开发贷款余额为 3.2 万亿元，同比增长 12.3%，增速比上年末高 1.6 个百分点。2013 年以来，金融机构贷款利率总体下降，但个人住房贷款利率略有走高，3 月加权平均利率为 6.27%，比年初上升 0.05 个百分点。3 月末，个人购房贷款余额为 8.57 万亿元，同比增长 17.4%，增速比上年末提高 3.9 个百分点。保障性住房建设方面，根据《国务院办公厅关于继续做好房地产市场调控工作的通知》（国办发〔2013〕17 号）精神，扎实推进保障性安居工程建设，全面落实 2013 年城镇保障性安居工程基本建成 470 万套、新开工 630 万套的任务。截止到 2013 年 3 月末，全国保障性住房开发贷款余额为 6139.9 亿元，同比增长 42.4%，第一季度增加 410 亿元，占同期房产开发贷款增量的 23.4%。此外，利用住房公积金贷款支持保障房建设试点工作稳步推进，截止到 3 月末，已发放住房公积金贷款 470.2 亿元，收回贷款本金 70.2 亿元，支持了 52 个城市 193 个保障房建设项目。

2013 年第二季度，我国经济平稳运行，转型升级进一步推进。央行加大推进利率市场化改革，自 2013 年 7 月 20 日起，我国放开贷款利率管制。货币信贷增长高位回落，房地产开发投资稳定增长，房地产贷款较快增长，其中，地产和房产开发贷款增速回落，个人购房贷款增长较快。截止到 6 月末，主要金融机构及小型农村金融机构、外资银行人民币房地产贷款余额为 13.56 万亿元，同比增长 18.1%，增速比上季度末高出 1.7 个百分点，增量占同期各项贷款增量的 27.1%。地产开发贷款余额为 1.06 万亿元，同比增长 17.2%，增速比上季度末低 4.2 个百分点。房产开发贷款余额为 3.26 万亿元，同比增长 11%，增速比上季度末低 1.3 个百分点。个人购房贷款余额为 9.07 万亿元，同比增长 21.1%，增速比上季度末高出 3.7 个百分点，上半年增加 9628 亿元，同比多增 6173 亿元。保障性住房方面，我国保障性住房信贷支持力度继续加大。截止到 6 月末，全国保障性住房开发贷款余额为 6580 亿元，同比增长 37.5%，上半年增加 850 亿元，占同期房产开发贷款增量的 35.5%。此外，住房公积金贷款支持保障性住房建设试点工作稳步推进，6 月末，已发放住房公积金贷款 519 亿元，收回贷款本金 84 亿元，支持了 59 个城市 227 个保障房建设项目。

2013 年第三季度，我国经济平稳向好，经济增长稳步在合理区间。我国自 2013 年 7 月 20 日放开金融机构贷款利率管制之后，又相继推动建立金融机构市场利率定价自律机制、贷款基础利率集中报价和发布机制。货币信贷较快增长，贷款结构有所改善，房地产开发投资增速放缓，房地产贷款稳定增长。9 月末，主要金融机构及小型农村金融机构、外资银行人民币房地产贷款余额为 14.17 万亿元，同比增长 19%，增速比上季度末高出 0.9 个百分点，1～9 月增加 1.9 万亿元，同比多增 9176 亿元。地产开发贷款余额为 1.08 万亿元，同比增长 13.1%，增速比上季末回落 4.1 个百分点。房产开发贷款余额为 3.43 万亿元，同比增长 14.9%，比上季末回升 3.9 个百分点。个人购房贷款余额为 9.47 万亿元，同比增长 21.2%，增速比上季末高出 0.1 个百分点，1～9 月增加 1.37 万亿元，同比多增 6931 亿元。保障房信贷支持力度继续加大。9 月末，全国保障性住房开发贷款余额为 6863.4 亿元，同比增长 31.3%，增速比上季度末回落 6.2 个百分点，1～9 月增加 1134 亿元，占同期房产开发贷款增量的 28.1%。此外，住房公积金贷款支持保障性住房建设试点工作稳步推进，截至 9 月末，已发放住房公积金贷款 573.2 亿元，收回贷款本金 105 亿元，支持了 64 个城市 258 个保障房建设项目。

2. 商业性房地产贷款分析

从图 5.1 可以看出，2013 年前三季度地产开发贷款余额、房产开发贷款余额、个人购房贷款余额均呈现逐步增长趋势。随着货币信贷较快增长，房地产行业融资环境逐步改善。2013 年前三季度，主要金融机构及小型农村金融机构、外资银行人民币房地产贷款余额由 12.98 万亿元增长到 14.17 万亿元，增长率达到 9.17%。

其中，地产开发贷款余额由 1.04 万亿元增长到 1.08 万亿元，涨幅达到 3.85%，

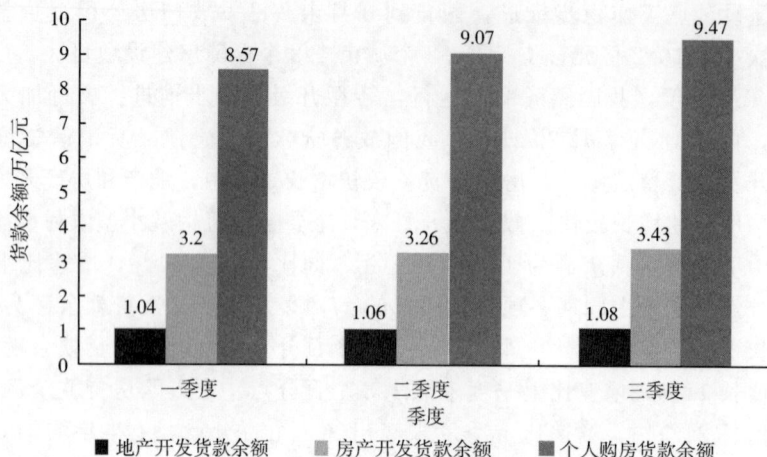

图 5.1　2013 年前三季度商业性房地产贷款余额情况

资料来源：中国人民银行

三个季度中，地产开发贷款余额占房地产贷款余额的比例由 8.12％下降为 7.73％；房产开发贷款余额由 3.2 万亿元增长到 3.43 万亿元，涨幅为 7.19％。三个季度中，房产开发贷款余额占房地产贷款余额的比例由 24.98％降至 24.54％；个人购房贷款余额由 8.57 万亿元增长到 9.47 万亿元，涨幅为 10.50％，个人购房贷款余额占房地产贷款余额的比例由 66.90％增长为 67.74％。个人住房贷款较快增长，主要原因有两个方面：一是房地产市场回暖，个人住房贷款需求明显回升；二是由于个人住房贷款风险权重较低，金融机构从节约资本角度考虑，有较强动力推动此业务。

（二）股市融资

除利用自有资金和向银行贷款之外，房地产企业还可以采用股票市场进行融资。上市融资不仅可以增加资产，扩展经营规模，而且可以完善公司内部治理结构，确立现代企业制度，扩大企业知名度。但由于国内监管机构实施了更为严格的房企上市审批程序，房地产企业通过 IPO 进行融资也面临较大困难，房地产开发企业上市融资状况并不乐观。但是，随着我国金融业的迅速发展，以房地产投资基金为代表的股权类融资需求，将逐步挤压以银行为代表的债券类融资需求，成为房地产融资的重中之重。

（三）房地产信托

1. 总体概况

2013 年，我国信托发行成立的总体规模和数量均呈现出不断波动趋势。由于 2012 年监管层对房地产类信托产品严格监管，信托公司房地产业务受阻，信托产品发行放缓，信托公司信托业务主要转向基础产业。但在 2012 年年底，四部委联合发文，对地方政府融资行为提出严禁直接或间接吸收公众资金违规集资；切实规范地方政府以回购方式举借政府性债务行为；加强对融资平台公司注资行为的管理；进一步规范融资平台公司融资行为；坚决制止地方政府违规担保承诺行为五方面要求。受政策影响，部分信托公司不得不减少该类业务，基础产业类产品成立及发行均有所下降，房地产信托再次探头。2013 年前三季度，在基础产业类信托连连被压制的情况下，房地产信托再度发力，成立和发行一直保持着领先优势，再次成为信托公司业务开展的重点。

2. 2013 年 1～10 月房地产集合信托产品发行走势及特点

截至 2013 年 10 月末，房地产集合信托融资产品前 10 个月的发行规模、发行数量、平均规模如表 5.1 所示。2013 年，尽管"泛资管时代"竞争加剧对信托行业产生的冲击开始显现，加之房地产信托兑付密集到期，房地产信托风险加大，对房地产公司的资质和项目进展更加严格要求。2012 年 12 月，中融信托、中信信托等旗下产品爆出兑付危机，均涉及房地产项目。各信托公司对房地产投资信托仍然采取慎重发行的态度，但是房地产市场的回暖对于房地产信托无疑是一个不可忽略的利好消息。根据有关数据显示，2013 年 10 月，房地产集合信托产品发行数量当年累计 865 个，发行规模累计 29 254 788 万元，平均规模 33 820.56 万元。

表 5.1　2013 年 1～10 月房地产集合信托产品发行情况

月份	发行数量/个	发行规模/万元	平均规模/万元
1	107	3 291 880	30 765.23
2	49	1 267 424	25 865.8
3	82	2 347 076	28 622.88
4	61	1 774 757	29 094.38
5	112	3 490 337	31 163.72
6	91	3 874 245	42 574.12
7	120	4 055 595	33 796.63
8	104	4 026 820	38 719.42
9	73	2 575 723	35 283.88
10	66	2 550 930	38 650.45
当年累计	865	29 254 788	33 820.56

资料来源：用益信托工作室

房地产集合信托发行规模和发行数量在 2013 年 1～10 月的走势图，如图 5.2 所示。发行规模和发行数量基本处于上下波动走势。2 月，由于受到春节长假影响，工作日减少，信托公司进入休整期，集合信托市场总体回落，房地产信托发行规模和发行数量也随之降低。6 月，在"钱荒"的背景下，房地产集合产品发行数量有所回落，但发行规模呈现增长态势。9 月，适逢中秋佳节，工作日有所减少，房地产信托集合产品市场有所降温。

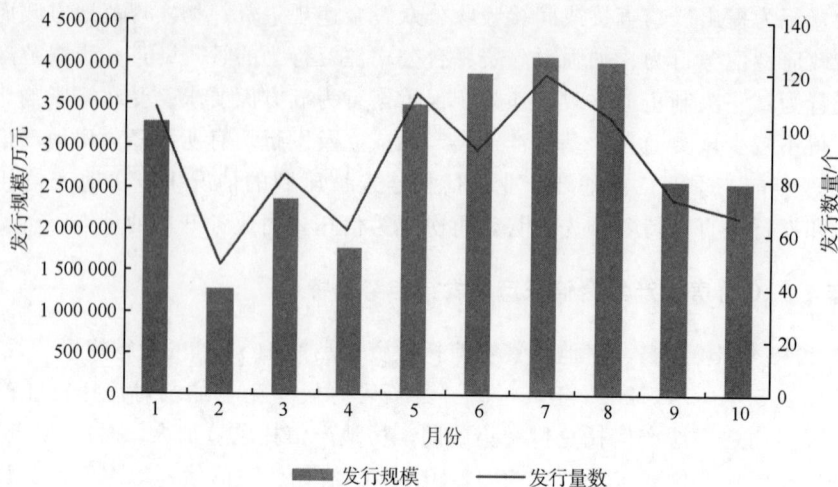

图 5.2　2013 年 1～10 月房地产集合信托产品发行规模和发行数量
资料来源：用益信托工作室

3. 2013 年 1～10 月房地产集合信托产品成立走势及特点

截至 2013 年 10 月末，房地产集合信托融资产品前 10 个月的成立情况如表 5.2 和图 5.3 所示。2013 年以来，房地产信托一直是主要业务之一，一季度房地产市场的复苏奠定了房地产信托恢复增长的基调，新"国五条"中也出现了被视为利好房地产的信息。受宏观经济和房地产市场的影响，房地产集合信托成立规模 6 月最高，为 3 200 331 万元，成立数量也在 8 月达到最高点，为 97 个。10 月末，房地产集合信托成立数量累计 770 个，成立规模累计 22 150 338 万元。

表 5.2　2013 年 1～10 月房地产集合信托产品成立情况

月份	成立数量/个	成立规模/万元	平均期限/年	平均收益率/%
1	77	2 128 197	2.13	9.73
2	64	2 250 705	2.02	9.79
3	79	1 839 331	1.93	9.75
4	73	1 883 150	1.96	9.9
5	82	2 135 611	2.05	9.18
6	86	3 200 331	1.77	9.22
7	87	2 645 780	1.82	9.36
8	97	2 428 739	1.81	9.36
9	78	2 402 043	1.98	9.47
10	47	1 236 451	1.95	9.65
当年累计	770	22 150 338	1.94	9.51

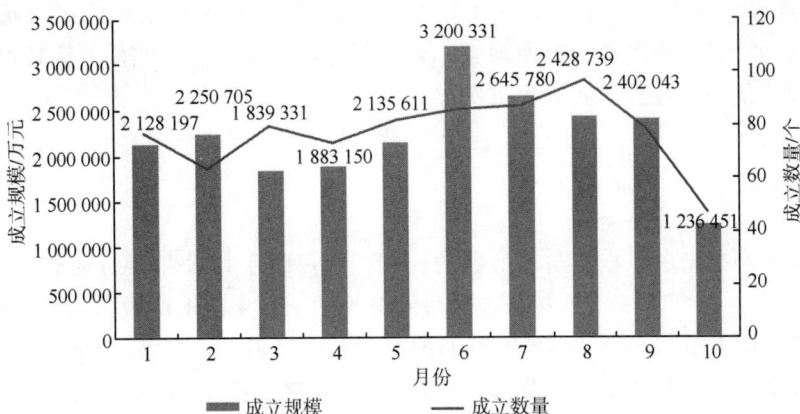

图 5.3　2013 年 1～10 月房地产集合信托产品成立规模和成立数量
资料来源：用益信托工作室

同期，房地产信托产品成立期限为 1.77～2.13 年，平均期限约为 1.94 年。考虑到宏观调控以及房地产市场风险等因素，2013 年 5 月份之前，房地产信托产品平均年收益率呈现出稳中有升、小幅波动趋势，5 月份出现了大幅下跌，但得益于房地产市场的回暖，房地产集合信托优势地位开始显现，自 5 月份之后房地产集合信托平均收益率开始不断上升（图 5.4）。

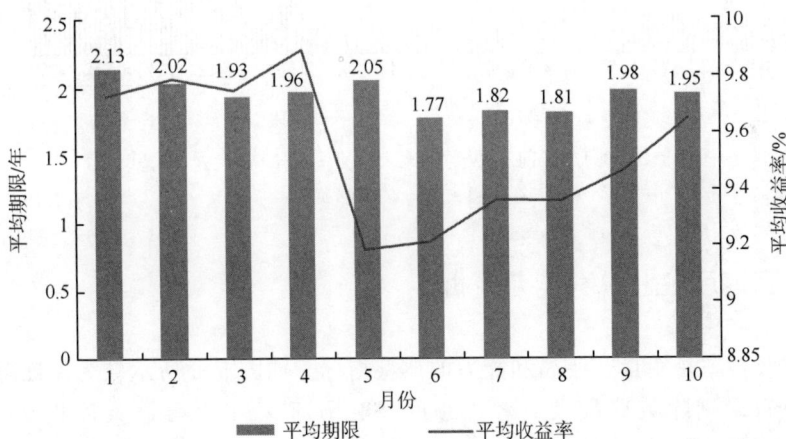

图 5.4　2013 年 1～10 月房地产集合信托产品成立的平均期限及平均收益率
资料来源：用益信托工作室

二、房地产企业经营状况分析

自从中央经济工作会议强调要"积极稳妥推进城镇化，着力提高城镇化质量"以来，城镇化成为未来中国经济增长的持续动力，并为房地产行业带来更大的市场空间。

随着 2013 年城镇化进程的推进及房地产市场逐步回暖，房地产企业的经营状况有了明显改善。房地产企业赢利能力有所增强，营运能力进一步提高。此外，房地产行业集中度显著增强，优势企业整体实力更加突出。

（一）房地产规模状况分析

每股净资产是指股东权益与总股数的比例，它反映了每股股票所拥有的资产现值。图 5.5 反映了 2013 年前三季度按证监会最新分类的 150 支房地产股票所对应的公司中，每股净资产状况及其对应于 2012 年年末的变动情况。其中，2013 年前三季度，有 50 家的每股净资产比上年年末有所降低，另外 100 家均有不同程度的增加。每股净资产数值增大，表明公司每股股票代表的财力增强，通常创造利润的能力和抵御外界风险的能力也有所增强。

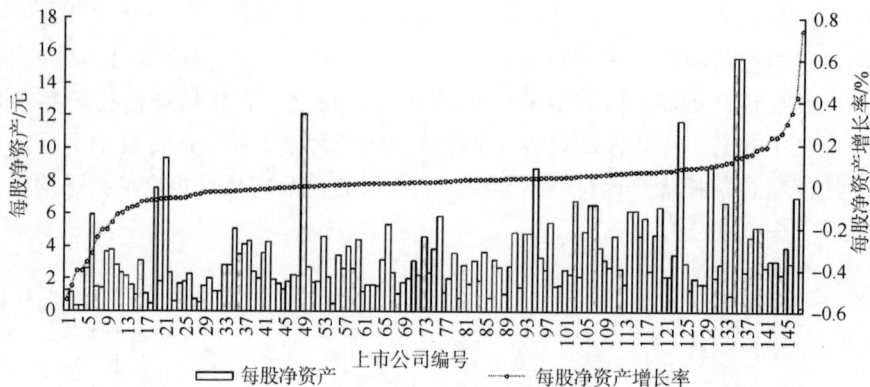

图 5.5　2013 年前三季度房地产企业每股净资产及其增长率

资料来源：Wind 数据库

（二）房地产企业赢利能力分析

净资产收益率是衡量企业赢利能力的典型指标。如图 5.6 所示（为保证图形的观测性，作图时暂时剔除数据过大或者过小的 *ST 国商、*ST 珠江、天津松江），在公布 2013 年前三季度摊薄净资产收益率相关数据的 150 支房地产股票所对应的房地产上市公司中，平均摊薄净资产收益率为 6.01%，比 2012 年的 4.34% 增加了近 2 个百分点。其中这 150 家企业中，有 128 家摊薄净资产收益率大于 0，而剩余 18 家则出现了不同程度的亏损。

稀释每股收益（EPS）是在基本每股收益的基础之上，假设该企业发行的所有稀释性潜在普通股均已转换为普通股，从而分别调整归属于普通股股东的当期净利润以及发行在外普通股的加权平均数计算得到的每股收益。EPS 的变化，是公司经营业绩变化较为直接的反映。2013 年前三季度公布财务报告的 150 支地产股所反映的房地产上市

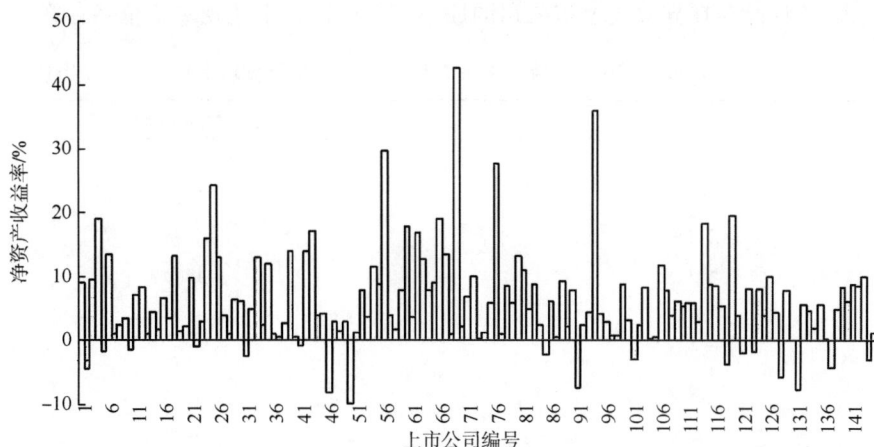

图 5.6　2013 年前三季度房地产企业净资产收益率 ROE（摊薄）

资料来源：Wind 数据库

企业的稀释每股收益，如图 5.7 所示（为保证图形的观测性，作图时暂时剔除了 EPS 过高的 *ST 国商以及尚未披露数据的香江控股）。2013 年前三季度这 150 支地产股所反映的稀释每股收益分布区间为−0.48 元/股～10.97 元/股，即使剔除财务状况可能出现异常的 *ST 国商，其分布范围也在−0.48 元/股～2.1 元/股，覆盖范围相对于 2012 年同期有了大幅增加。而 2013 年前三季度房地产行业平均稀释每股收益达到 0.3752 元/股，较之 2012 年同期水平也有所提升。

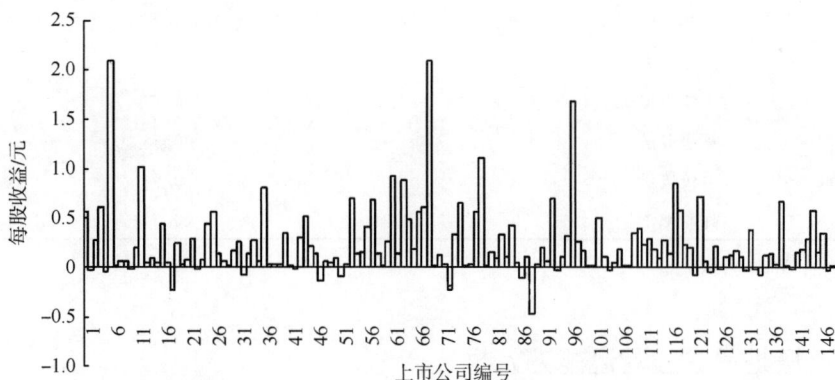

图 5.7　2013 年前三季度稀释每股收益 EPS-稀释

资料来源：Wind 资讯

2013 年前三季度，每股收益排名前 10 的房地产公司如表 5.3 所示。对比表 5.4 可以看出，受房地产市场回暖的影响，房地产企业收益赢利能力总体来讲具有良好的改观，前 10 名平均稀释 EPS 为 2.10，比 2012 年的 0.93 有较大幅度的增长。此外，相对于 2012 年同期各房地产上市公司赢利能力差距较小（0.54～1.69）而言，2013 年，排名前十的房地产企业赢利能力差距也逐渐拉大，第 10 名为 0.71，第 1 名为 10.97。即使不考虑财务状况存在异常的上市公司的股票 *ST 国商，上述现象也依然存在。

表 5.3　2013 年前三季度 EPS 排名前十的房地产企业　　　　　（单位：元）

上市公司	稀释 EPS
*ST 国商	10.97
招商地产	2.10
华夏幸福	1.68
冠城大通	1.10
深长城	1.01
荣盛发展	0.92
滨江集团	0.88
电子城	0.85
金科股份	0.80
珠江实业	0.71

资料来源：Wind 资讯

表 5.4　2012 年前三季度 EPS 排名前十的房地产企业　　　　　（单位：元）

上市公司	稀释 EPS
华夏幸福	1.69
深长城	1.54
招商地产	1.41
珠江实业	0.93
金科股份	0.8
荣盛发展	0.7
上实发展	0.57
福星股份	0.55
世茂股份	0.54
保利地产	0.54

资料来源：Wind 资讯

（三）房地产企业营运能力分析

速动比率可以衡量企业的短期偿债能力，它是流动资产中可以立即变现用于偿还流动负债的比例。按照证监会房地产企业分类标准，2013 年前三季度 150 家房地产企业速动比率如图 5.8 所示（为保证图形的观测性，作图时暂时剔除了速动比率过高的凌云 B 股、海德股份，以及速动比率变化较大的丰华股份）。其中，凌云 B 股所在公司速动比率为 24.63，海德股份所在公司为 18.59，均处于 10 以上。总体而言，截止到 2013 年第三季度末，150 家企业平均速动比率为 0.96，相比 2012 年同期的 0.8 有较大幅度的提升。其中，速动比率在 1 以上的有 26 家，其余 124 家均低于 1 的水平。这表明受房地产市场回暖的影响，我国房地产企业短期资金偿付债务的能力有了明显好转，但相比 2011 年上半年，我国房地产企业的短期偿债能力仍然具有继续改善的潜力。

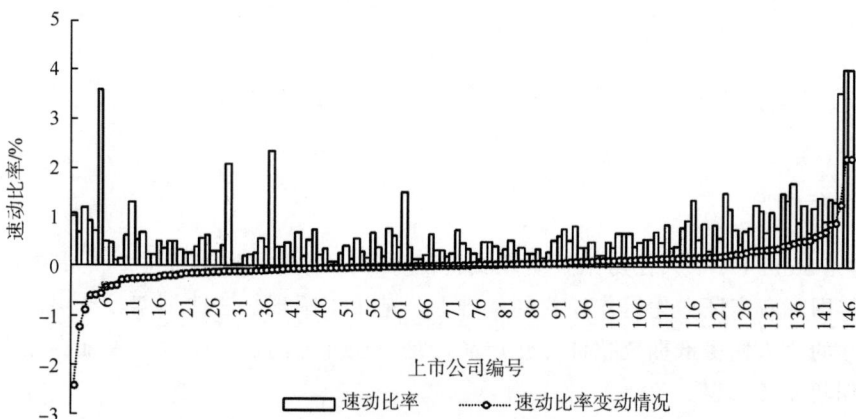

图 5.8　2013 年前三季度速动比率及其变动情况

资料来源：Wind 资讯

　　流动比率用来反映长期偿债能力，它通过流动资产与流动负债的比例来衡量。2013 年前三季度，150 家房地产企业流动比率如图 5.9 所示（为保证图形的观测性，作图时暂时剔除了流动比率过高的凌云 B 股、海德股份，以及流动比率变化较大的丰华股份）。其中，海德股份所在公司的流动比率为 22.99，凌云 B 股所在公司为 24.63，都达到了 20 以上。截止到 2013 年三季度末，150 家企业平均流动比率为 2.29，相比 2012 年同期的 2.25 也有一定幅度的改善。其中，流动比率在 2 以上的有 56 家，其余 94 家均低于 2 的水平。根据数据可以看出，随着我国城镇化步伐的加快，房地产市场集中度进一步提高，房地产企业不断分化。

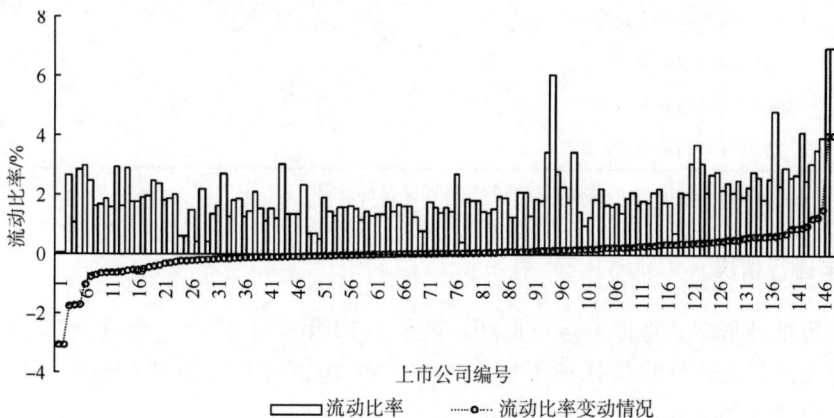

图 5.9　2013 年前三季度流动比率及其变动情况

资料来源：Wind 资讯

三、房地产金融产品运行分析

（一）"建元 2005-1" 个人住房抵押贷款支持证券 2012 年运行情况

1. 初始发行情况

"建元 2005-1" 个人住房抵押贷款支持证券（以下简称建元证券）是由中国建设银行在借鉴国际资产证券化运作模式的基础上，基于中国现行法律框架设计出的切合我国当前实际的个人住房抵押贷款证券化产品，是一项开国内住房抵押贷款证券化先河的重要金融创新业务（表 5.5）。

表 5.5 "建元 2005-1" 初始起算日资产池中抵押贷款总体特征

项目	数据
贷款笔数/笔	15 162
本金余额/元	3 016 683 138
单笔贷款最高本金余额/元	1 868 239
单笔贷款平均本金余额/元	198 963
合同金额/元	3 721 203 071
单笔贷款最高合同金额/元	2 000 000
单笔贷款平均合同金额/元	245 430
加权平均贷款年利率/%	5.31
加权平均贷款合同期限/月	205
加权平均贷款剩余期限/月	172
加权平均贷款账龄/月	32
加权平均贷款初始抵押/%	67.19
加权平均借款年龄/岁	36

资料来源：《"建元 2005-1" 个人住房抵押贷款支持证券发行说明书》

2. 2013 年运行情况

该住房抵押贷款支持证券运行良好，截至 2013 年 6 月 30 日，根据《"建元 2005-1" 个人住房抵押贷款证券化信托项下资产支持证券 2013 年跟踪评级报告》，截至报告期末的资产池情况如表 5.6 和表 5.7 所示。

表 5.6 "建元 2005-1"报告期末资产支持证券信息

资产支持证券	信用等级		证券本金余额及比例		
	上一跟踪期等级	报告日信用等级	计算日本金余额/元	（计算日本金余额/信托设立日本金额）/%	（计算日本金余额/资产池未偿本金额）/%
A 级资产支持证券	AAA	AAA	0.00	0.00	0.00
B 级资产支持证券	AAA	AAA	156 120 130.87	76.67	48.94
C 级资产支持证券	AAA	AAA	52 791 900.00	100.00	16.55
次级资产支持证券	未评级	未评级	90 500 638.00	100.00	28.37

资料来源：《"建元 2005-1"个人住房抵押贷款证券化信托项下资产支持证券 2013 年跟踪评级报告》

表 5.7 "建元 2005-1"报告期末资金池信息

计算日资产池未偿本金余额/元	（计算日未偿本金余额/初始起算日未偿本金余额）/%	贷款笔数/笔	（计算日贷款笔数/初始起算日贷款笔数）/%	加权剩余期限/月
318 980 674.99	10.57	2941	19.40	114.35

资料来源：《"建元 2005-1"个人住房抵押贷款证券化信托项下资产支持证券 2013 年跟踪评级报告》

中诚信国际基于跟踪期内获得的贷款服务机构、交易管理机构、受托机构相关报告及其他信息资料，对资产池的信用表现、贷款服务机构和资金保管机构的信用状况进行了持续跟踪监测。根据分析、测算结果，中诚信国际认为，与上一跟踪期相比，中国建设银行股份有限公司"建元 2005-1 个人住房抵押贷款证券化信托"项下 A 级资产支持证券已于 2013 年 2 月 26 日全部偿还完毕，B、C 级证券的信用质量与风险程度与上一次评级相比未有显著改变，故维持上一次获得的信用等级。目前各优先级证券评级为 A、B、C 级证券维持中诚信国际于 2012 年 7 月发布之信用等级，即 AAA 级。

（二）"建元 2007-1"个人住房抵押贷款支持证券

1. 初始发行情况

继"建元 2005-1"个人住房抵押贷款支持证券之后，建行又推出了"建元 2007-1 个人住房抵押贷款证券"。2007 年 4 月，经国务院批准，信贷资产证券化扩大试点工作正式展开。"建元 2007-1"住房抵押贷款支持证券于 2007 年 12 月 11 日在全国银行间债券市场成功发行，该项目采用信托交易结构，中国建设银行作为发起机构和贷款服务机构，中诚信托投资有限责任公司作为受托机构和资产支持证券的发行机构。"建元 2007-1"住房抵押贷款支持证券发行总额为 41.6 亿元人民币，分为 A 级、B 级、C 级和次级，占比分别为 86.1%、8.56%、1.98% 和 3.36%。该证券的初始发行情况如表 5.8 和表 5.9 所示。

表 5.8　"建元 2007-1" 个人住房抵押贷款证券发行概况

	发行金额/元	发行利率	法定最终到期日	评级（联合资信）	发行方式
A 级	2 582 348 600	浮动利率	2039-01-26	AAA	银行间市场公开发行
B 级	356 154 500	浮动利率	2039-01-26	A	银行间市场公开发行
C 级	82 381 500	浮动利率	2039-01-06	BBB	银行间市场公开发行
次级	139 799 108		2039-01-26		向发起人定向发行
总计	4 020 884 600				

资料来源：《"建元 2007-1" 个人住房抵押贷款支持证券发行说明书》

表 5.9　"建元 2007-1" 个人住房抵押贷款证券发行相关机构

机构	名称
受托机构	中诚信托有限责任公司
贷款服务机构	中国建设银行股份有限公司
资金保管机构	中国工商银行股份有限公司
登记机构/支付代理机构	中央国债登记结算有限责任公司
信用评级机构	联合资信评估有限公司

资料来源：《"建元 2007-1" 个人住房抵押贷款支持证券发行说明书》

　　"建元 2007-1" 初始起算日资产池中抵押贷款的总体特征如表 5.10 所示，显示了"资产池"在"初始起算日"营业终了的统计特征。所有加权平均和百分比数据的计算均以"初始起算日"营业终了的"资产池"中所有"抵押贷款"的本金余额为基础（表5.11）。

表 5.10　"建元 2007-1" 初始起算日资产池中抵押贷款总体特征

项目	数据
贷款笔数/笔	12 254
总本金余额/元	4 160 683 708
单笔贷款最高本金余额/元	2 842 537
单笔贷款平均本金余额/元	339 537
合同总金额/元	4 815 940 641
单笔贷款最高合同金额/元	2 980 000
单笔贷款平均合同金额/元	393 010
加权平均贷款年利率/%	5.95
单笔贷款最高年利率/%	7.83
加权平均贷款合同期限/月	222
加权平均贷款乘余期限/月	199
加权平均贷款账龄/月	23
加权平均贷款初始抵押率/%	72.85
加权平均贷款人年龄/岁	35

资料来源：《"建元 2007-1" 个人住房抵押贷款支持证券发行说明书》

表 5.11　"建元 2007-1"资产池中抵押贷款种类分布

贷款种类	合同金额/元	金额占比/%	贷款余额/元	余额占比/%	贷款笔数/%	笔数占比	平均每笔余额/元	加权平均初始抵押率/%
个人住房贷款	3 232 960 794	67.13	2 756 351 642	66.46	7.756	63.29	356 543.53	73.26
个人再交易住房贷款	1 582 979 847	32.87	1 395 332 066	33.54	4.498	36.71	310 211.66	72.05
合计	4 815 940 641	100.00	4 160 683 708	100.00	12.254	100.00	339 536.78	72.85

资料来源:《"建元 2007-1"个人住房抵押贷款支持证券发行说明书》

2. 2013 年运行情况

2013 年,"建元 2007-1"RMBS 产品整体运作情况良好,证券本息兑付正常,信息披露和资金划转未出现延迟和误差。根据《"建元 2007-1"个人住房抵押贷款资产支持证券 2013 年跟踪评级分析报告》,截止报告期末的资产池情况如表 5.12 所示。

表 5.12　"建元 2007-1"报告期末资产池概况

项目	本次跟踪日	上次跟踪日	初始起算日
资产池未偿本金余额/万元	93 896.83	119 372.22	416 068.37
贷款笔数/笔	4 327	5 156	12 254
入池贷款平均本金余额/万元	21.70	23.15	33.95
入池贷款最大本金余额/万元	206.47	217.53	284.25
加权平均贷款利率/%	4.74	5.09	5.95
加权平均抵押率/%	39.82	42.96	64.90
加权平均贷款账龄/年	7.53	6.54	1.95
加权平均剩余期限/年	12.55	13.08	16.58

资料来源:《"建元 2007-1"个人住房抵押贷款资产支持证券 2012 年跟踪评级分析报告》

资产池贷款未偿本金余额为 93 896.83 万元,剩余贷款笔数 4327 笔。相比信托财产初始起算日,加权平均抵押率由 64.90%下降至 39.82%,加权平均贷款利率由 5.95%下降至 4.74%,加权平均贷款账龄由 1.95 年增加至 7.53 年,加权平均贷款剩余期限由 16.58 年减少至 12.55 年。

截止到 2013 年 5 月 31 日,正常贷款有 4202 笔,金额 91 108.88 万元,占跟踪日资产池贷款余额的 97.03%;拖欠 1~30 天贷款有 57 笔,金额 1303.73 万元,占 1.39%;拖欠 31~60 天贷款有 11 笔,金额 257.70 万元,占 0.27%;拖欠 61~90 天贷款有 2 笔,金额为 34.23 万元,占 0.04%;拖欠 91~180 天的严重拖欠贷款共有 9 笔,余额为 191.61 万元,占 0.20%;未注销的违约贷款有 46 笔,余额为 1000.68 万元,占 1.07%(表 5.13)。

表 5.13   "建元 2007-1" 报告期末资产池贷款状态

贷款状态	笔数	金额/万元	所占比例/%
正常	4 202	91 108.88	97.03
拖欠 1~30 天	57	1 303.73	1.39
拖欠 31~60 天	11	257.70	0.27
拖欠 61~90 天	2	34.23	0.04
拖欠 91~120 天	5	95.88	0.10
拖欠 121~150 天	3	87.40	0.09
拖欠 151~180 天	1	8.33	0.01
违约（未注销）	46	1 000.68	1.07
合计	4 327	93 896.83	100

资料来源：《"建元 2007-1" 个人住房抵押贷款资产支持证券 2013 年跟踪评级分析报告》

通过分析宏观经济及房地产市场状况，在跟踪评级测算和分析的基础上，联合资信认为"建元 2007-1" 个人住房抵押贷款资产支持证券的信用状况与基础资产信用状况良好，主要参与机构履职能力稳定，优先级资产支持证券信用质量明显提升，确定各优先档信用等级如下：优先 A 档证券信用等级为 AAA，优先 B 档证券信用等级由 AA 上调为 AAA，优先 C 档证券信用等级由 BBB 上调为 AA。资产支持证券总付状况，如表 5.14 所示。

表 5.14   资产支持证券兑付状况

项目	本次跟踪日			上次跟踪日			发行日		
	金额/万元	占比/%	执行利率/%	金额/万元	占比/%	执行利率/%	金额/万元	占比/%	发行利率/%
优先 A 档	32 563.55	36.02	3.74	58 284.81	50.19	4.08	358 234.86	86.10	4.77
优先 B 档	35 615.45	39.40	4.24	35 615.45	30.67	4.58	35 615.45	8.56	6.07
优先 C 档	8 238.15	7.09	9.08	8 238.15	7.09	9.08	8 238.15	1.98	9.75
次级档	13 979.91	15.47		13 979.91	12.04		13 979.91	3.36	
合计	90 397.06	100		116 118.32	100		416 068.37	100	

资料来源：《"建元 2007-1" 个人住房抵押贷款资产支持证券 2013 年跟踪评级分析报告》

四、货币政策调整

存款准备金率、存贷款利率没有调整，继续执行稳健的货币政策。进入 2012 年以来，中国经济稳中向好，经济增长处在合理区间。消费平稳增长，投资增长较快；农业生产形势较好，工业结构调整逐步推进；消费价格涨幅和就业基本稳定。针对中国的经济形势，2013 年，存款准备金率、存贷款利率未发生调整（表 5.15、表 5.16）。

表 5.15 存款准备金率历次调整 （单位：％）

公布时间	生效日期	大型金融机构			中小金融机构		
		调整前利率	调整后利率	调整幅度	调整前利率	调整后利率	调整幅度
2012-05-12	2012-05-18	20.50	20.00	−0.50	17.00	16.50	−0.50
2012-02-18	2012-02-24	21.00	20.50	−0.50	17.50	17.00	−0.50
2011-11-30	2011-12-05	21.50	21.00	−0.50	18.00	17.50	−0.50
2011-06-14	2011-06-20	21.00	21.50	0.50	17.50	18.00	0.50
2011-05-12	2011-05-18	20.50	21.00	0.50	17.00	17.50	0.50
2011-04-17	2011-04-21	20.00	20.50	0.50	16.50	17.00	0.50
2011-03-18	2011-03-25	19.50	20.00	0.50	16.00	16.50	0.50
2011-02-18	2011-02-24	19.00	19.50	0.50	15.50	16.00	0.50
2011-01-14	2011-01-20	18.50	19.00	0.50	15.00	15.50	0.50
2010-12-10	2010-12-20	18.00	18.50	0.50	14.50	15.00	0.50
2010-11-19	2010-11-29	17.50	18.00	0.50	14.00	14.50	0.50
2010-11-09	2010-11-16	17.00	17.50	0.50	13.50	14.00	0.50
2010-05-02	2010-05-10	16.50	17.00	0.50	13.50	13.50	0.00
2010-02-12	2010-02-25	16.00	16.50	0.50	13.50	13.50	0.00
2010-01-12	2010-01-18	15.50	16.00	0.50	13.50	13.50	0.00
2008-12-22	2008-12-25	16.00	15.50	−0.50	14.00	13.50	−0.50
2008-11-26	2008-12-05	17.00	16.00	−1.00	16.00	14.00	−2.00
2008-10-08	2008-10-15	17.50	17.00	−0.50	16.50	16.00	−0.50
2008-09-15	2008-09-25	17.50	17.50	0.00	17.50	16.50	−1.00
2008-06-07	2008-06-25	16.50	17.50	1.00	16.50	17.50	1.00
2008-05-12	2008-05-20	16.00	16.50	0.50	16.00	16.50	0.50
2008-04-16	2008-04-25	15.50	16.00	0.50	15.50	16.00	0.50
2008-03-18	2008-03-25	15.00	15.50	0.50	15.00	15.50	0.50
2008-01-16	2008-01-25	14.50	15.00	0.50	14.50	15.00	0.50
2007-12-08	2007-12-25	13.50	14.50	1.00	13.50	14.50	1.00
2007-11-10	2007-11-26	13.00	13.50	0.50	13.00	13.50	0.50
2007-10-13	2007-10-25	12.50	13.00	0.50	12.50	13.00	0.50
2007-09-06	2007-09-25	12.00	12.50	0.50	12.00	12.50	0.50
2007-07-30	2007-08-15	11.50	12.00	0.50	11.50	12.00	0.50
2007-05-18	2007-06-05	11.00	11.50	0.50	11.00	11.50	0.50
2007-04-29	2007-05-15	10.50	11.00	0.50	10.50	11.00	0.50
2007-04-05	2007-04-16	10.00	10.50	0.50	10.00	10.50	0.50

续表

公布时间	生效日期	大型金融机构			中小金融机构		
		调整前利率	调整后利率	调整幅度	调整前利率	调整后利率	调整幅度
2007-02-16	2007-02-25	9.50	10.00	0.50	9.50	10.00	0.50
2007-01-05	2007-01-15	9.00	9.50	0.50	9.00	9.50	0.50

资料来源：中国人民银行

表 5.16　存贷款利率历次调整　　　　　　　　　　　（单位：%）

数据上调时间	存款基准利率			贷款基准利率		
	调整前利率	调整后利率	调整幅度	调整前利率	调整后利率	调整幅度
2012-07-06	3.25	3.00	−0.25	6.31	6.00	−0.31
2012-06-08	3.50	3.25	−0.25	6.56	6.31	−0.25
2011-07-07	3.25	3.50	0.25	6.31	6.56	0.25
2011-04-06	3.00	3.25	0.25	6.06	6.31	0.25
2011-02-09	2.75	3.00	0.25	5.81	6.06	0.25
2010-12-26	2.50	2.75	0.25	5.56	5.81	0.25
2010-10-20	2.25	2.50	0.25	5.31	5.56	0.25
2008-12-23	2.52	2.25	−0.27	5.58	5.31	−0.27
2008-11-27	3.60	2.52	−1.08	6.66	5.58	−1.08
2008-10-30	3.87	3.60	−0.27	6.93	6.66	−0.27
2008-10-09	4.14	3.87	−0.27	7.20	6.93	−0.27
2008-09-16	4.14	4.14	0.00	7.47	7.20	−0.27
2007-12-21	3.87	4.14	0.27	7.29	7.47	0.18
2007-09-15	3.60	3.87	0.27	7.02	7.29	0.27
2007-08-22	3.33	3.60	0.27	6.84	7.02	0.18
2007-07-21	3.06	3.33	0.27	6.57	6.84	0.27
2007-05-19	2.79	3.06	0.27	6.39	6.57	0.18
2007-03-18	2.52	2.79	0.27	6.12	6.39	0.27
2006-08-19	2.25	2.52	0.27	5.85	6.12	0.27
2006-04-28	2.25	2.25	0.00	5.58	5.85	0.27
2004-10-29	1.98	2.25	0.27	5.31	5.58	0.27
2002-02-21	2.25	1.98	−0.27	5.85	5.31	−0.54

资料来源：中国人民银行

中国人民银行发布的《2013 年三季度货币政策执行报告》指出：当前，国民经济稳中向好，银行体系流动性合理适度，信用总量总体增长较快，贷款结构有所改善。2013 年 9 月末，广义货币供应量 M2 余额为 107.7 万亿元，同比增长 14.2%，与 6 月末相比，增速提高了 0.2 个百分点。狭义货币供应量 M1 余额为 31.2 万亿元，同比增长 8.9%，与 6 月末相比，增速降低 0.1 个百分点。流通中货币 M0 余额为 5.6 万亿元，同比增长 5.7%。前三季度现金净投放 1833 亿元，同比减少 850 亿元。人民币贷款余额为 70.3 万亿元，同比增长 14.3%。前三季度社会融资规模为 13.96 万亿元。9 月份非金融企业及其他部门贷款加权平均利率为 7.05%。9 月末，人民币对美元汇率中间价为 6.1480。自 2005 年人民币汇率形成机制改革以来，至 2013 年 9 月末，人民币对美元汇率已累计升值 34.62%。

在《报告》中，央行指出下一阶段"将继续按照党中央、国务院的统一部署，贯彻宏观稳住、微观放活和稳中求进、稳中有为、稳中提质的要求，货币政策坚持总量稳定、结构优化的要求。继续实施稳健的货币政策，坚持政策的稳定性和连续性，增强调控的针对性、协调性，保持定力，精准发力，适时适度预调微调，把握好稳增长、调结构、促改革、防风险的平衡点，重点是创造一个稳定的货币金融环境，促使市场主体形成合理和稳定的预期，推动结构调整和转型升级。综合运用数量、价格等多种货币政策工具组合，健全宏观审慎政策框架，加强流动性总闸门的调节作用，引导货币信贷及社会融资规模平稳适度增长。同时，进一步优化金融资源配置，把政策落到实处，用好增量、盘活存量，更有力地支持结构调整，更好地服务于实体经济发展，引导和巩固经济稳中向好的走势。继续通过深化改革增强市场机制的作用，完善货币政策传导机制，提高金融资源配置效率，有效防范系统性金融风险，促进经济持续健康发展"。

第六章 2014 年房地产价格预测

2013 年 1~10 月，我国房地产市场运行较 2012 年同期有所放缓。供应方面，房地产开发投资增速放缓；新开工面积、竣工面积同比变化先增后降；需求方面，各地区商品房销售面积、销售额增速均出现回落，10 月份出现高位回落；资金方面，整体房地产企业资金来源增速呈现放缓趋势，但高于同期房地产开发投资额，除利用外资外，其他各项资金来源增速均有不同程度放缓；价格方面，全国商品房和住宅销售均价涨势趋稳。

2014 年我国房地产市场将继续保持稳定增长的局面，其中影响市场运行的长期因素分析如下：新型城镇化与房地产市场供需关联紧密，影响房地产市场需求结构、总体空间布局与供需平衡，房地产价格在长期上处于上升区间；居民收入增加在长期内将持续推动房价上涨；土地供应政策的调整成为影响房地产市场供应的核心要素，合理优化土地利用结构将抑制房价过快上涨。短期因素包括宏观经济整体运行保持良好，刚性需求依然是主体需求，房地产市场供给相对充足以及购房者涨价预期未变，同时还有市场调控思路"由抑制需求转向增加供给"，房产税扩容以及公租房"并轨"等政策性因素。

预测 2014 年我国房地产开发投资完成额约为 103 584 亿元，同比增长 19.9%，房地产企业购置土地投资额约为 13 253 亿元，同比增长 2.0%，商品房销售面积约为 139 250 万平方米，同比增长 6.3%，商品房销售额约为 93 290 亿元，同比增长 14.2%，房地产新开工面积约为 195 560 万平方米，同比增长 6.0%，商品房销售平均价格将达到 6690 元/平方米，同比增长 7.6%，其中一线城市商品房销售均价将达到 19 030 元/平方米，较 2013 年同比上涨 10.2%。

一、房地产市场短期预测

2013 年上半年，"国五条"的出台再次表明中央对房地产市场调控的决心，并再次对房地产市场发展过快的城市提出了严格的调控要求。部分城市出台了细则进一步加强调控，但多数城市是以控制房价为目标、加大土地供应等方式保障市场的供需平衡，以促进房地产市场的平稳发展。2013 年第三季度以来，在房地产调控政策环境总体平稳的情况下，中央政府着力强调房地产市场的长期调控机制，土地制度改革、保障房建设以及差别化信贷政策等继续实施。"国五条"出台以后，各地区房地产市场分化日益显著，多个城市根据当地实际情况对限购等行政手段进行了微调。展望 2014 年，房地产市场运行仍存在诸多的不确定性，新型城镇化、土地制度改革、房产税扩容等影响房地产市场运行的长期因素将为房地产市场的发展提供动力,但这些长效机制在短期内难以影响房地产市场的供需状况。而限购、差别化信贷调控、保障房建设、刚性需求增加等短期因素决定了房地产市场在短期内的发展趋势,未来的房地产市场形势以及房地产市场调控政策的变化与我国的经济发展战略的调整、产业结构的转型以及收入分配的调整等密切相关。

(一)房地产投资预测

预计 2014 年房地产开发投资总额增速与 2013 年基本持平。如图 6.1 所示,预计 2014 年房地产开发投资完成额约为 103 584 亿元,同比增长 19.9%,涨幅较 2013 年降低了 0.2 个百分点。其中住宅开发投资完成额约为 72 854 亿元,同比增长 20.8%。预计 2014 年房地产企业购置土地投资额约为 13 253 亿元,同比增长 2.0%(图 6.2);完成土地交易面积约为 36 856 万平方米,同比增长 3.4%(图 6.3)。

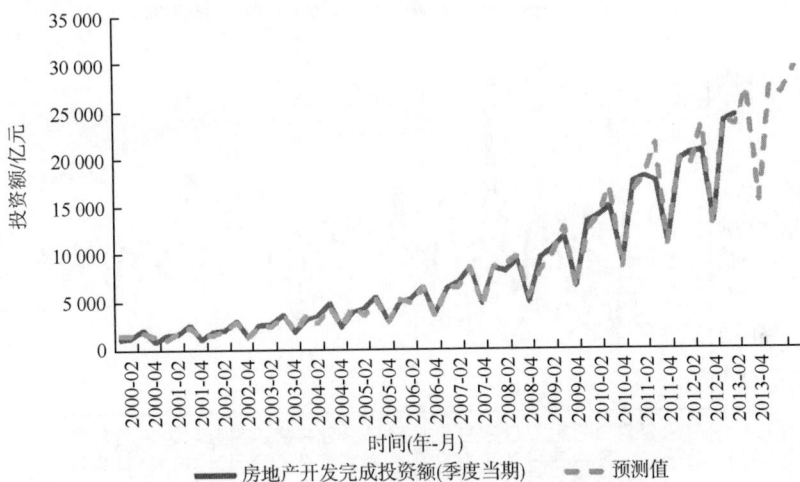

图 6.1 2014 年房地产完成投资预测

资料来源:中国经济信息网统计数据库(预测值根据模型推断得到)

(二)房地产需求预测

预计 2014 年全国商品房销售面积约为 139 250 万平方米,同比增长 6.3%,增幅较 2013 年下降 10.3 个百分点;全国住宅销售面积约为 114 220 万平方米,同比增长 4.8%,增幅较 2013 年下降 5.8 个百分点;全国商品房销售额约为 93 290 亿元,同比增长 14.2%,增幅较 2013 年下降 8.4 个百分点;全国住宅销售额约为 77 155 亿元,同比增长 11.7%,增幅较 2013 年下降 18 个百分点。2013 年受刚性需求的影响,房地产市场销售额与销售面积较 2012 年均有显著的增长,但 2014 年随着商品房市场供应的增

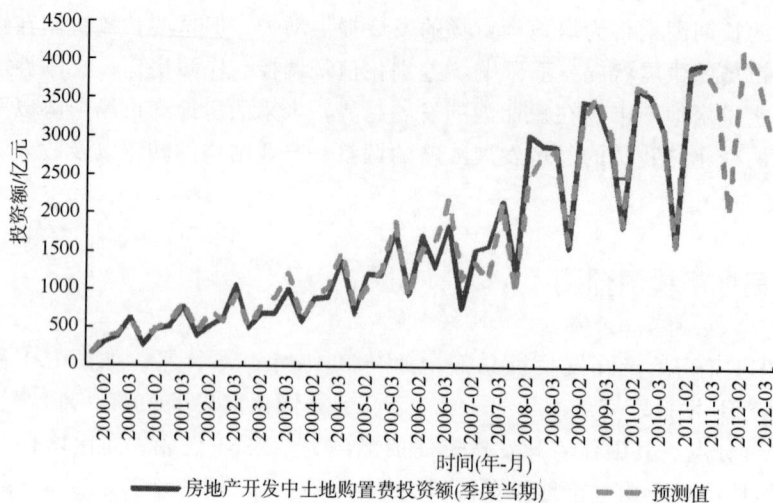

图 6.2　2014 年土地购置投资额预测

资料来源：中国经济信息网统计数据库（预测值根据模型推断得到）

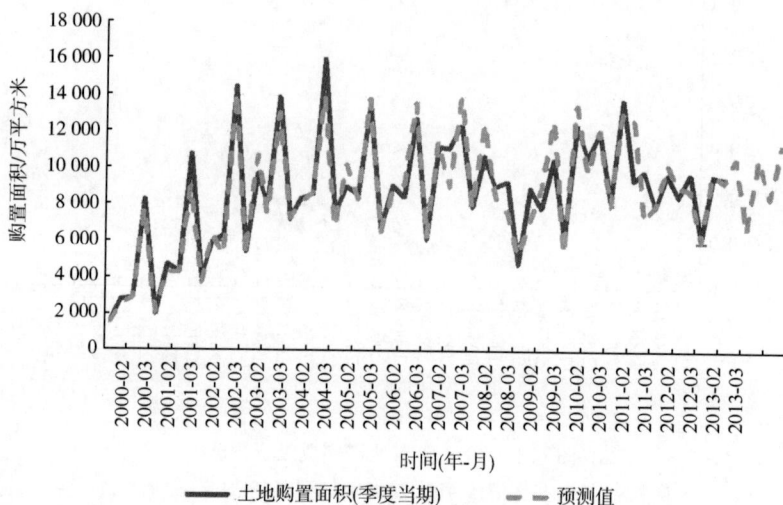

图 6.3　2014 年土地购置面积预测

资料来源：中国经济信息网统计数据库（预测值根据模型推断得到）

加以及刚性需求释放的减缓，商品房销售额与销售面积增速较 2013 年有所减缓。2014 年商品房销售面积和销售额，如图 6.4 和图 6.5 所示。

（三）房地产供给预测

预计 2014 年房地产新开工面积约为 195 560 万平方米，同比增长 6.0%，增幅与 2013 年基本持平。房地产施工面积约为 749 480 万平方米，同比增长 14.5%，增幅与

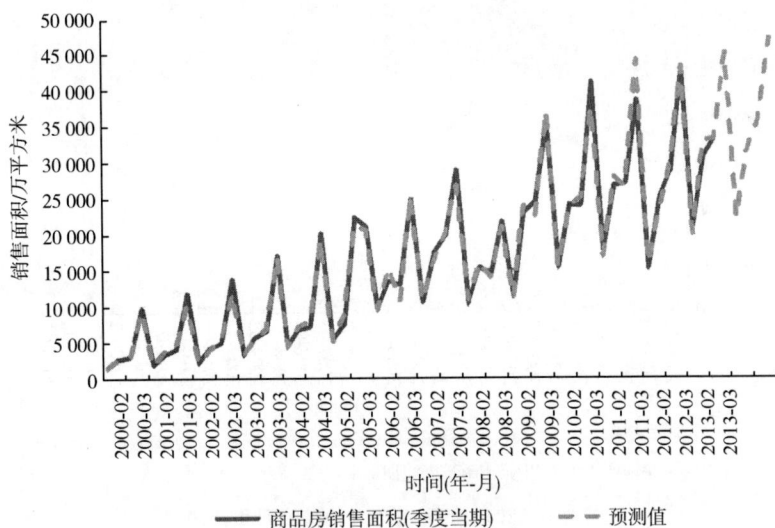

图 6.4　2014 年商品房销售面积预测

资料来源：中国经济信息网统计数据库（预测值根据模型推断得到）

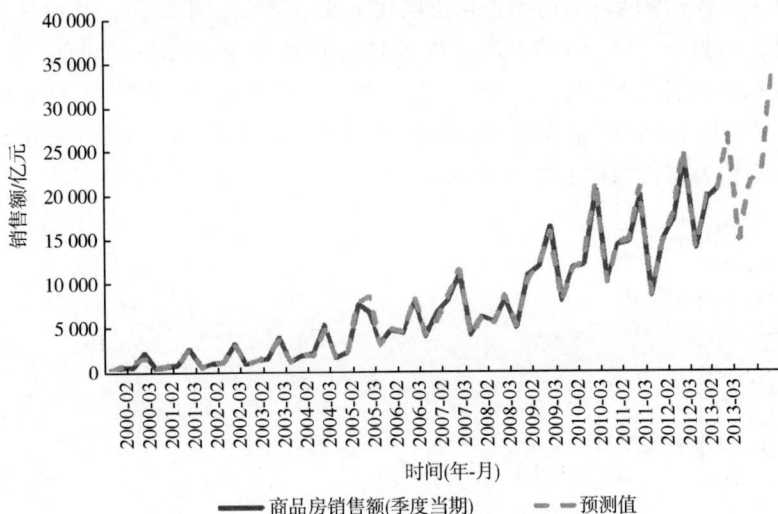

图 6.5　2014 年商品房销售额预测

资料来源：中国经济信息网统计数据库（预测值根据模型推断得到）

2013 年基本持平。房地产竣工面积约为 116 312 万平方米，同比增加 11.3%，增幅较 2013 年提高了 6.1 个百分点（图 6.6）。

（四）房地产价格预测

预计 2014 年全年商品房平均销售价格约为 6690 元/平方米，同比增长 7.6%，增幅与 2013 年基本持平。2014 年第一季度商品房销售均价同比上涨 3.9%。2014 年第二

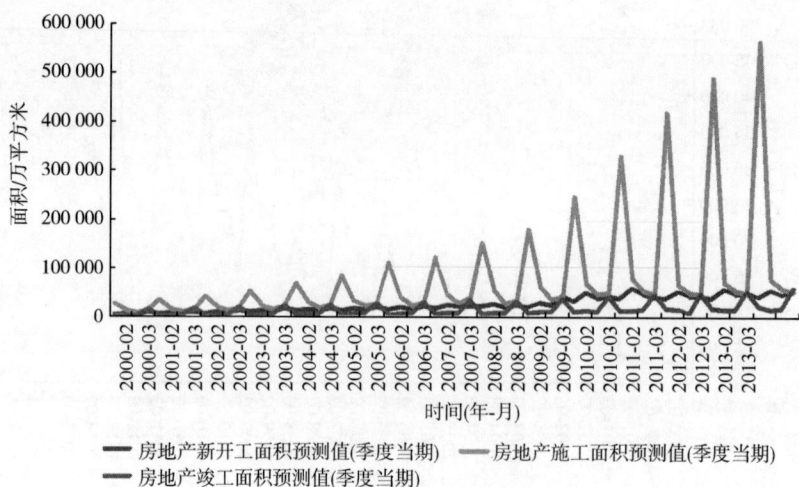

图 6.6　2014 年房地产市场供给面积预测
资料来源：中国经济信息网统计数据库（预测值根据模型推断得到）

季度商品房销售均价同比上涨 7.6％。2014 年第三季度商品房销售均价同比上涨
9.6％，2014 年第四季度商品房销售均价同比上涨 9.2％（图 6.7）。其中一线城市商品
房销售均价将达到 19 030 元/平方米，较 2013 年同比上涨 10.2％，北京、上海、广州、
深圳商品房销售均价分别约为 20 580 元/平方米、17 180 元/平方米、16 030 元/平方
米、23 580 元/平方米，增速分别为 9.7％、9.9％、10.7％、10.3％（图 6.8）。预计二
线城市商品房销售均价同比上涨约为 5.7％。

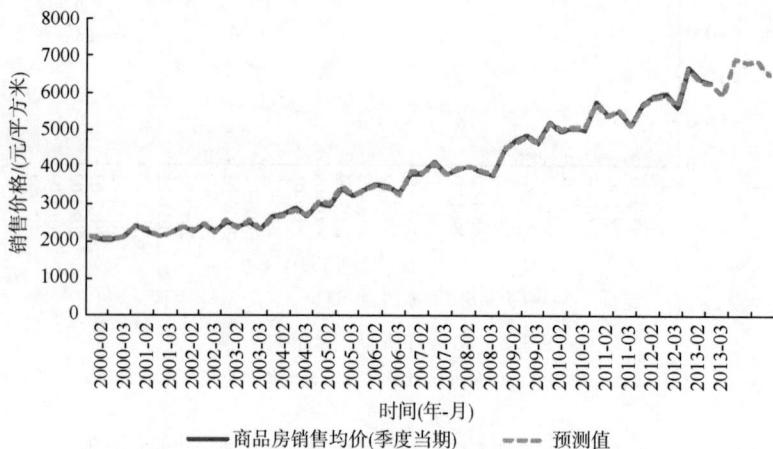

图 6.7　2014 年全国商品房平均销售价格预测
资料来源：中国经济信息网统计数据库（预测值根据模型推断得到）

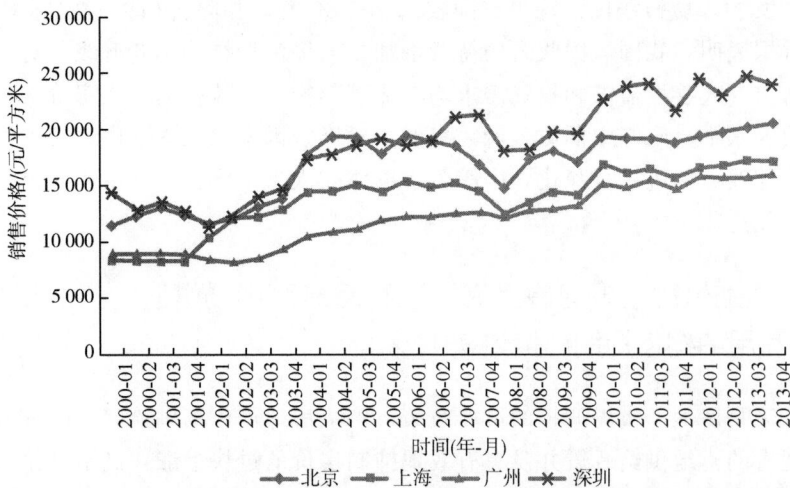

图 6.8　2014 年一线城市商品房平均销售价格预测

二、影响 2014 年房地产市场的主要因素

（一）新型城镇化与房地产市场供需关联紧密，房地产价格在长期上处于上升区间

新型城镇化建设将进一步提升城市人口数量，直接提高房地产市场的需求总量，同时对房地产市场的需求结构也会产生重要影响。供给方面，新型城镇化建设推动了房地产用地规模的扩大、供给增加，以及由要素结构升级所带动的市场总体空间布局的变化。随着新型城镇化的深化，房地产需求会进一步增大，必然会促进市场供给量与交易量的上升。新型城镇化在促进产业发展的同时，通过带动房地产行业以及产业链上其他行业的发展，间接地影响了市场需求的变化，这种需求变化突出表现在保障性住房的需求。同时由于建设周期等，房地产市场的供给存在滞后效应，一定时期内仍会存在供需不匹配的矛盾。此外，通过测算显示在新型城镇化发展进程中，房地产价格从长期来看将会处于上升区间，房地产市场均衡价格会随着新型城镇化的深化而提升。

（二）居民收入增加在长期内将持续推动房价上涨

理论上房地产价格与居民收入水平呈正相关关系，收入水平的高低直接影响着居民的购买能力，根据已有的房地产价格影响因素的研究，居民收入水平对我国房地产价格波动具有重要影响，同时也影响着我国房地产市场的区域差异，尤其是我国东部地区房地产市场受人均收入水平的影响显著。2013 年前三季度，我国城镇居民人均总收入为

26 958 元。其中，城镇居民人均可支配收入 20 169 元，扣除价格因素实际增长 6.8%。已有研究数据表明，我国居民收入的持续增加，居民消费结构不断升级，对于房地产市场的刚性需求、改善性需求和投资需求均有显著影响，直接推动了住房价格的上涨。目前，居民收入水平是限制中低收入者购房的主要影响因素，尤其是中等收入群体，未来随着收入分配改革的进一步深化，中等收入群体收入水平将得到进一步的提高，势必会进一步增加住房需求。

（三）土地供应政策的调整成为影响房地产市场供应的核心要素，合理优化土地利用结构将抑制房价过快上涨

土地政策是房地产市场调控的重要政策，解决房地产市场供给问题的核心是解决土地供给。现有的土地供给政策并没有有效地抑制房价的过快上涨，满足日益增长的居住需求，地方政府对于"土地财政"仍然具有较强的依赖性。土地政策的调整对于增加房地产市场供给、积极扩大内需以及实现经济内生性增长具有重要作用。党的十八届三中全会通过的《中共中央关于全面深化改革若干重大问题的决定》中，对土地制度改革的论述包括"建立城乡统一的建设用地市场，从严合理供给城市建设用地，提高城市土地利用率"等，土地制度改革对于优化土地利用结构、增加土地供应量、促进土地价格合理回归具有重要作用，虽然在短时间内难以改变市场供需矛盾，但从长期来看对保障城市均衡发展、抑制部分地区的高房价具有重要作用，从供给层面抑制房地产价格过快上涨。

（四）宏观经济运行平稳，房地产投资将持续稳定增长

2013 年我国季度 GDP 增速保持在 7.5%～7.8%，固定资产投资增速也保持在 20% 左右，1～10 月房地产开发投资完成额增速为 19.2%。预计 2014 年我国经济运行特征与 2013 年相似，GDP 季度增速会稳定在 7.5%～8%，同时固定资产投资增速也会维持在 19%～21%，在宏观经济运行稳定的前提下，我国房地产市场开发投资情况将会继续保持稳定增长，经检验我国房地产开发投资完成额与固定资产投资之间存在长期稳定关系。因此，从宏观经济运行角度分析，2014 年房地产开发投资完成额增速会保持在 20% 的水平。

（五）刚性需求仍是市场主体力量，促进房地产市场稳中有升

2013 年房地产市场销售情况较 2012 年有显著提高。1～10 月，商品房销售额累计 61 237.6 亿元，同比增长 32.3%；商品房销售面积累计 95 930 万平方米，同比增长 21.8%。房地产市场刚性需求得到进一步释放，据不完全统计，将近 80% 的交易量属于刚性需求，2014 年房地产市场刚性需求释放程度可能会有所减缓，但刚性需求仍将

是房地产市场需求的主导力量，随着收入水平的提高、新型城镇化进程的加快与人口转移，一线城市以及部分二线城市中首套住房需求的潜力仍然巨大，使得区域房地产市场出现量价齐升的局面，同时改善型需求的增加使得市场交易进一步提升。

（六）房地产市场供给相对充足，促进市场交易量提升

根据有关统计数据分析，2011 年房地产新开工面积达到了历年的峰值，若将房屋建筑周期设定为 2～2.5 年，2013 年下半年至 2014 年房地产市场供给将处于较高水平，基本可以满足市场需求，保证了市场交易量的稳定提升。同时各地区土地供应从短时间内看，仍然相对充足，2013 年 1～10 月，部分城市土地供应已超出计划供应，其中一线城市土地供应增速最高，2014 年基本上将延续这一趋势。

（七）购房者的涨价预期尚未改变，促使市场交易量回升

2013 年以来，房地产市场交易情况的显著提高，前三季度房地产销售价格以 8.6% 的增速上涨，尤其是一线城市以及部分二线城市以 10% 的增速上涨，房地产调控政策的趋稳，均对购房者的购房预期产生了影响。根据调查数据显示，近 70% 的购房者认为未来的房价会进一步上涨，第三季度房地产市场销售量的显著提升说明涨价预期并没有发生根本性的改变。

（八）房地产调控思路出现转变，长效调控机制将逐步建立，有助于市场回归理性

在数轮房地产市场调控后，房地产市场投资、投机行为得到了有效抑制，"限购令"等短期行政政策的调控效果正逐渐减弱，"京七条""沪七条"以及"深八条"的出台表明，热点城市正在转变房地产市场调控思路，更加强调增加市场的有效供给。同时，未来房地产市场调控方向是"构建以政府为提供基本保障、以市场为主满足多层次需求的住房供应体系"，未来建立合理的住房供应体系将成为下一阶段市场调控的主要方向，通过调整住房需求结构、推迟有效需求入市等方式平抑房地产价格的过快上涨。党的十八届三中全会的召开，预示着房产税扩容、土地制度改革以及新型城镇化建设等长效调控机制将逐步落实，使得市场的供需关系更趋良性。

（九）房产税收试点范围扩容存在较大可能性，有助于抑制投资和投机需求

党的十八届三中全会决议中提出"加快房产税立法并适时推进改革，加快资源税改革，推动环保费改税。建立个人收入和财产信息系统，调节过高收入，扩大中等收入者"。对于房地产市场，房产税扩容在 2014 年依然存在较大可能性，不排除在一线城市

以及部分二线城市扩容的可能性，整合不动产登记职责、建立不动产统一登记制度将加快房产税收立法。通过征收房产税，调节市场需求结构，抑制投机性需求，弱化房地产投资属性，使得市场趋于理性回归。

（十）"公租房并轨"提速将扩大住房保障范围，有效增加市场供给，平抑房价过快上涨

2013 年 10 月以来，住房和城乡建设部拟将"公租房并轨"作为调整现有住房供应体系的突破口，并开始汇总"公租房并轨"试点城市有关情况。通过将公租房与廉租房统筹建设、并轨运营，实现房源的互通与共享，使得市场供给更为有效。这样能够解决诸如廉租房空置、公租房供不应求等问题，同时在统筹调配房源的基础上，实现资源配置的优化。而房屋租金补贴则成为利益调整的杠杆，既实现"房尽其用"，规避"需求旺盛"与"入住率低"的供需矛盾，又能够实现调控政策的灵活性、有效性，有效增加房地产市场供给。

第七章　2013 年我国房地产市场系列问题研究

一、2013 年前三季度北京市各板块房地产市场发展状况分析

2013 年以来，我国的房地产市场总体上保持了 2012 年下半年以来的增长态势。一、二线城市的房地产价格及销售量均呈现回升趋势，房地产市场的投资也日渐活跃。与全国房地产市场不同，从 2013 年年初北京市出台新"国五条"细则以致楼市短暂遇冷，到 9 月北京市出现的楼市量价大爆发，北京市的房地产市场历经波折却再次陷入了"越调越涨"的怪圈。在新一轮的高涨下，北京市房地产的价格与销售量在全市范围内快速攀升。

在此背景下，对于北京市未来房价的走势及调控政策出台的种种猜测此起彼伏、众说纷纭。由此，我们针对本轮我国房地产市场的变化，尤其是北京市房地产市场呈现出的诸多问题展开了深入细致的分析和讨论，以此为房地产相关的决策提供支持。

（一）2013 年北京市房地产市场前三季度回顾与展望

北京作为首都集中了全国大量的优势资源，同时北京市房价的涨跌也一直是全国房地产市场的风向标。有别于全国其他城市，北京市的房价变化在过去的一年中呈现出了明显的区域差别化特征，因此需要特别关注。

1. 北京的楼市已经逐渐适应新"国五条"调控，转而进入一个新的活跃期

2013 年上半年出台的新"国五条"被认为是至今最为严厉的房地产调控政策之一。作为领先出台新"国五条"细则的首都北京，广大购房者对新"国五条"对房价的强势抑制给予了厚望。然而，虽然新"国五条"的出台给全国楼市带来了或大或小的影响，一些地区房价环比涨幅有所收窄，但是房价上涨的趋势并没有改变。

而随着涨价预期下购房需求的持续释放，一度被压抑的购房需求在 2013 年下半年突然集中爆发。而 9 月份，对于北京的房地产业无疑是一个久违的销售旺季。9 月通常是房地产销售的黄金季节，素有"金九银十"之称。据北京市住房和城乡建设委员会的官方统计显示，9 月，北京新房市场成交量达到 13 279 套，不仅环比 8 月大幅上涨了 58.4%，还创下 4 年来"金九"成交量的最高值。而在二手住宅方面，9 月共实现签约 12 854 套，环比 8 月上涨了 15.5%。在价格方面，9 月北京市的住宅均价已达 30 497

元/平方米，环比上涨 3.75%，同比上涨 26.88%，三项指标均远高于全国同期水平（均价 10 554 元/平方米，环比 8 月上涨 1.07%，同比上涨 9.48%，资料来源：中国指数研究院百城房价指数）。可见，新"国五条"的影响已经逐渐式微，北京的楼市已经迎来了新一轮的飞涨。

2. 北京首次购房比例创历史新高，"刚性需求"依然是北京楼市的主要支撑力量

在新一届政府并未提出更严厉的调控政策或意愿的预期影响下，市场中积压已久的刚性需求和改善性需求集中释放。从买卖双方的行为特点来看，9 月的二手房买卖市场，业主降价比例小，议价空间已达到新政来的最低点（资料来源于链家地产）。

从需求方面看，2013 年 9 月，北京商品住宅交易量创 3 月调控以来近 6 个月的新高，在成交结构方面，据国家统计局 8 月份数据显示，8 月份北京市首次购房比重达 92.8%，创历史新高，比年初累计提高了 7 个百分点，由此可见，市场依然是以首套"刚需型"购房人为主。从市场交易的行为特点来看，在限购限贷的情况下，房价涨幅依然惊人，8 月份以来，一、二线城市"日光盘"迭出，购房者预期由观望转向恐慌性购房。同时，为了规避调控，许多新开楼盘利用"精装修"等手段变相提价的现象也在增加。同时，虽然信贷环境渐渐收紧、部分银行房贷门槛逐渐提高，但无法从实质上影响交易的正常释放，多数楼盘预售前累计有效客户量与新推房屋套数的比值都在 3∶1 以上。

3. "地王"频出加剧了北京的短期房价上涨预期

自 2013 年 4 月起，众多的开发商在北京掀起了一股新的拿地风潮，其中，泰禾以 1.18 万元/平方米楼面地价拿下容积率 1.5 的台湖镇地块；万科首开联合体以 9722 元/平方米楼面地价竞得容积率 2.0 的相邻地块；而融创葛洲坝联合体同时拍下亦庄河西区西侧总建筑面积达 33 万平方米地块，楼面地价达 3 万元/平方米。9 月，融创在经过 69 轮竞拍后，再次以 21 亿元、配建 27.8 万平方米医院面积的条件拿下农展馆地块，由此也使得该地块的楼面地价达到 7.3 万元/平方米，成为北京的新地王。

频繁出现的"地王"表明开发商对市场前景乐观，也极大地刺激了房价上涨预期。对此北京大学房地产研究所所长陈国强认为：一线、二线城市土地供应偏紧，供应量少，优质地段土地稀缺，房地产企业看好未来发展，所以愿意重金抢购。"地王"的出现对房企、购房者以及地王周边区域的居住者心理均产生影响，导致房价短期上涨的预期更为强烈。

4. 北京房产税开征细则仍需审慎考虑，照搬试点区经验恐难实现预期调控目标

当前，各界对北京市房产税细则出台的呼声愈演愈烈，其中不乏一些言之凿凿的所谓细则在网络上广为传播。为此北京市地税局专门通过微博辟谣，由此也反映出各界对房产税这一所谓最严厉的房地产调控措施的关注。虽然部分专家学者认为北京市已经到了可以开征房产税的时机，但如何征收、比例、范围、对象仍需要相关部门审慎考虑。若仅就上海、重庆两试点区的情况而言，照搬既有经验恐难抑制房价。

自 2012 年起，房产税在上海、重庆试点实行已满两年。在上海试点方案只针对增量房屋，税率分 0.4% 和 0.6%，并给予户籍居民家庭新购房人均 60 平方米的免征额；重庆试点方案则偏重高档住房，涉及存量与增量，税率为 0.5%～1.2%。根据上海市地税局 2011 年 11 月披露的信息，上海共认定约 5 万套住房需要缴纳房产税。重庆市的数据则显示，房产税试点的第一年，征收税金约 1 亿元。而 2013 年以来，虽然两地房产税因房价上涨而有所提高，但未能充分实现对两地房价的控制预期。

当前，我国在全面征缴房产税，尤其是在以抑制房价过快上涨为目地的开征房产税，尚存在较多的理论与实践难题有待攻克。从理论上讲，房产税征缴比例的高低将对经济发展与社会公平具有重要的影响，因此需谨慎制定。

5. 建立健全房地产市场的长效调控机制是未来北京市房地产调控政策的发展方向

房地产市场的供需矛盾及其更深层次的政府一级土地供应问题是各界诟病我国房地产问题的核心之一。而在土地供应方面，与往年最大的不同在于，2013 年 9 月末北京市国土资源局发布消息称，北京市预计将提前在 10 月超额完成商品住宅年度用地供应计划指标。截至 9 月底，北京的住宅用地实际供应 1331 公顷，完成全年计划的 81%，比 2012 年同期提高约 22%。其中保障房用地供应 742 公顷，公租房（含廉租房）用地供应 147 公顷，完成计划的 94.8%；经济适用房用地供应 98 公顷，完成计划的 72.6%；定向安置房用地供应 428 公顷，完成计划的 96.2%；限价房用地供应 69 公顷，已超额完成年度计划。而此前，北京已连续两年（2011 年、2012 年）没有完成住宅土地供应计划，2012 年和 2011 年北京住宅用地出让面积分别为 468 公顷和 246 公顷，仅占当年年初公布供应计划的 38.4% 和 28.9%。

结合目前新一届政府的经济发展理念与房地产宏观调控举措来看，遵循经济规律进行科学调控是将来我国房地产市场调控的主要方向。相对于当前以限购、限贷为代表的短期应急手段，为了配合我国的新城镇化发展战略，新一届政府更可能选择以增加长期供给为主要手段的房地产长期调控办法，逐步调整我国的房地产市场态势，在稳增长的同时，兼顾社会民生。

（二）2013 年前三季度北京市各主要房地产板块发展对比分析

我们选取了北京市全部 16 个城区及 38 个主要板块在过去 12 个月的房价变化与环比变化，进行比较。

如图 7.1～图 7.14 所示。北京市各区县及主要板块的房价在过去的 12 个月中，总体呈现了较快的上升态势，其中近城区房价上涨速度较快，从房价的环比增长来看，内城区（东城区、西城区、海淀区、朝阳区、丰台区和石景山区）这几个区域只零星出现过房价的环比下降。这主要是因为这些区域处于北京市的成熟区域，地理位置相对优越，基础设施比较完善，因此房地产价格具有较好的抗击宏观经济环境变化影响能力。而其他地理位置相对较远，基础设施尚有待完善，还处于发展中的区域，其房价受宏观环境的影响较大，突出表现为环比增长波动性较强特征。

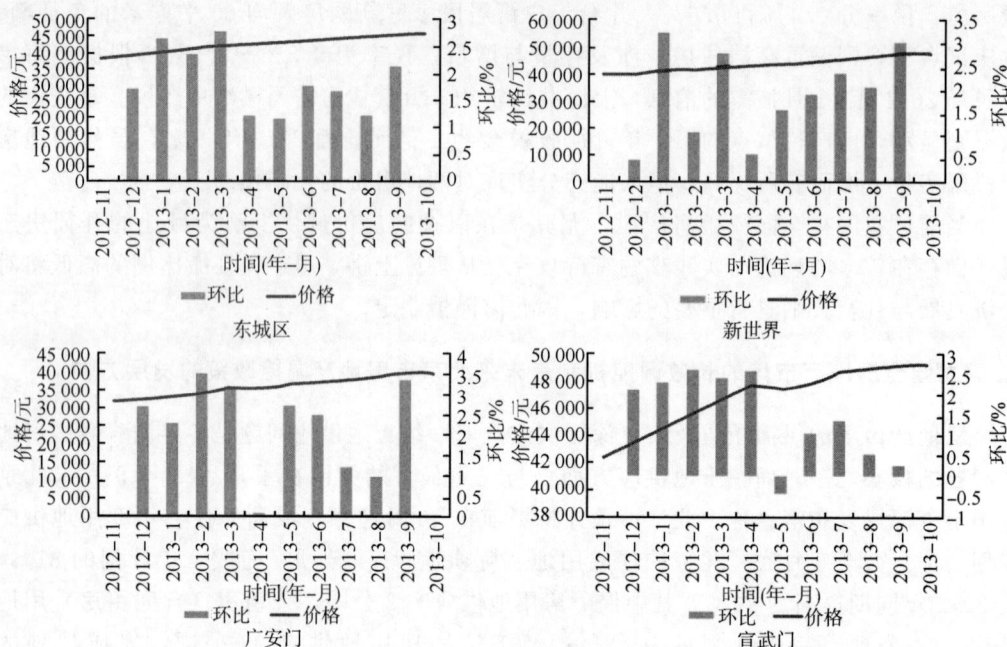

图 7.1　东城区及其新世界、广安门、宣武门板块过去 12 个月的房价变化情况

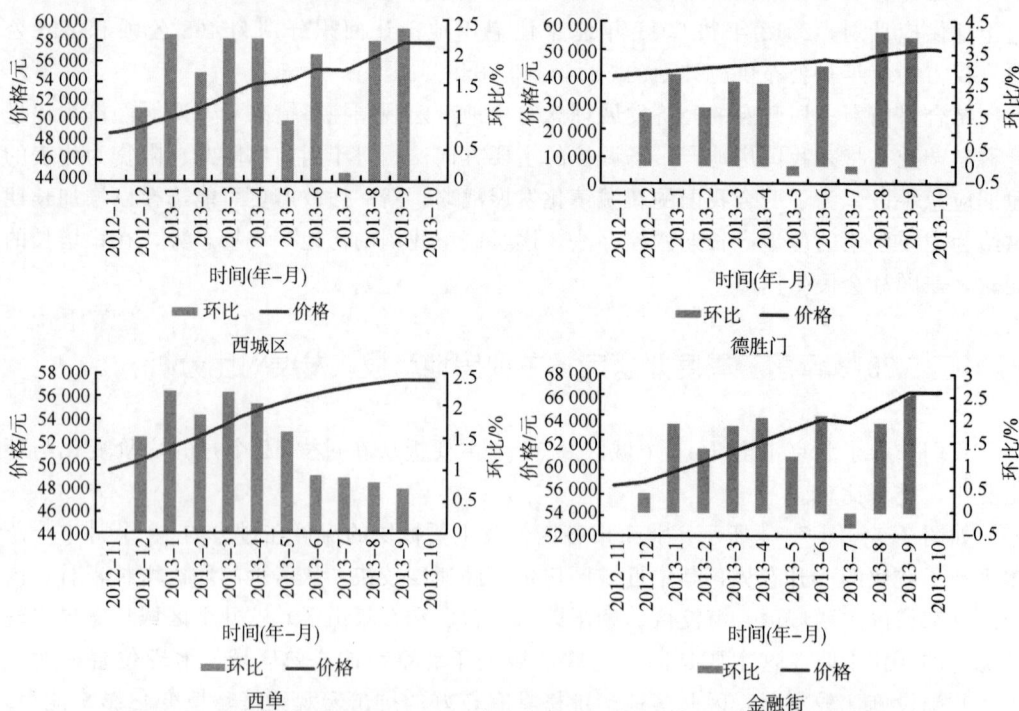

图 7.2　西城区及其德胜门、西单、金融街板块过去 12 个月的房价变化情况

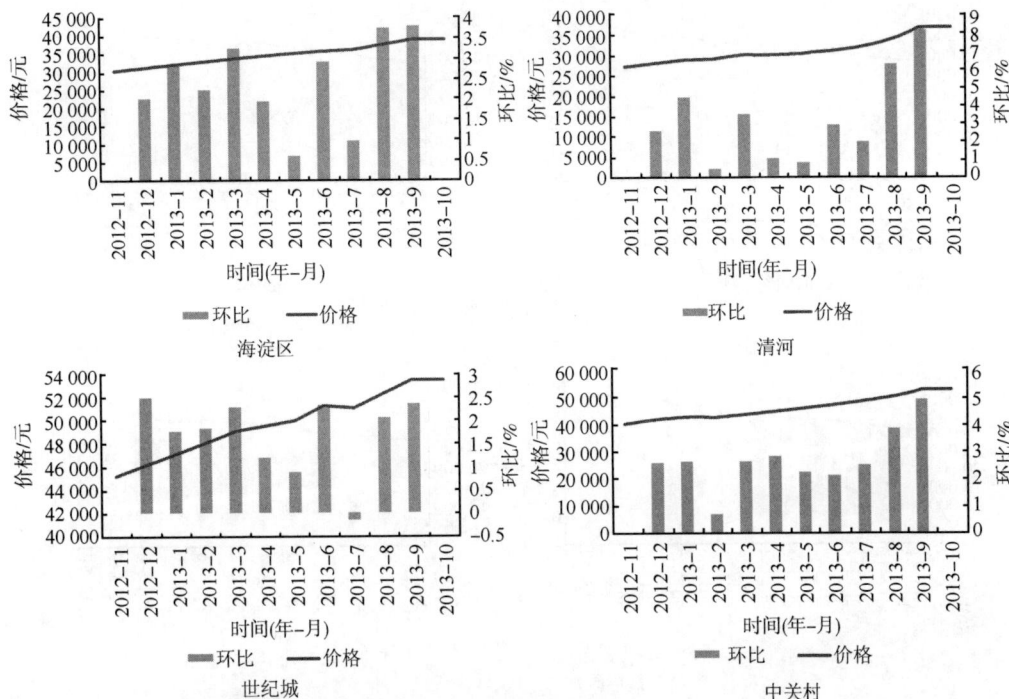

图 7.3　海淀区及其清河、世纪城、中关村板块过去 12 个月的房价变化情况

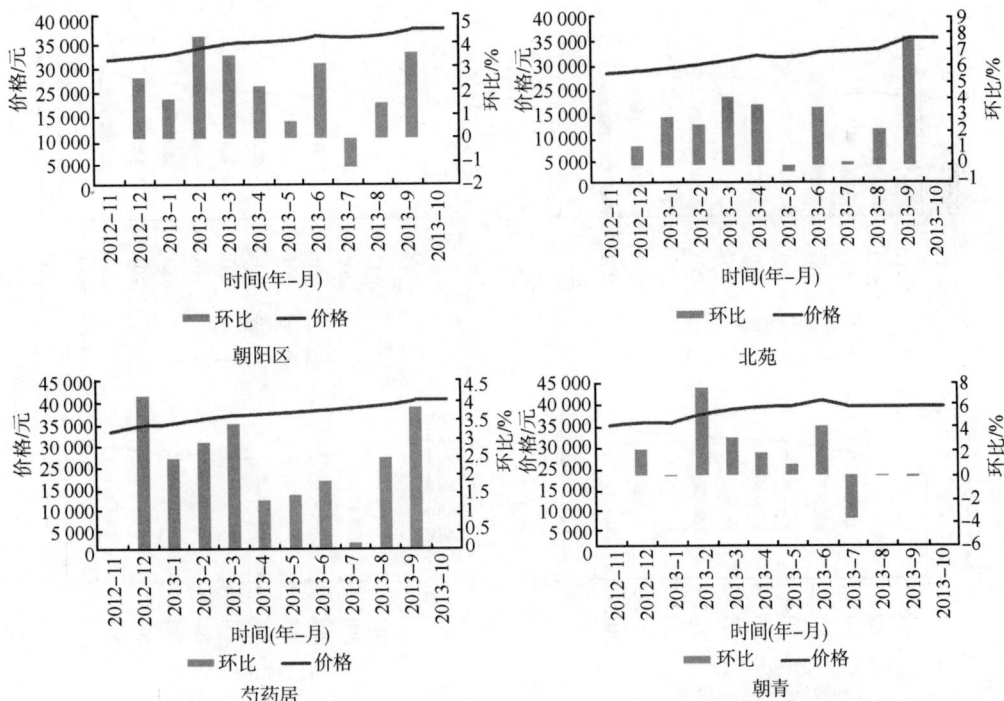

图 7.4　朝阳区及其北苑、芍药居、朝青板块过去 12 个月的房价变化情况

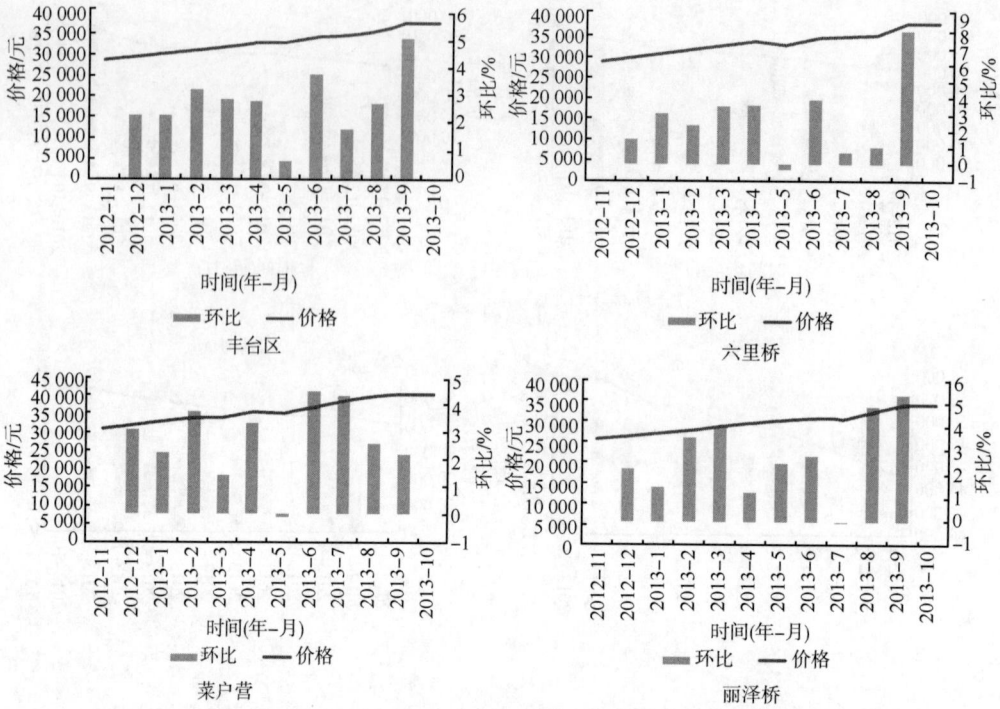

图 7.5　丰台区及其六里桥、菜户营、丽泽桥板块过去 12 个月的房价变化情况

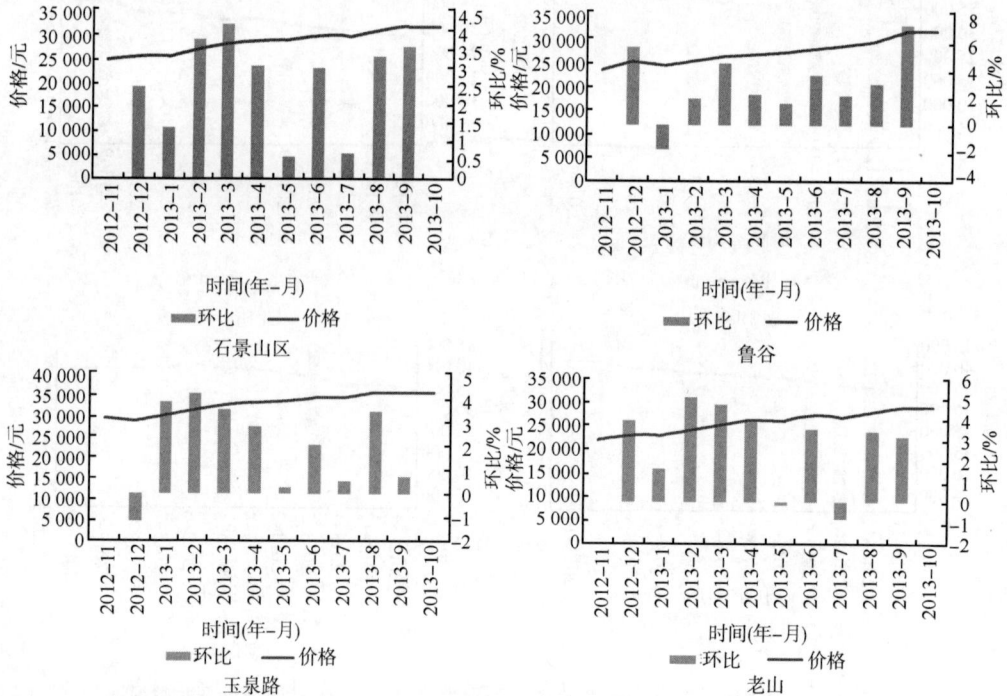

图 7.6　石景山区及其鲁谷、玉泉路、老山板块过去 12 个月的房价变化情况

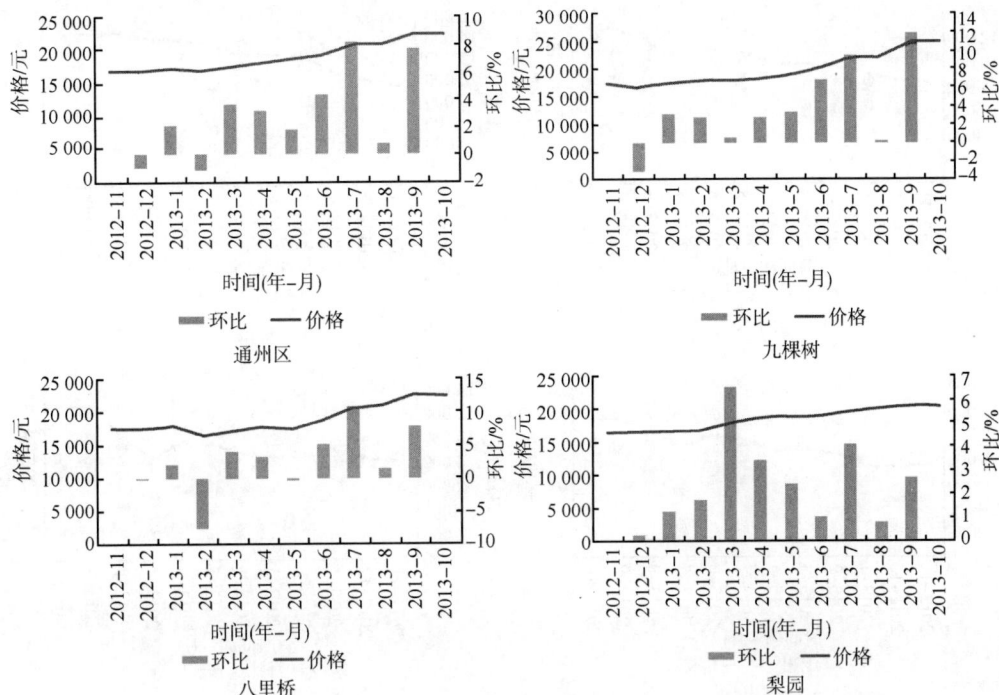

图 7.7　通州区及其九棵树、八里桥、梨园板块过去 12 个月的房价变化情况

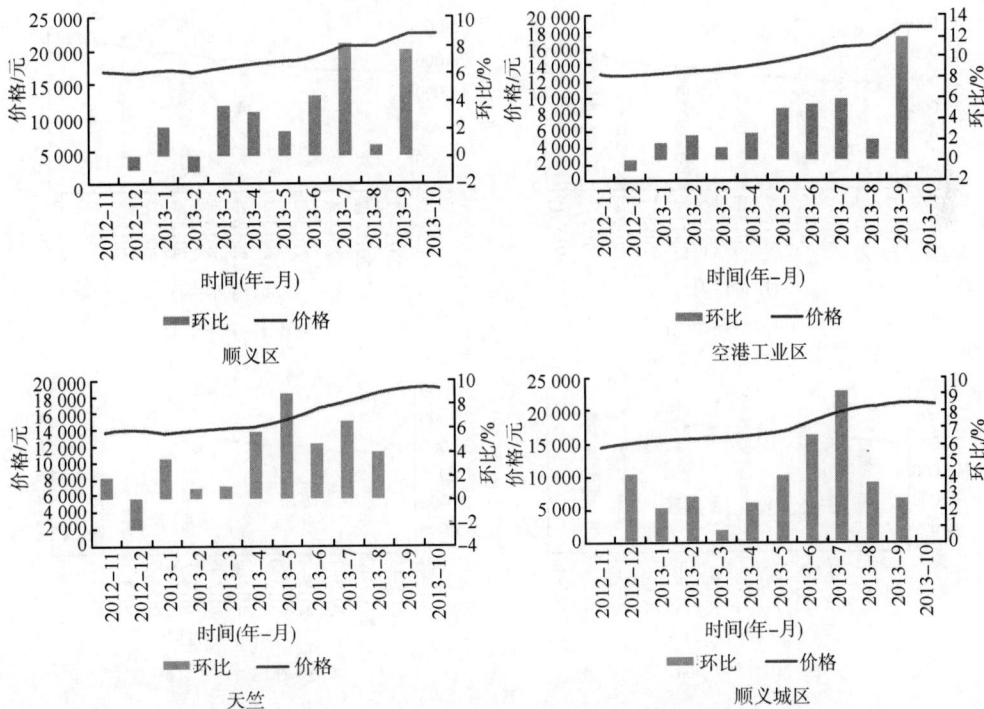

图 7.8　顺义区及其空港工业区、天竺、顺义城区板块过去 12 个月的房价变化情况

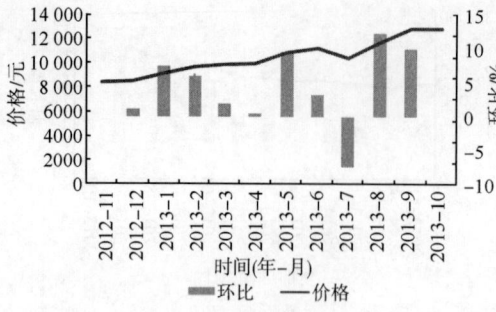

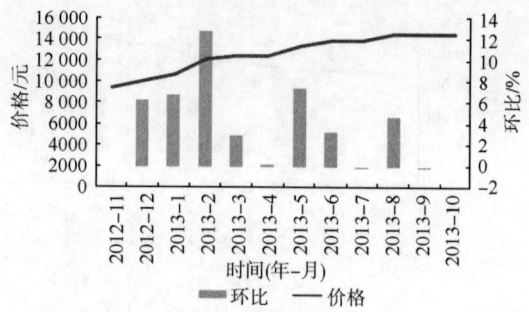

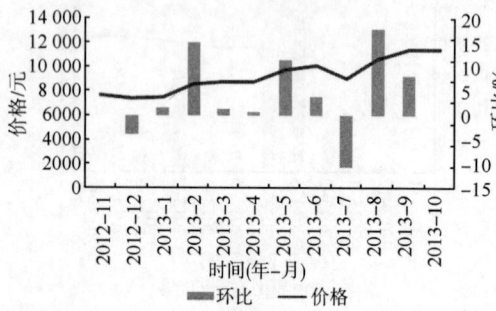

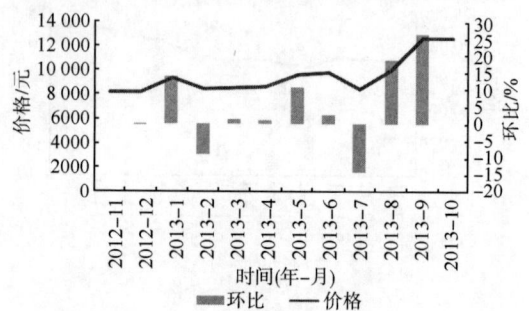

图 7.9　房山区及其房山城区、窦店、城关板块过去 12 个月的房价变化情况

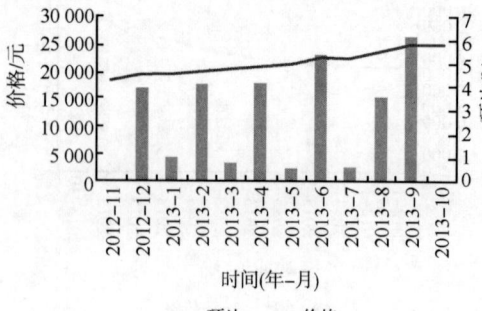

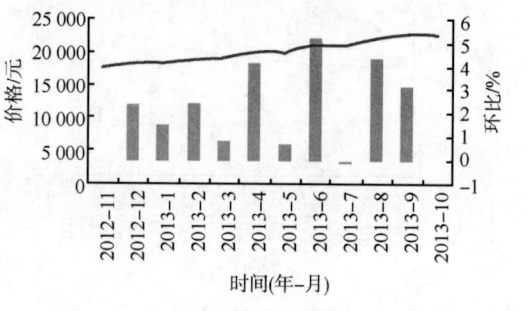

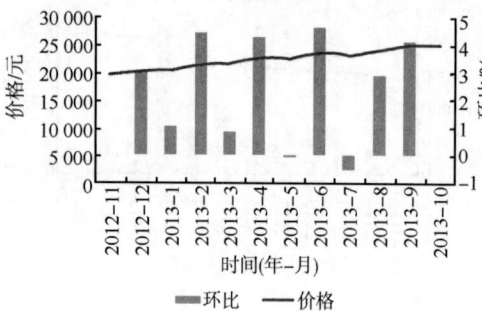

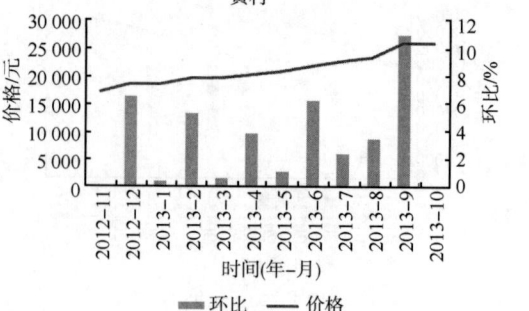

图 7.10　大兴区及其黄村、旧宫、西红门板块过去 12 个月的房价变化情况

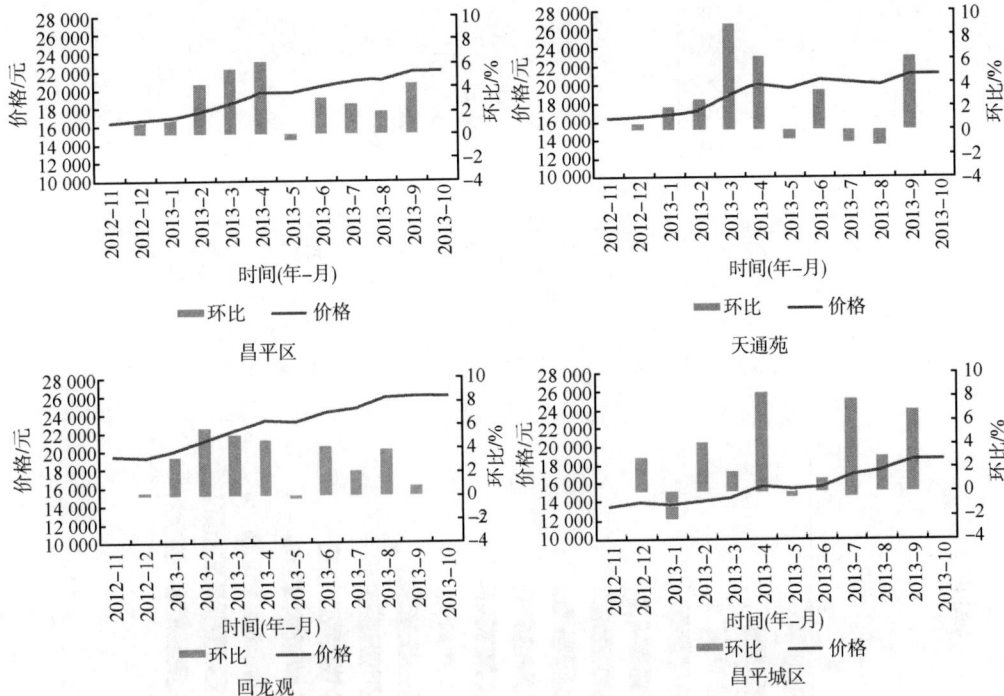

图 7.11　昌平区及其天通苑、回龙观、昌平城区板块过去 12 个月的房价变化情况

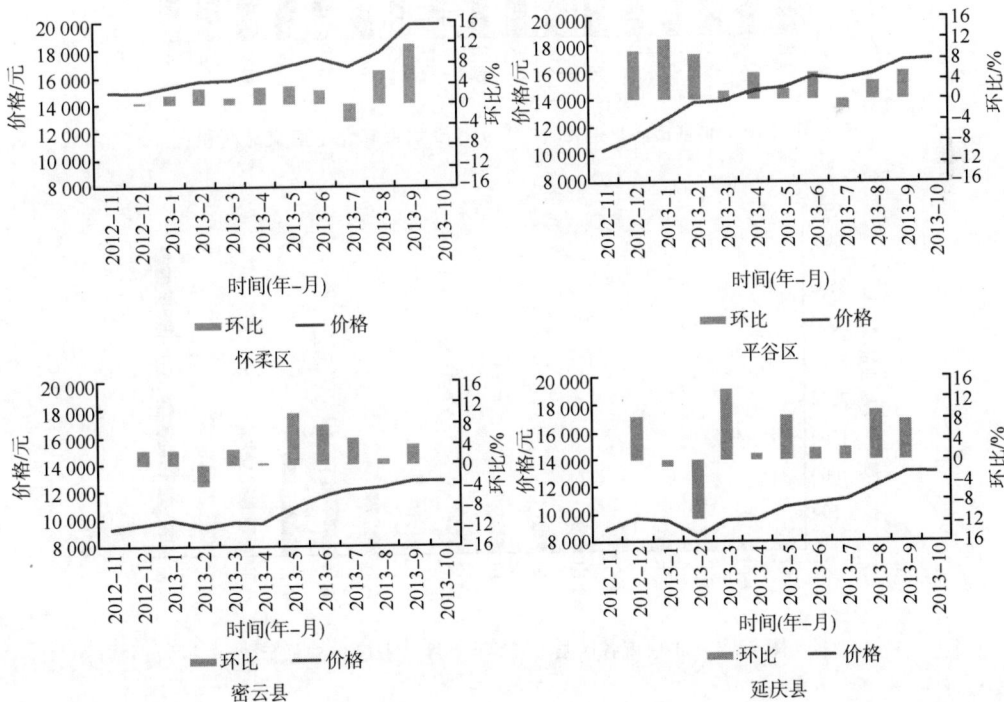

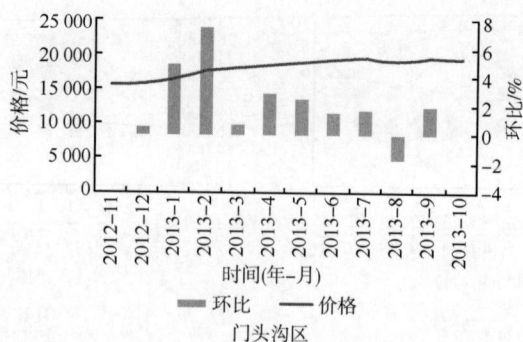

门头沟区

图 7.12　怀柔区、平谷区、密云县、延庆县、门头沟区过去 12 个月的房价变化情况

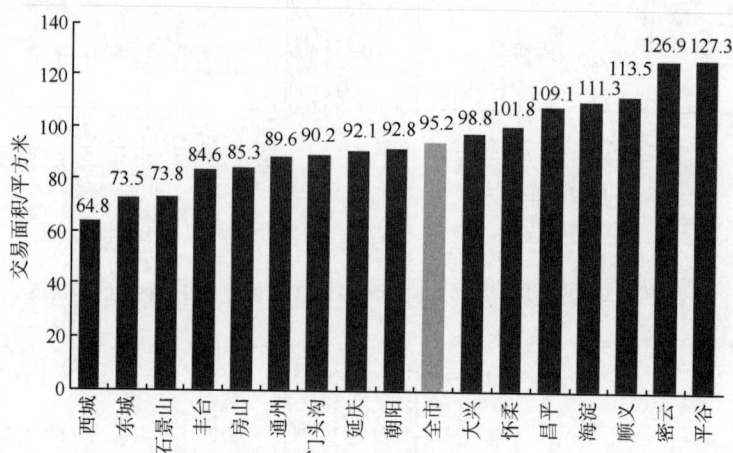

图 7.13　北京市各区县 2013 年 9 月平均每套二手房交易面积

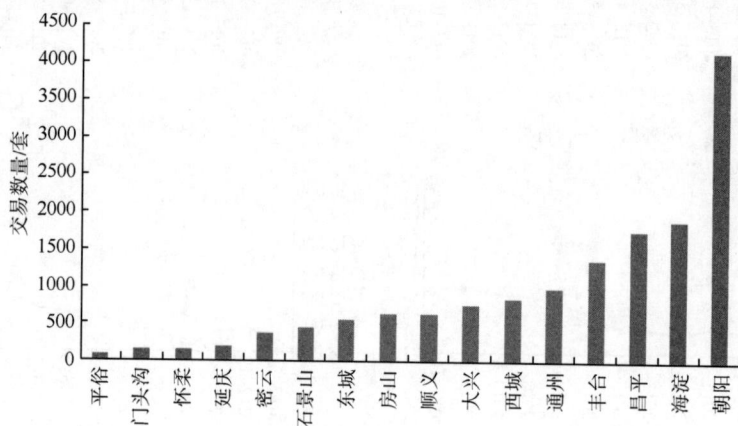

图 7.14　北京市各区县 2013 年 9 月二手房交易总套数

二、人口城市化与房地产系统协同分析[①]

我国经济自 20 世纪 80 年代以来，以惊人的增长速度先后超越了欧洲和日本等传统的西方发达国家，并保持了挑战世界最大经济规模国家的强劲势头。对于这种举世瞩目的成就，国内外理论界往往将其归功于市场化道路与强势高效政府的结合，这与西方国家的发展道路既相似而又不同，尤其是与苏联解体后采取的市场化道路相比，中国市场化的成就更加引人注目，其中 21 世纪前 10 年我国迅速增长的房地产业和城市化人口显得格外突出。

房地产和城市化人口不是平行的两个系统，而是影响我国当前和未来整个经济社会系统的契合链条，两者体现了经济社会部门之间、经济与社会协调发展，以及经济部门与整体的复杂关系，其中城市人口是房地产业和经济增长的基础。显而易见，房地产和城市化人口在现实世界中不是单纯的因果关系，而是具有不同互动频率和周期的复杂关系的集中体现，在研究方法中应该避免孤立和线性倾向。而且，实际的房地产市场是长期动态不均衡的过程，而城市新增人口数量和结构也不单是自然现象，如果近似假设城市人口增长外生以及市场出清，那么虽然能近似模拟短期的经济现象，但不足以解释市场运行的微观结构，长期经济行为的预测效果也缺乏保障。为此，在整体上引入复杂系统分析的方法，而在微观上探索经济行为的动力机制似乎是研究应遵循的道路。

（一）人口城市化与房地产关系理论分析

人口城市化是城市化概念的最重要内涵。人口城市化，是指农村人口不断向城市转移的人口地理现象和过程。从历史发展来看，人口城市化的主要结果是导致城市人口占总人口的比重不断上升。从城市的角度来看，人口的增长主要取决于两个途径，一是人口的自然增长，也就是存量人口的净增长；二是人口城市化，是农村向城市的人口迁移。所以说，人口城市化是城市产业发展、城市地理规模扩展的必要条件。另外，城市空间的扩展是人口城市化的必然结果。人口城市化最终形成的结果表现在两个方面，一是城市人口数量的增加，二是城市数量和规模的增加。因此，人口城市化最终为城市产业规模的扩大、社会文化价值观的传播创造条件。人口城市化与房地产业的相互关系主要体现在以下几个方面。

1. 人口城市化是房地产业的核心驱动力

（1）人口城市化带来对房地产的居住需求。在发展中国家农村劳动力的大量剩余，在二元经济结构带来的收入差距影响下，人口不断从农村迁移到城市。这个过程与人类

---

① 该专题是根据课题组已发表论文刘纪学与董纪昌的《我国人口城市化与房地产发展协调研究》（2012 年）整理得到。

几千年的演化历史相比，时间是短暂的，但城市化的速率则前所未有，城市开始成为人类主要的居住地。因此，人口城市化带来的首要需求就是居住问题，而且，只有居住问题得到妥善解决，人口城市化所带来的经济社会效益才能发挥好，也就是我们所说的"安居乐业"。

（2）人口城市化带来对房地产的商业娱乐需求。20世纪以来，席卷全球的城市化浪潮说明了城市对于社会分工的反馈作用。由于人口的集聚，新的产业不断涌现，新的社会分工不断细化，第三产业迅速发展壮大，这导致了对服务型劳动力需求的爆发性增长，使传统的农业人口因为城市丰富多彩的物质文化生活而大规模迁徙。人们的工作需要、学习需要、休闲需要在城市得到满足，而房地产业为此提供和创造了相应的实现这些需要的服务和条件。各种教育培训中心、文化体育中心和休闲场所在城市中迅速发展起来，因为房地产的不断发展，现代城市已经成为人类物质文明的重要代表。

2. 房地产发展的人口集聚效应

（1）房地产业带动了其他产业部门的发展。21世纪以来，我国房地产业迅速发展，已经成为拉动经济增长的三驾马车之一，房地产业通过对上下游产业部门的需求拉动，促进了城市经济规模的扩大，促使人口不断地向城市聚集，间接地促进了人口城市化的进程。从经济发展的角度来看，房地产业是国民经济的基础性产业，也是支柱产业。房地产业的产业链长，关联度大，可以带动建筑、建材、轻工、电子等几十个行业的发展。同时，房地产业的发展还可以改善城市面貌和居住环境，提升城市形象，促进招商引资和地区经济发展。

（2）房地产业发展影响人口城市化的演化。城市化进程的主要表现是人口的迁移，人口的流动必然受到房地产供给的影响，对区域房价往往有较强的敏感性。正如前文曾经讨论过的，各国人口城市化率往往沿着S形曲线变动，通常当城市人口超过30％时，城市化进入加速阶段，而当人口城市化率超过70％时，城乡人口迁移将基本完成。

3. 人口城市化与房地产协同关系的案例

（1）美国房地产发展落后于人口城市化。美国城市化进程经历的时间较长，自1840年美国城市人口超过10％，到1960年美国城市化率达到70％，美国城市化率每年提高0.5％，沿着S形曲线阶段性上升。其中，1920年，美国的城市化率达到51.2％，超过了农村人口；1940年，美国的城市人口占总人口的56.5％；到1970年，美国城市化率达到了75.2％，并且基本保持稳定；到2000年，美国城市化率虽然没有较大增长，但人口向大城市和都市圈迁徙的趋势比较明显，美国大都市区人口占全国人口的比重达到80.43％。

第二次世界大战期间，美国产业经济部门忙于在全世界争夺势力范围，美元资本不仅投资于国内，而且被用于在欧洲和亚洲实现广泛的扩展。因此，美国的房地产业并没有随着人口城市化的加速而过度繁荣。反而是1975年以来，随着美国经济实力的相对衰减，美元资本开始收缩回美国，同时，为刺激内需促进经济发展，美国政府也着手促进房地产市场的发展，这导致美国房地产市场从 20 世纪 70 年代开始经历了长达 30 多年平稳高速的增长，直到 2008 年次贷危机才戛然而止。

（2）日本房地产透支城市化红利酿悲剧。日本城市化总体进程沿 S 形曲线上升。首先，1947 年日本的城市化率因为战争的破坏下降到 33.1%。其次，1947～1955 年，日本城市化率高速增长，到 1955 年城市人口比例达到了 56.5%，年均提高约 2.9 个百分点。再次，1956～1965 年，日本城市化率仍然保持增长，但增速趋缓，1965 年城市化率达到了 68.1%。最后，1965 年至今，城市化率保持低速增长，2000 年人口城市化率为 78.7%。

在日本房地产价格暴涨的历史中，人口城市化起到了非常关键的作用，由于日本房地产市场有非常迫切的新增人口住房需求，所以，历史上房地产的涨价最后往往得以安然消化。但是 20 世纪 80 年代以后，日本人口城市化已经基本完成，房地产市场的繁荣更多的是日元升值带来的流动性过剩，进而引发的非理性投机因素的作用。事实证明，这种房地产市场的投机不仅造成泡沫破灭，而且给日本社会留下了巨额的银行负资产，时至今日，当年房地产泡沫遗留的问题仍没有完全解决，日本经济也已经沉迷了 20 余年。

（二）我国人口增长与房地产的关联分析

本部分所采用的数据来自中国经济信息网数据库，考虑到我国人口政策在 1978 年以后变化较大，而我国房地产市场的数据最早是 1987 年，因此，分析采用 1987～2010 年的人口城市化率（r），以及商品房平均销售价格（p）和商品房销售额（s）。为了消除原始数据可能存在的异方差，对上述指标取对数处理，分别记为 LR，LP，LS。

为了更准确地看出人口城市化率的走势，对其做如下相关性分析，可以看出三者之间有较高的正相关关系。另外，检查 R 与 LS，LP 之间的交互相关系数发现，随着人口城市化超前或滞后期的增大，两者之间的动态相关程度逐渐降低，且两者交互相关系数绝大部分时间内为正相关关系（表 7.1）。

表 7.1　城市化率与商品房价格、销售额波动的相关性

LS	LP	LR
1.000 000	0.980 399	0.973 356
0.980 399	1.000 000	0.918 067
0.973 356	0.918 067	1.000 000

上述结论表明，我国城市化与房地产市场之间存在着一种正向的相互影响关系。当然它们之间的具体经济关系尚需借助计量方法进行更为严密的检验。

1. 不同的回归模型分析

1）线性回归方程

首先利用 OLS 用变量 LR 分别对 LP 进行回归，回归效果如表 7.2 所示，可以得到

R 方为 0.875 的回归方程为

$$LR = 0.302838 * LP + 2.67 \tag{7.1}$$

表 7.2 拟合结果

Variable	Coefficient	Std. Error	t-Statistic	Prob.
C	2.672 568	0.071 855	37.193 76	0.000 0
LP	0.302 838	0.024 396	12.413 32	0.000 0

2）向量自回归模型

向量自回归模型（VAR）常用于预测相互联系的时间序列以及分析随机扰动对变量系统的动态影响。VAR 模型中确定滞后阶数是关键，如果滞后期过小，误差项可能具有严重的自相关现象，不能反映变量间的相互影响；反之，若滞后项过大会导致自由度大量减少，参数估计将不再具有有效性。模拟效果如表 7.3 所示，根据 AIC 原则比较确定例 LR 和 LP 的 VAR 的阶数，选择滞后 3 期的 VAR（3）模型比较合适。

表 7.3 VAR 模型的选择

因变量	滞后 1 期	滞后 2 期	滞后 3 期	滞后 4 期	滞后 5 期
LR	−6.609 99	−7.019 42	−7.279 5	−7.005 68	−6.871 8
LP	−2.405 75	−2.456 85	−2.396 15	−2.563 7	−2.559 49

利用 EVIEWS 进行模拟，如表 7.4 所示，每个系数被赋予 3 个参数，其中方括号内为 t 值上限，小括号内是估计系数的标准差，没有括号的就是变量系数的估计值。

表 7.4 VAR 模型系数

系数	LR	LP
LR（−1）	1.123 186	−1.277 388
	(0.208 78)	(2.399 33)
	[5.379 83]	[−0.532 39]
LR（−2）	−0.334 535	−1.515 824
	(0.332 03)	(3.815 76)
	[−1.007 55]	[−0.397 25]
LR（−3）	0.127 440	3.047 699
	(0.192 54)	(2.212 70)
	[0.661 89]	[1.377 37]
LP（−1）	−0.013 341	0.694 166
	(0.021 11)	(0.242 63)
	[−0.631 91]	[2.861 01]
LP（−2）	−0.021 297	0.319 038

续表

系数	LR	LP
	(0.027 66)	(0.317 90)
	[−0.769 91]	[1.003 59]
LP（−3）	0.065 479	−0.114 352
	(0.022 32)	(0.256 51)
	[2.933 65]	[−0.445 80]
C	0.247 107	−0.357 45
	(0.056 86)	(0.653 45)
	[4.345 89]	[−0.547 02]

3）自回归误差修正模型

为弥补长期静态模型的不足，通常可以用误差修正模型描述短期波动关系。因此，在 VAR 模型的基础上可以进一步得到 VECM 模型，也就是建立城市化与房地产价格之间的误差修正模型。

如果在 VECM 中，误差修正项 ecm 的系数为负，说明当 ecm（−1）＞0 时，ecm 对城市化水平 LR 增长起减少的作用；当其小于零时，对城市化水平 LR 增长起促进的作用。如表 7.5 所示。

表 7.5 VECM 模型系数

系数	LR	LP
CointEq1	−0.086 16	0.147 315
	−0.033 8	−0.312 31
	[−2.549 40]	[0.471 70]
D（LR（−1））	0.175 262	−3.350 1
	−0.266 35	−2.461 35
	[0.658 00]	[−1.361 08]
D（LR（−2））	−0.110 58	−1.288 48
	−0.224 51	−2.074 69
	[−0.492 55]	[−0.621 05]
D（LR（−3））	−0.053 87	−5.367 73
	−0.226 38	−2.091 91
	[−0.237 97]	[−2.565 94]
D（LP（−1））	−0.046 54	−0.431 17
	−0.025 36	−0.234 32
	[−1.835 38]	[−1.840 13]
D（LP（−2））	−0.068 12	−0.148 86

系数	LR	LP
	−0.027 32	−0.252 42
	[−2.493 65]	[−0.589 73]
D（LP（−3））	−0.007 71	−0.395 82
	−0.033 67	−0.311 17
	[−0.228 86]	[−1.272 03]
LP（−3）	0.065 479	−0.114 352
	(0.022 32)	(0.256 51)
	[2.933 65]	[−0.445 80]
C	0.247 107	−0.357 45
	(0.056 86)	(0.653 45)
	[4.345 89]	[−0.547 02]

4）Granger 因果检验结果

Granger 因果检验中，如果加入变量 x 的滞后值，相对于不加入 x 的滞后值，能够提高预测精度，则称变量 x 为变量的 Granger 原因。然后就人口城市化率与房地产价格进行因果检验。由检验结果可知，在 1％的置信水平下，房地产价格在滞后第 1 期时是人口城市化的原因；在 10％的置信水平下，人口城市化率滞后 2 期后开始是房地产价格的原因。如表 7.6 所示。

表 7.6　Granger 因果检验

零假设	1	2	3
LP does not Granger Cause LR	0.001 79	0.020 96	0.004
LR does not Granger Cause LP	0.255 97	0.054 03	0.089 87

这说明，房地产价格对人口城市化有推动作用，反过来，人口城市化也会影响房地产价格，但有一定的滞后期。前者是因为我国房地产价格近年来的持续上涨，直接吸引了部分农村劳动力投资购房，并且在城市安居下来，提高了人口城市化率。后者是由于人口城市化带来的房地产购买力增加，需要一定的收入的积累时间，才能对房地产价格起到促进的作用，这里滞后两期也是可以理解的。

2. 人口城市化与房地产系统的耦合测度

1）城市化人口和房地产系统的熵流交换

根据普利高津提出的耗散结构理论，可以将房地产与城市人口视为相对独立的两个系统。在这两个系统当中，人口城市化无疑为城市人口系统提供了负熵，这对于我国城市经济、政治和文化的有序发展都至关重要；与人口城市化带来的直接影响不同，城乡人口的迁徙对于房地产系统的影响则更加间接，这是因为，农村人口迁徙到城市环境中往往不会直接参与房地产市场。

虽然人口迁徙带来的住房需求增长是毫无疑问的，但这种需求要经过相对较长的时间才能够实现。其中，有意愿直接购房的人会花一点时间积累资金，而考虑租房的人把他的需求释放到了房地产租赁市场，再由租赁市场转移到新房市场，这个过程往往是房屋出租者做出扩大规模决策的过程，其间的犹豫考察所需的时间可能会持续数个月。

另外，房地产开发企业从购置土地、雇佣员工，甚至到筹措开发资金，都需要花费较为固定的时间，也就是说房地产开发商为市场提供住房的努力并非立即变现的。商业住房从开工到竣工，也就是施工阶段所需要的时间。因此，房地产系统与城市化人口系统的物质交流（熵流），就是房地产市场上的商品房销售的过程。

在物质形态的熵流交换中，不可避免地提到了各种信息交换的延迟。例如，城市化人口发生突然波动的信息向房地产系统的传播，特别是这种信息的传播形式并非是系统层次上的。非常有可能的是，两个市场的信息交流主要通过系统微观个体来进行。例如，某位进城就业的农村居民开始下决心在城市买房，这份信息传递到房地产系统，可能需要经过房地产中介，或者是售楼处才能逐渐到达房地产供给系统。

虽然这可能只是小小的一条购房意向信息，但房地产系统接收到这条信息熵后，在不同的房地产企业之间流动，最后可能会有房地产供给方满足这条市场需求。因此，人口迁徙带来的住房需求信息，以熵流形式传递到供给系统以后，直接影响了开发企业的销售，另外还间接地影响了房地产企业的销售和开发进度。因此，外部信息熵流虽然看不见摸不着，但真正的作用是影响了房地产系统的销售秩序，并将影响传导到开发阶段。

2）基于熵与熵增的系统分类

对于开放的系统来说，熵流导致系统不断的偏离均衡状态，其中系统均衡状态是指系统在状态空间的最大可能性轨迹，也就是最大熵。因此，对于复杂系统的描述应该存在从整体状态出发，或者从熵流净值出发的两种着眼点。这两种系统状态的刻画方法，可以说从静态和动态的角度，从存量和流量的角度描述了当前系统。

就系统静态存量的描述来说，如何寻找最大可能状态点是比较困难的。但我们通过分析系统熵增的性质，容易描述系统发展的可能性，这对于复杂性研究来说也是非常重要的。根据某时点上系统静态存量的总熵，可以将系统分为三种状态：一是处于近似于完全无序的热力学平衡态，这种系统对应了三种动态的系统熵增的状态。二是处于近乎发生突变的非平衡态，这种静态也对应了三种演化的状态。三是指其他介于平衡态和远离平衡态之间的系统。

3）基于熵流的系统耦合状态分类

作为熵流交换方的系统共有五种可能的形式，此时，如果两个系统相互之间存在熵的传递，那么其耦合状态也因此可能有不同的组合，如表 7.7 所示。其中，假设不存在第三方外部环境，可以令 $dS = d_u S + d_e S$ 代表整体系统的熵变，公式右边依次为代表城市人口系统和房地产系统的总熵变。

表 7.7　系统熵流组合

dS	d_uS	d_eS	系统状态	协调状态
<0	<0	<0	人口城市化和房地产业有序发展	耦合协同
<0	=0	<0	人口城市化平稳，房地产有序发展	基本协同
<0	<0	=0	房地产发展稳定，人口城市化有序	基本协同
=1	=0	=0	房地产和人口城市化均平稳	临界模式
>0	=0	>0	人口城市化平稳，房地产发展停滞	
>0	>0	=0	人口城市化乏力，房地产发展平稳	耦合衰退
>0	>0		人口城市化和房地产均增长乏力	
>0	>0	<0		冲突模式
=0	>0	<0	人口城市化乏力，城镇化有序发展	临界模式
<0	>0	<0		基本协调
>0	<0	>0		冲突模式
=0	<0	>0	人口城市化有序，房地产发展停滞	临界模式
<0	<0	>0		基本协调

令 dU 代表人口城市化率的变化，dE 代表房地产销售面积的变化，前者反映了城市人口系统有序性的增长（负熵流），后者反映了房地产系统生成销售的有序性变化（负熵流）。用直角坐标系表示两者之间的组合，则表 7.7 中整体系统的耦合状态如图 7.15 所示。

$$dU(t) = U(t) - U(t - dt) \tag{7.2}$$
$$dE(t) = E(t) - E(t - dt) \tag{7.3}$$

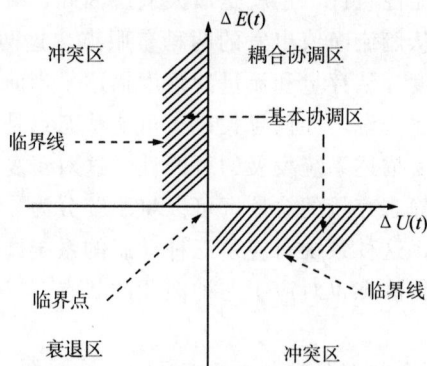

冲突区　　耦合协调区

临界线　　基本协调区

$\Delta E(t)$　　$\Delta U(t)$

临界点　　临界线

衰退区　　冲突区

图 7.15　系统耦合状态分类示意图

4）我国人口城市化与房地产系统耦合状态

根据上述计算方法，可以得到 1987 年以来我国人口城市化与房地产系统的协同状态。如表 7.8 所示，我国人口城市化率的变化与房地产系统达到了耦合协同的程度，只有 2008 年耦合状态被打破，但随后 2009 年和 2010 年整体系统仍然保持良好。

表 7.8　房地产与人口城市化系统耦合状态

年份	u	e	du	d$(\ln e)$
1988	25.81	147.216 4	0.50	0.29
1989	26.21	163.754 2	0.40	0.11
1990	26.41	201.826 3	0.20	0.21
1991	26.94	237.859 7	0.53	0.16
1992	27.46	426.59	0.52	0.58
1993	27.99	863.71	0.53	0.71
1994	28.51	1 018.5	0.52	0.16
1995	29.04	1 257.73	0.53	0.26
1996	30.48	1 427.13	1.44	0.13
1997	31.91	1 799.48	1.43	0.23
1998	33.35	2 513.3	1.44	0.33
1999	34.78	2 987.87	1.43	0.17
2000	36.22	3 935.44	1.44	0.28
2001	37.66	4 862.75	1.44	0.21
2002	39.09	6 032.34	1.43	0.22
2003	40.53	7 955.66	1.44	0.28
2004	41.76	10 375.71	1.23	0.27
2005	42.99	17 576.13	1.23	0.53
2006	44.34	20 825.96	1.35	0.17
2007	45.89	29 889.12	1.55	0.36
2008	46.99	25 068.18	1.10	−0.18
2009	48.34	44 355.17	1.35	0.57
2010	49.95	52 721.24	1.61	0.17

　　根据上述计算方法，以新增城市人口和销售面积分别作为人口和房地产系统的外部熵流指标，可以得到 1987 年以来我国人口城市化与房地产系统长期处于协同耦合的状态。但是，关于耦合评价的熵分析方法没有考虑滞后影响，对于系统熵流的认识还不够深入，这势必会使结果有些粗糙。目前，只发现了 2008 年的房地产销售出现负增长，从而与人口城市化有所脱节，但 2009 年以后两者已迅速回到共同增长的状态。

　　考虑继续利用回归方法获得理想的协调值，线性近似不能有效预测未来演化趋势，但可以提供从当前时点出发线性耦合的虚拟值。在此基础上，可以计算两个系统之间的静态和动态的协调度。令 x 为实际值，x' 为协调值，S^2 为实际方差，$U(i/j)$ 为系统协调系数，$CS(i, j)$ 为静态协调度，$CT(t)$ 为动态协调度。

$$U(i/j) = \exp\left[\frac{x_i - x_i{}'}{s^2}\right] \tag{7.4}$$

$$CS(i, j) = \frac{\min[U(i/j), U(j/j)]}{\max[U(i/j)], U(j/i)} \qquad (7.5)$$

$$CT(t) = \sum_{t=0}^{T-1} CS(i, j/t) \qquad (7.6)$$

动态协调度 $CT(t)$ 值越大，则系统发展状态的协调性越好。若其值为1，表明系统发展是完全协调的。若任取 $t_2 > t_1$，成立 $C(t_2) > (t_1)$，说明系统一直保持协调发展。利用人口城市化与房地产系统之间的协调性，分别做回归拟合分析，可得 LR = 0.302 838 * LP + 2.672 568；LP = 2.889 5LR − 7.364 780；然后求出上述协调系数和协调度，并得到人口与房地产系统之间的协调性，具体结果如图 7.16 所示。

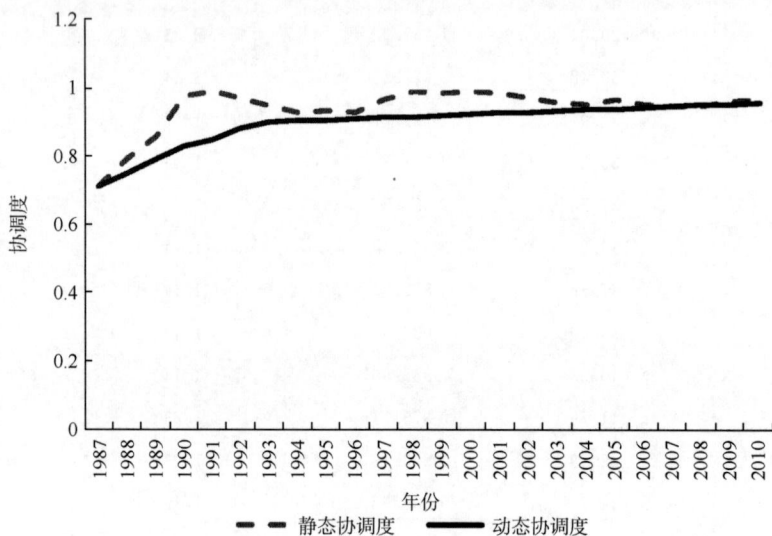

图 7.16　静态和动态协调度

根据协调性结果可知，我国人口城市化与房地产市场静态协调度 1990 年以后达到 0.9 以上，但 1993~1995 年出现过明显回落，2010 年为 0.95；而动态协调度 1996 年以后达到 0.9 以上，并基本处于上升趋势，仅 2008 年出现过回落，2010 年为 0.945。应该说，2000 年以来，无论是从静态协调度还是动态协调度来看，我国房地产市场发展与人口城市化处于高度协调状态。但应注意静态协调度近年来不断波动，而动态协调性虽然具有滞后性的特点，但也表现出增长停滞的趋势。因此，随着房地产风险加大和人口城市化减速，两者间的协调性有可能会降低。

（三）结论

综上所述，我国人口城市化与房地产市场具有明显的正相关关系，其中房地产价格对人口城市化有推动作用，人口城市化对房地产价格有滞后作用，人口城市化与房地产销售额相互影响较为间接。我国房地产市场与人口城市化存在较好的耦合协同关系，但近年来，静态协同度波动加剧，动态协同度也增长乏力，系统协同度可能会发生变化。

通过分析我国人口城市化与房地产市场的关联关系，研究我国人口系统与房地产系统的熵流关系和耦合状态，利用静态和动态协调度定量分析两系统的协调状态。从结论来看，我国人口城市化短期内受房地产市场影响较大，长期内房地产市场受人口城市化影响，两个系统取得了较好的协调发展的效果，但未来的协同效应存在下降的可能。因此，建议加快推进影响城乡人口迁徙的体制、机制和制度改革，提高房地产调控政策的前瞻性，防范房地产市场可能出现的距离震荡。

三、财税政策下我国房地产财富效应研究
——基于平滑转换回归模型

自 20 世纪 90 年代全面实施住房商品化改革以来，我国房地产市场经历了"爆膨"式的发展，房地产业迅速增长并占据了我国经济资本市场的重要主导位置。伴随着我国综合国力的增强及在国际金融危机中表现出来的强劲发展态势，中国逐渐走向世界经济的中心，成为引领世界经济复苏的期望之星。但是不得不承认的是，随着我国市场经济的发展和我国综合国力的提高，房地产行业在建立功绩的同时也滋生了众多的隐患，房地产泡沫危机、房价过分攀升、房地产市场投机等现象，严重影响了居民的日常生活，导致了贫富差距扩大、内需不足等一些列影响我国市场经济正常运转的严重问题。如何扩大内需成为我国目前亟待解决的社会问题，在这样的大形势下，房地产市场发展应当何去何从以发挥其正向的主导作用、继续促进我国经济的稳健发展，成为国家宏观调控的重点。

为此，从 1993 年房地产第一次出现过热现象开始，我国就实行了一系列的房地产调控政策来规范房地产市场的发展，以期能够有效促进我国宏观经济的发展。具体调控政策如表 7.9 所示。

表 7.9　我国房地产市场调控政策一览表

时间	背景	主要政策	主要措施	调控效果
1993～1997 年	房地产热首次出现，房地产泡沫形成，导致通货膨胀	"国 163 条"等	整顿金融秩序，加强宏观调控	通货膨胀得到遏制，经济实现"软着陆"；海南一带房地产泡沫破裂，房地产市场进入低迷期
1998～2002 年	亚洲金融危机后，经济"通货紧缩"，房地产市场金融低潮	23 号文件等	取消福利分房，开建经济适用住房	激活了低迷的房地产市场；住房出现结构性不合理现象，腐败问题滋生
2003～2005 年	房地产投资快速增长，房地产过热现象再次发生，房价快速上涨	121 号文件、18 号文件等	调高住房贷款收入比例，取消优惠住房利率	调控效果不显著，"圈地热"、房地产信贷等金融风险问题滋长

续表

时间	背景	主要政策	主要措施	调控效果
2005～2007 年	一线城市房地产市场过热发展，房价猛增，房地产市场开始成为社会关注焦点	"国八条"、"国六条"，九部委"十五条"等	实行"限价房"政策，发展经济适用房	调控作用不显著，房价继续增长
2008～2011 年	世界金融危机发生，房地产市场由盛转衰又重新繁荣	"国四条"、"国十条"	大规模推进保障性安居工程建设	房地产市场在短暂的僵持阶段后继续回暖
2011 年至今	房地产市场继续过热发展，严重影响到人民生活，国内消费不足，急需扩大内需	新"国八条"，《关于 2012 年深化经济体制改革重点工作的意见》等	征收个人住宅房产税政策	有待观察

从表 7.9 可以看出，国家调控政策对房地产市场的作用一直不是十分显著，房价并没有得到有效的控制，反而一路飙升，如图 7.17 所示，我国商品房单价由 1993 年的 1208.23 元/平方米一直增长到 2012 年的 5429.90 元/平方米，增长了近 3.5 倍，完全没有反弹或者放缓的迹象。尽管我国出台了一系列的房地产调控策略，但房价问题依旧没有得到有效的解决，房地产以其特有的商品和投资品双重属性受到了各界投资人士的关注，随之而来的是我国消费的严重不足、内需继续扩大的社会问题。"十二五"规划明确提出，今后五年经济社会发展的主要目标之一是"结构调整取得重大进展，居民消费率上升"。房地产市场调控究竟应该何去何从？2011 年我国正在尝试的房产税政策是否能够对房地产市场调控起到有效的作用，进而促进居民消费，扩大内需，促进经济的增长，正是本研究要解决的重要问题。

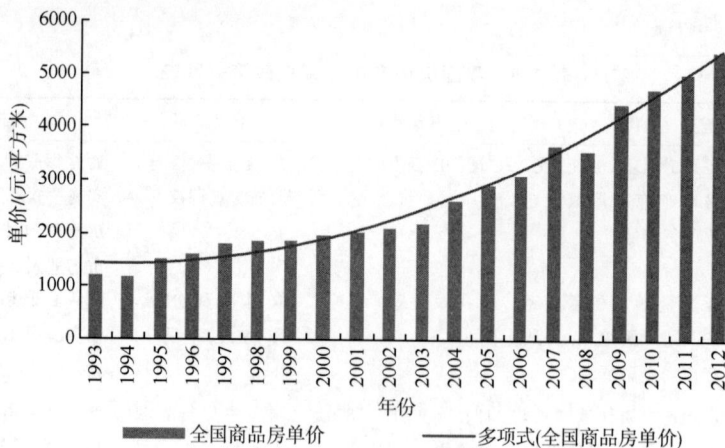

图 7.17　全国商品房单价

（一）文献回顾

财富效应是假定在其他条件相同时，货币余额的变化将会引起居民消费开支的变动，即房价的变动，导致了人们实际财富存量变化，进而对人们的消费行为产生影响。也就是说，房价的变动，会影响居民的消费。房地产财富效应理论来源于持久性收入理论和生命周期理论，霍尔和费莱文综合探讨了持久性收入理论和生命周期理论的内涵后，将两者进行了完美结合，形成了 LC-PIH 模型，该模型将财富作为总消费最重要的决定因素，为房地产财富效应的研究提供了较好的理论基础。LC-PIH 模型可用如下公式表示：

$$C = \alpha + \beta WR + \gamma Y (\alpha > 0, \ 0 < \beta, \ \gamma < 1) \tag{7.7}$$

对于财富效应的存在性及其作用方式等问题，国内外都进行了大量的研究，包括 Yoshikawa 等对日本房地产市场的研究，Engelhardt 等对房价增长和居民消费之间进行的直接检验性研究，Ludwig 等对 OECD 国家房地产市场数据进行的检验，Dvornak 等对澳大利亚房地产市场中房价变动对消费的影响，以及 Cambell 等利用微观数据对英国的分析等，研究结果均显示了房地产市场中财富效应的存在性。国内学者为寻求扩大我国内需的有效途径，对我国的房地产财富效应也进行了大量的研究，刘建江对我国房地产财富效应的定义以及传导机制进行了归纳，李玉山等分长短期对我国住房资产财富效应进行了探讨，张存涛研究了房价上涨对社会零售品消费的作用，星焱利用 1992～2007 年的相关数据，分时期对四川省房地产财富效应进行了分析，梁礼广利用 1991～2008 年相关数据对我国房地产财富效应进行了实证检验，季明发等从行为金融的角度分时期对我国财富效应进行了研究。国内学者的研究也都纷纷证明，房地产财富效应在我国房地产市场中是存在的。

房产税对消费的影响问题由来已久，房产税对消费的影响分为直接影响和间接影响两个方面。从直接影响方面来看，房产税的征收会改变消费者的价格预期，从而改变消费行为，增加或减少消费。从间接影响的角度来考虑，房产税会给住房供给者带来收益的变化，从税收转嫁的相关知识以及资产收益的角度不难理解，房产税的变化必然带来房价的改变，房价改变进而通过财富效应的作用影响居民的消费行为。王海勇从现代资产定价理论的角度研究了房产税对房价的影响；赵晓丽等进行的实证研究也都证明了房产税对消费的直接影响和间接影响的存在性。

在国内外学者研究的基础上，可以得出结论：我国房地产市场存在财富效应的作用，而且房产税对于房地产财富效应的作用是有影响的。那么房产税对于财富效应的作用是正向的还是负向的，是促进消费还是抑制消费？伴随着房产税的变化，房地产财富效应的作用会产生怎样的变化？明确了这个问题，在房地产调控的过程中，就可以有的放矢地为房产税政策的制定和执行进行有效的指导和建议。以下重点研究房产税通过财富效应怎样对我国居民的消费产生影响。

（二）研究基础

为了找出房产税对房地产财富效应作用的影响，本研究利用我国 30 个省（自治区、直辖市）（香港、澳门、台湾未被选入观测对象，西藏由于数据有缺失，也未选入观测对象）的房地产季度数据进行了研究。数据均取自国家统计局，时间范围是 2003～2011 年，其中商品房单价是由商品房销售额与商品房销售的季度数据相除得出的，房产税占比是由当季的房产税与财政收入相除得出的，其中当季的财政收入由年度财政收入数据简单算术平均得出，而当即房产税是由房产税年度数据根据商品房销售额季度数据加权平均得到的。图 7.18～图 7.47 中，横轴代表房产税占比，

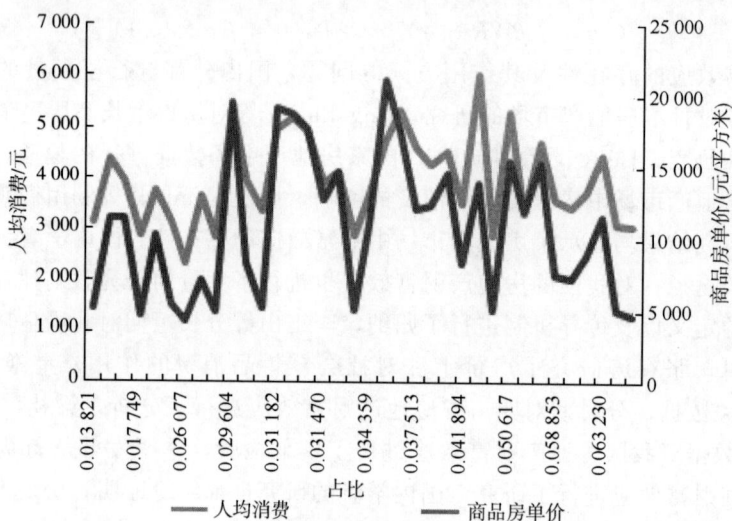

图 7.18　北京市

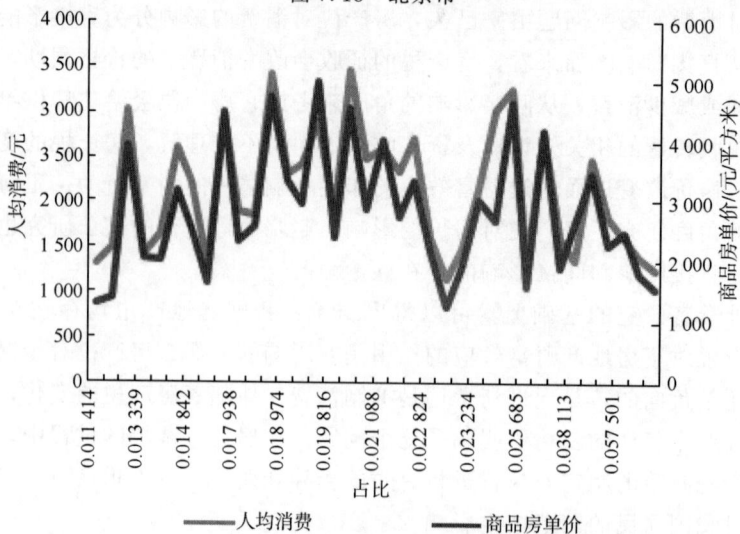

图 7.19　安徽省

160

纵轴主坐标表示的是居民的消费，次坐标表示的是房价的变动。为了更清晰地表示出随着房产税的变化，我国消费与房价之间的关系，特将数据按照房产税占比进行排序并作图。

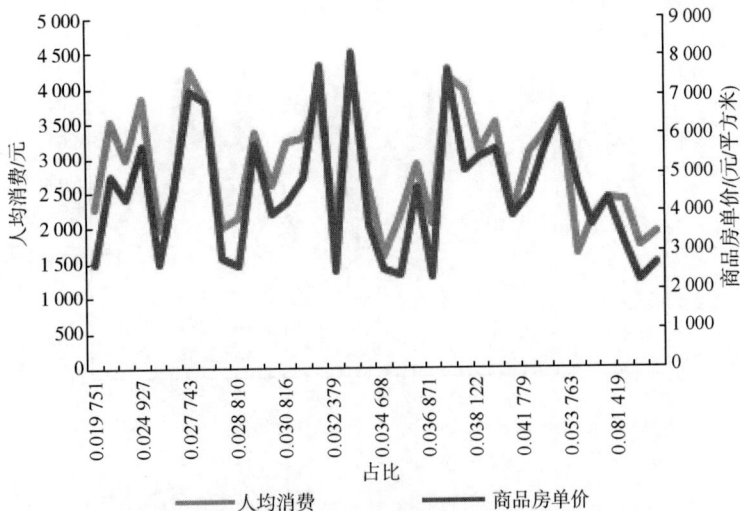

图 7.20　福建省

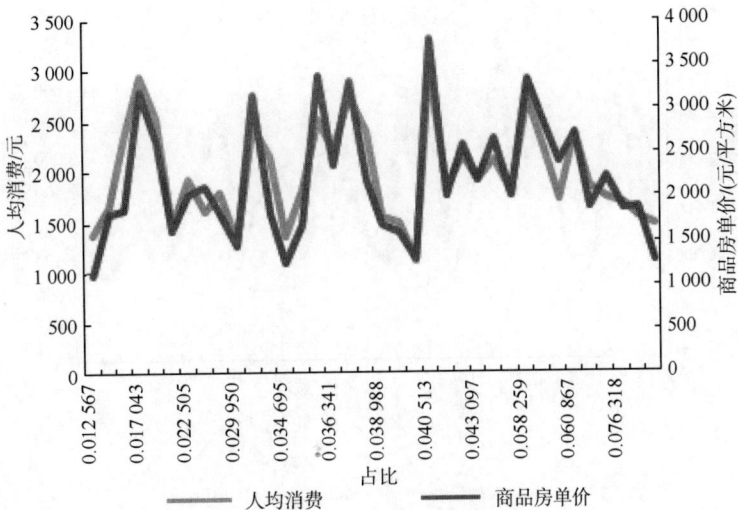

图 7.21　甘肃省

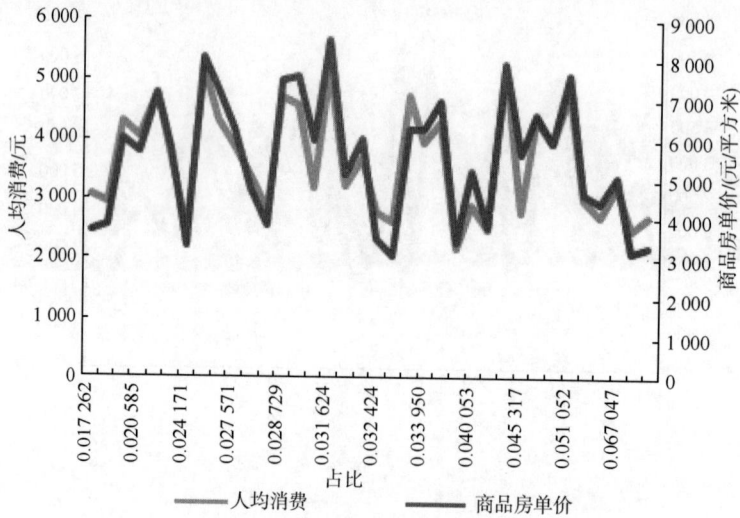

图 7.22　广东省

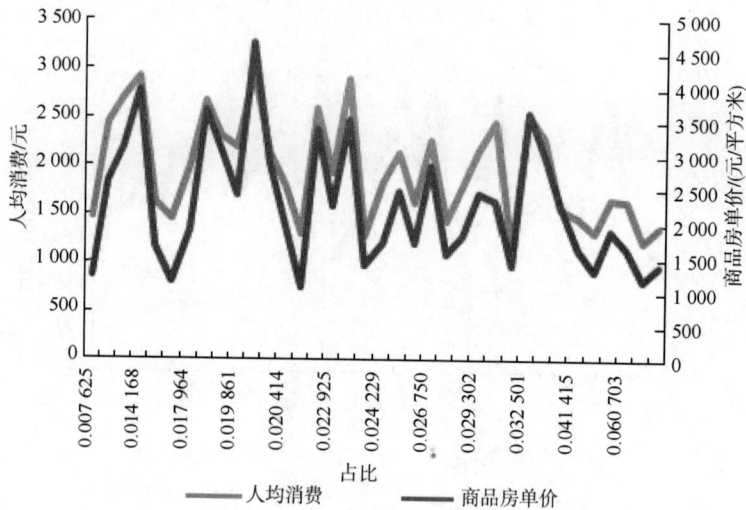

图 7.23　贵州省

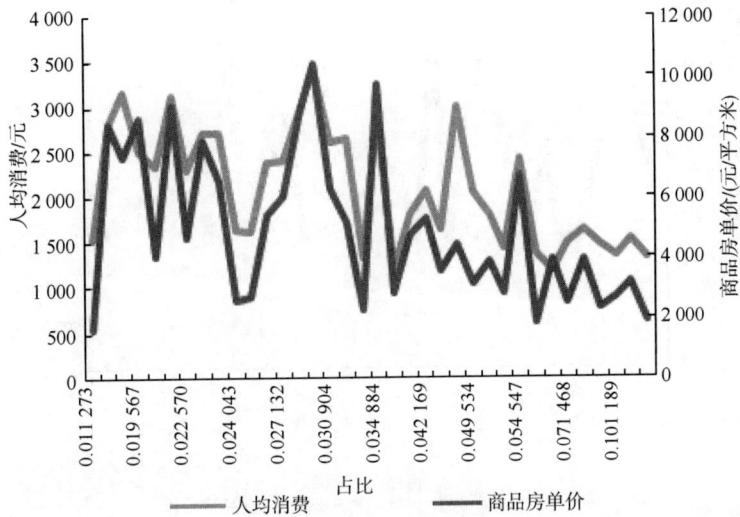

图 7.24　海南省

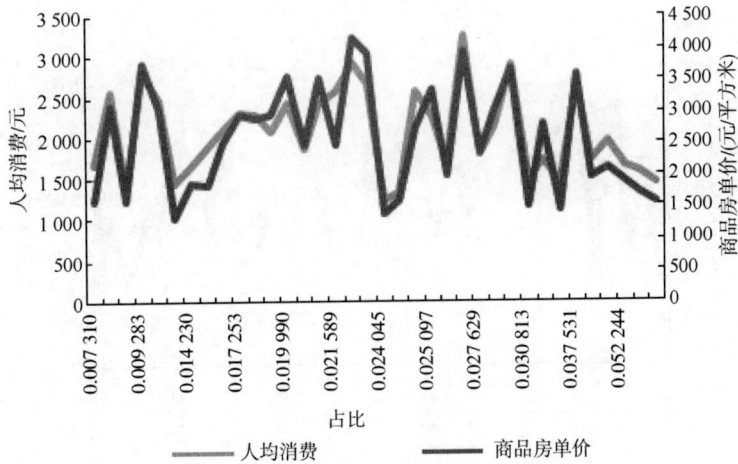

图 7.25　河北省

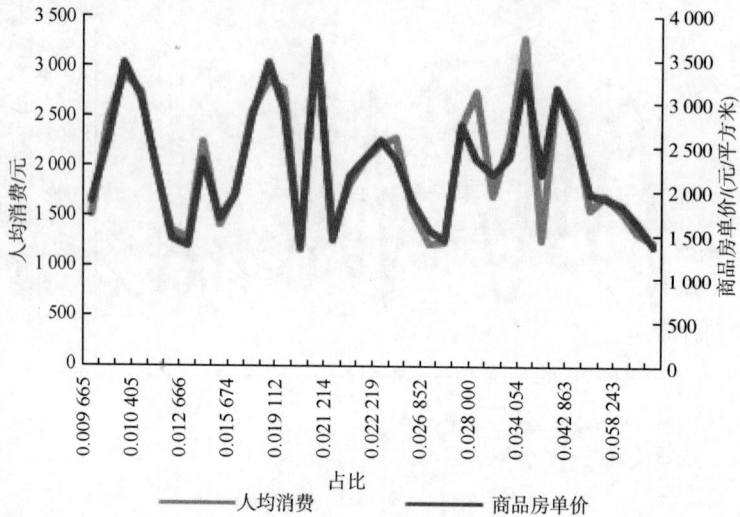

图 7.26　河南省

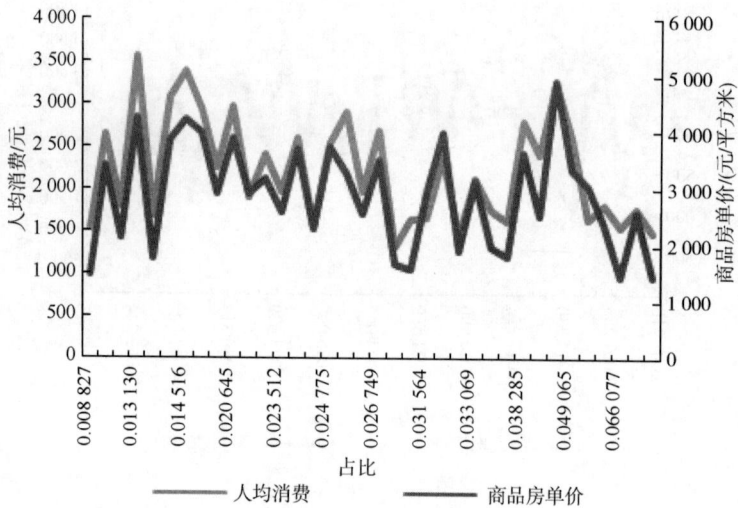

图 7.27　湖北省

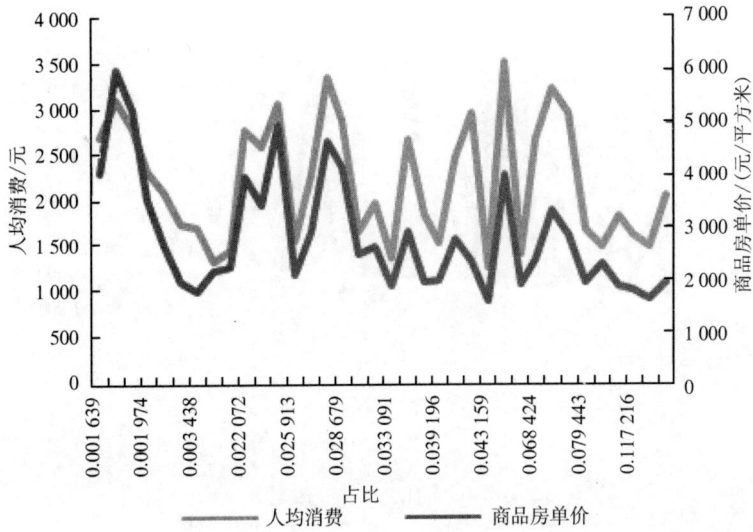

图 7.28　吉林省

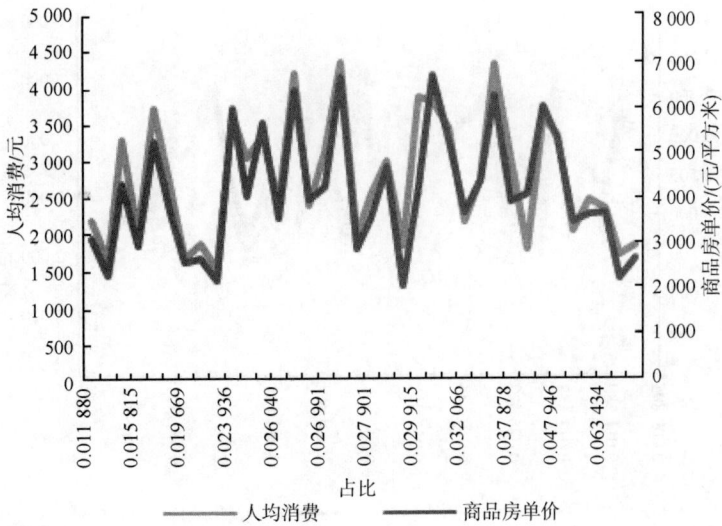

图 7.29　江苏省

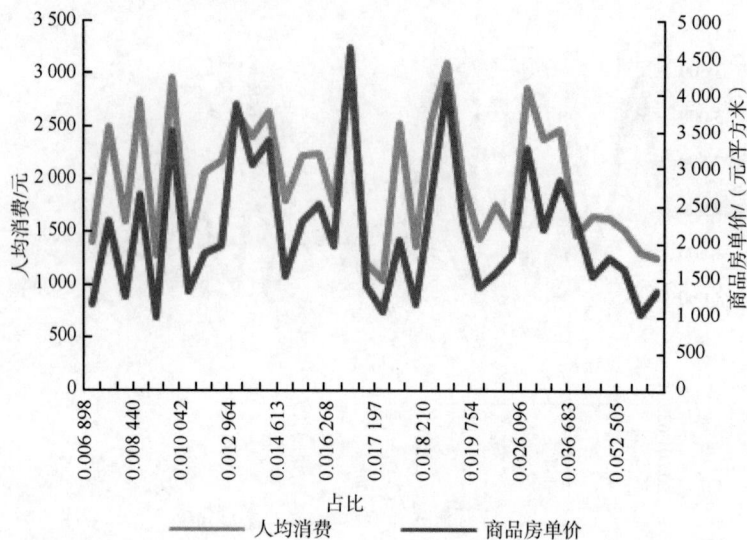

图 7.30　江西省

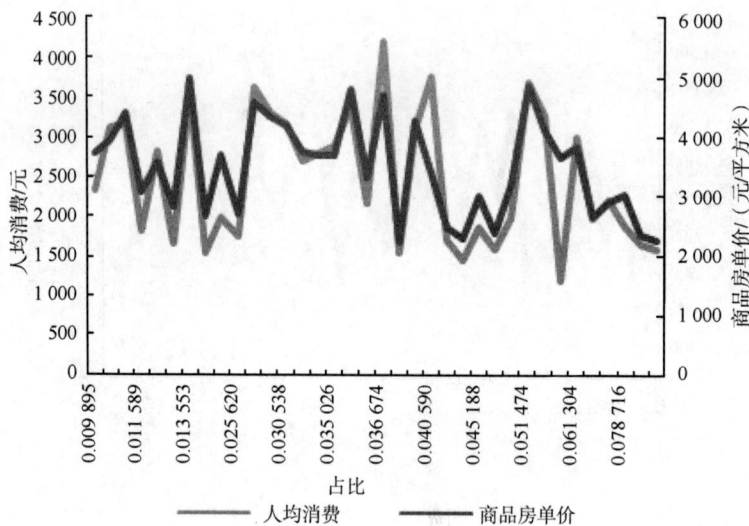

图 7.31　辽宁省

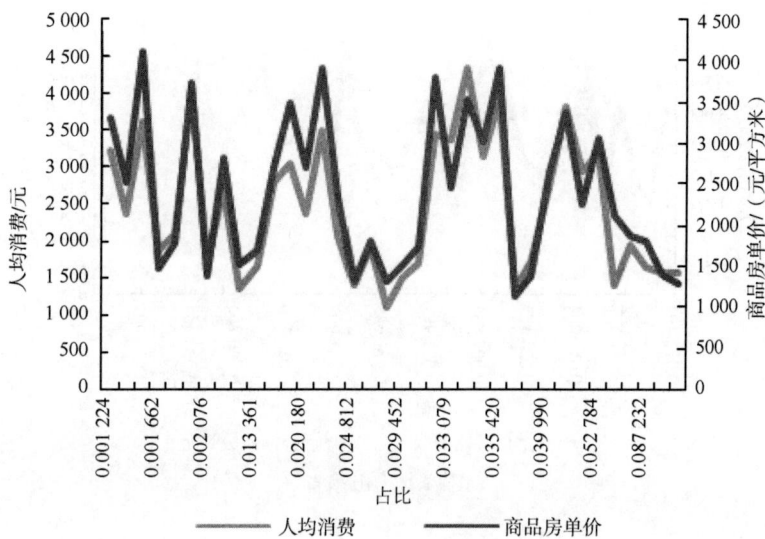

图 7.32 内蒙古自治区

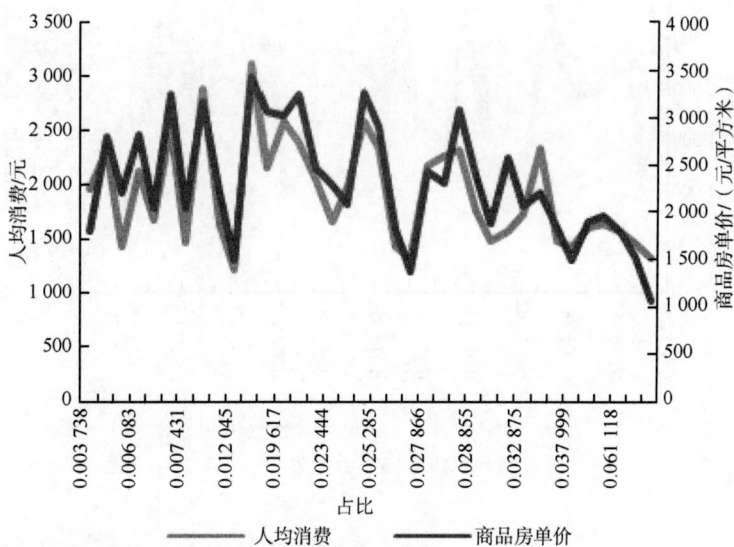

图 7.33 青海省

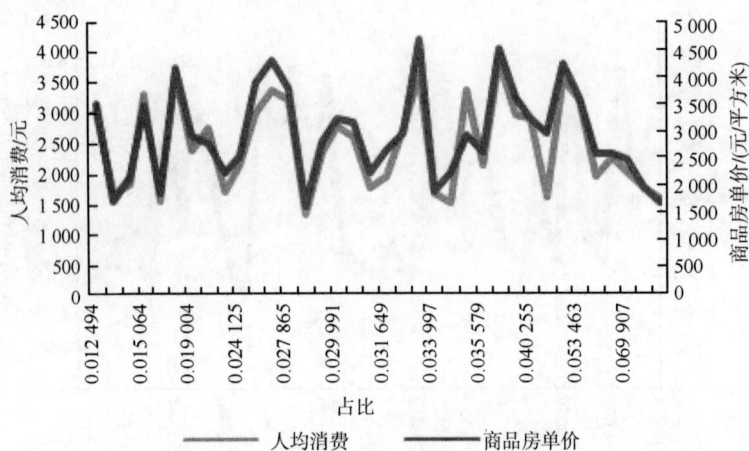

图 7.34 山东省

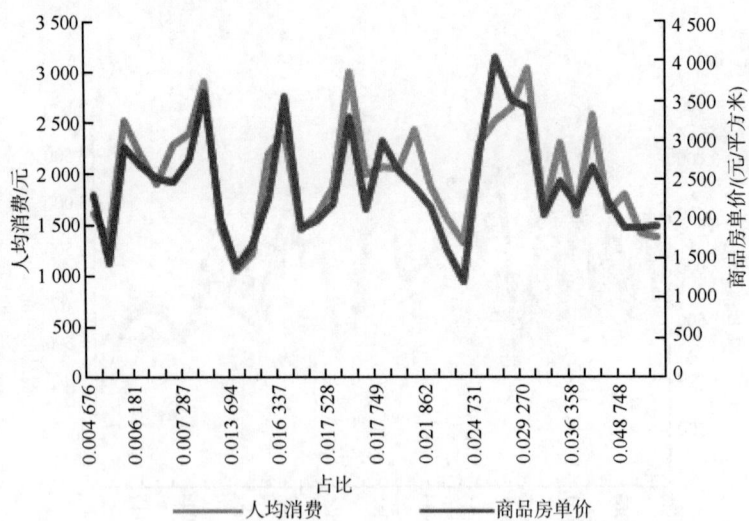

图 7.35 山西省

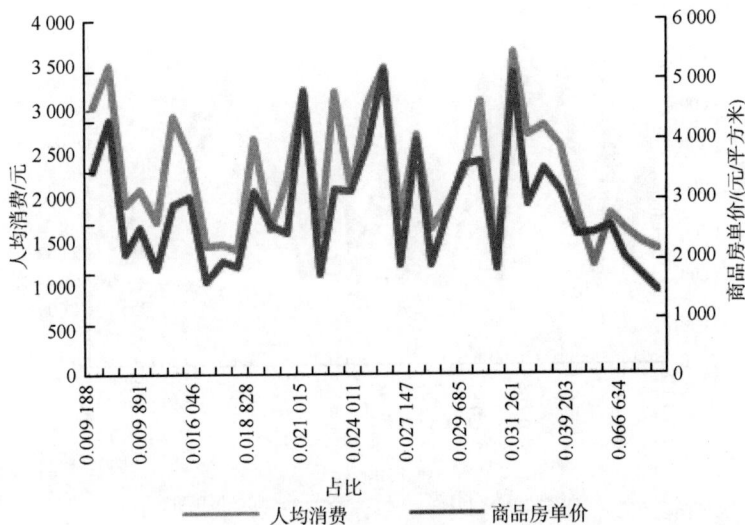

图 7.36　陕西省

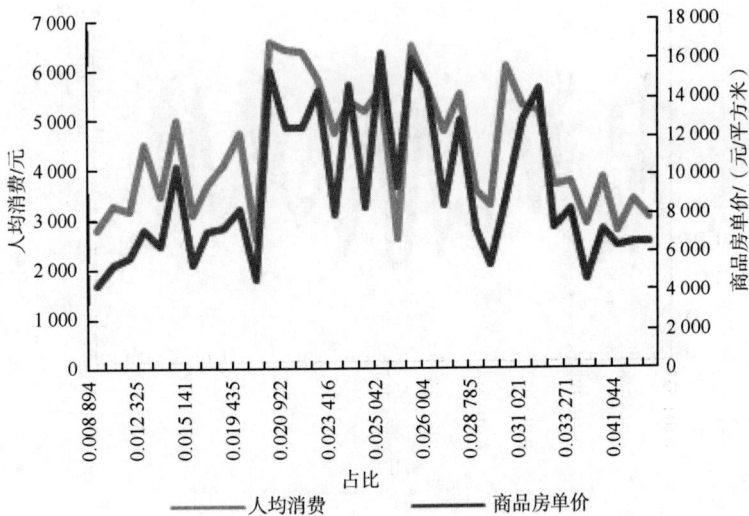

图 7.37　上海市

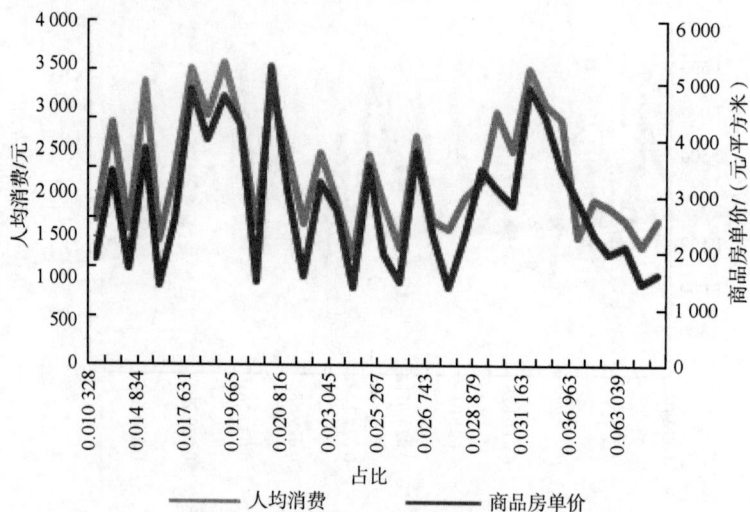

图 7.38　四川省

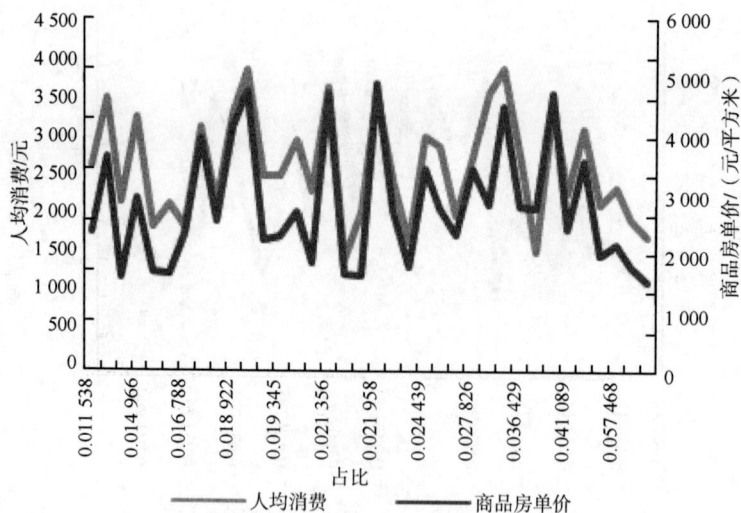

图 7.39　重庆市

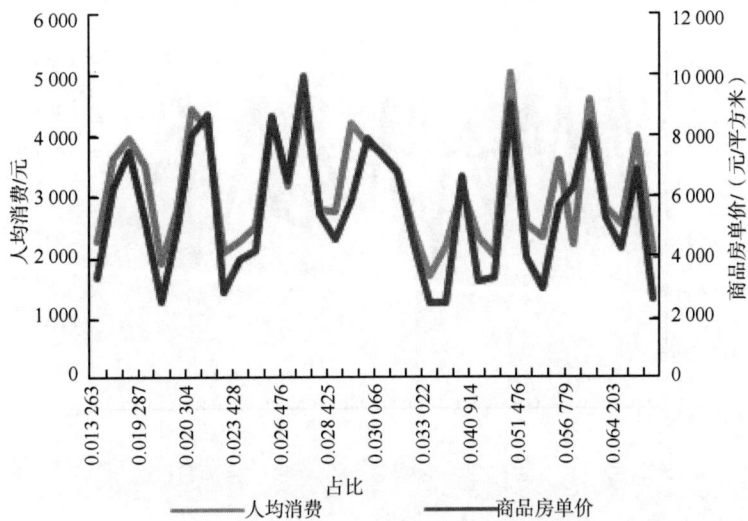

图 7.40　天津市

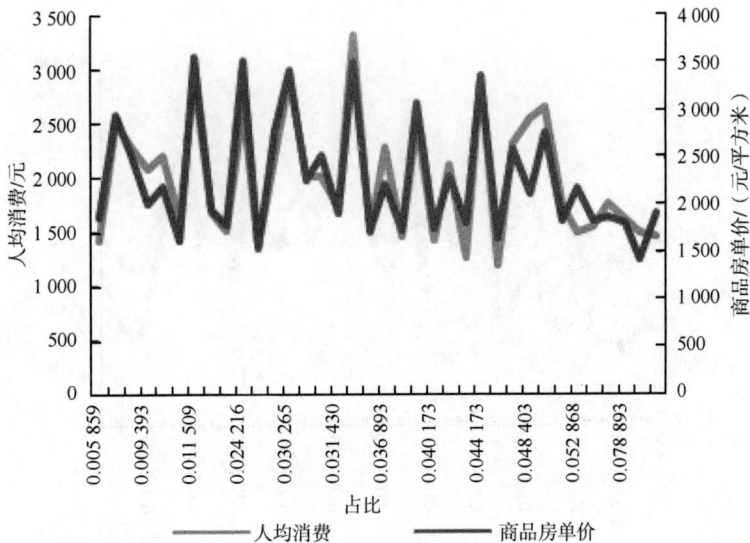

图 7.41　新疆维吾尔自治区

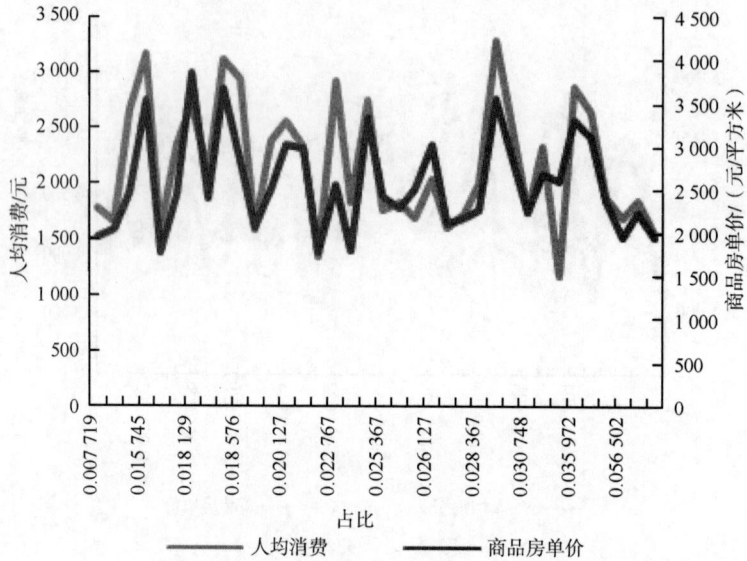

图 7.42　云南省

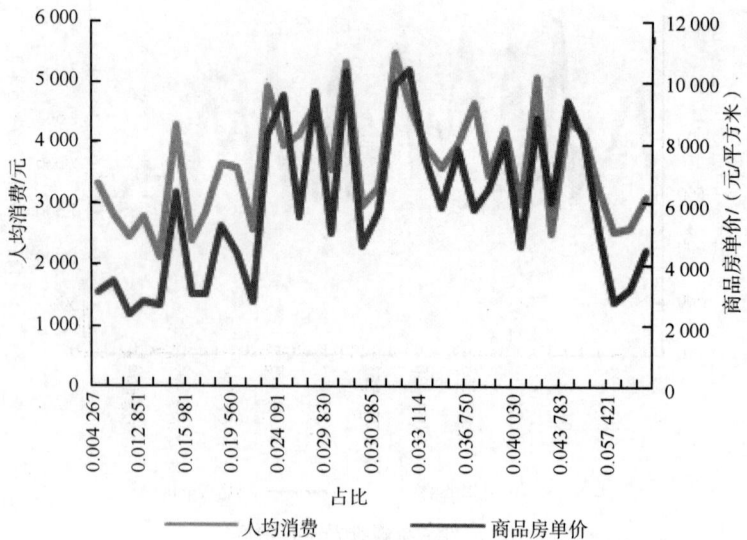

图 7.43　浙江省

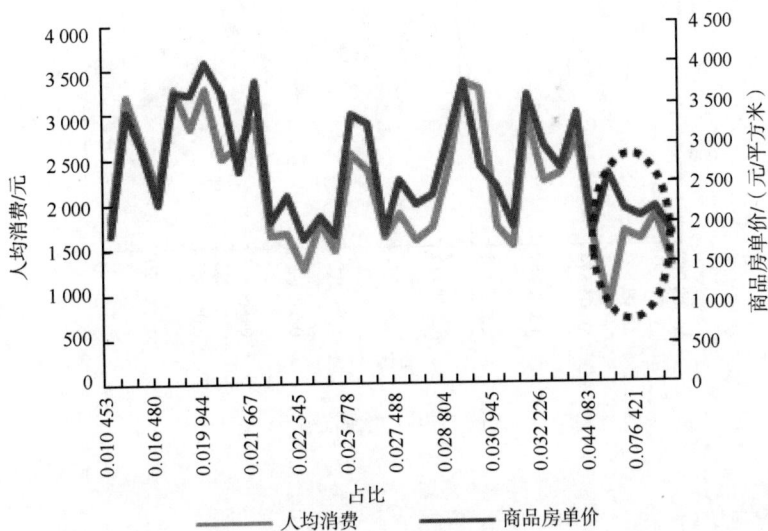

图 7.44 广西壮族自治区

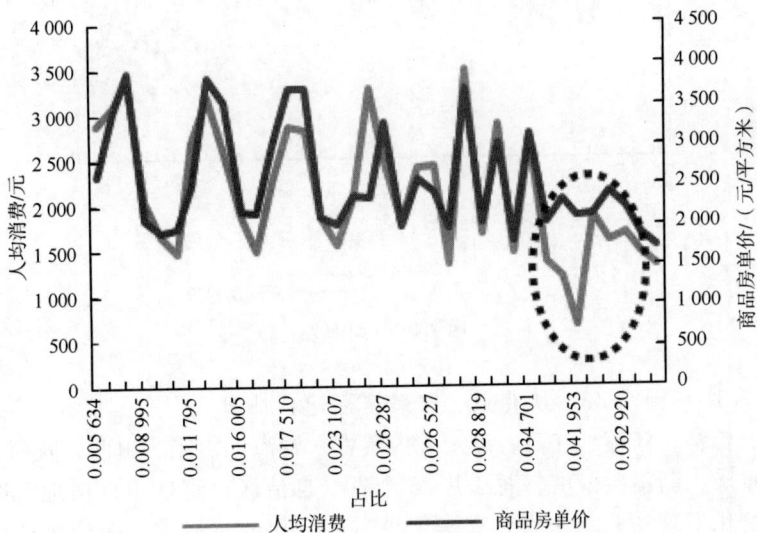

图 7.45 宁夏回族自治区

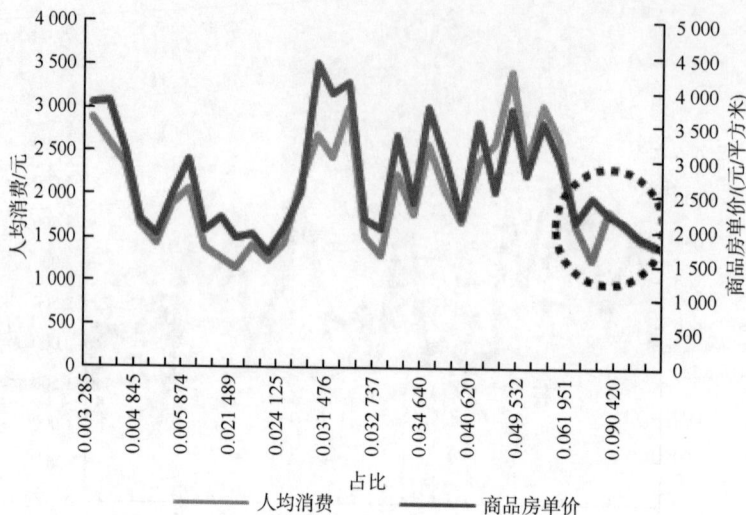

图 7.46　黑龙江省

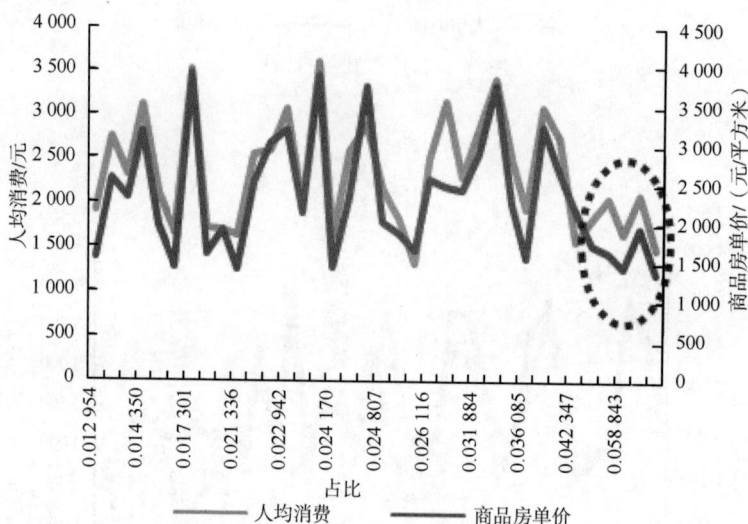

图 7.47　湖南省

　　综合图 7.18～图 7.43，从北京、安徽、福建、甘肃、广东、贵州、海南、河北、河南、湖北、吉林、江苏、江西、辽宁、内蒙古、青海、山东、山西、陕西、上海、四川、天津、重庆、新疆、云南、浙江共 26 个省（自治区、直辖市）房地产财富效应随房产税占比变化呈现的趋势来看，在房产税占比变化的过程中，随着房产税占比的增加，消费与商品房单价虽然变化趋势基本是一致的，但是其变化的幅度并不一致，消费与商品房之间并不是简单的线性模型可以描述的，在房产税占比的不同区间内，消费与商品房单价之间的关系是不一样的，存在着非线性变化的关系。在图 7.44～图 7.47 中，广西、宁夏、黑龙江、湖南虚线标注的范围内出现了异常的变化，即在虚线标注的范围内，消费和商品房单价的变化由正相关关系变为负相关关系，但是之后消费和商品房单价的关系又恢复到了正向的关系。由于影响消费的因素较多，我们并不能就此断定消费和商品房单价之间关系变化的原因，也不能仅凭描述性图表断定发生区制转换的点，但是可以断定房产税对房地产财富效应的影响可能具有区制性，即在房产税占比不同的区制内，房地产财富效应作用方向或大小可能是不同的。

（三）平滑转换回归模型

1. 平滑转化回归模型的基本形式

平滑转换回归模型（smooth transition regression，STR）起源于 Quandt 的区制转换模型，由 Bacon 等首次提出，非线性数据可能呈现出两个不同的线性关系，即从一个线性区制转换到另外一个区制，且这种转换是通过一个包含参数的转换函数来实现的。平滑转换回归模型能够刻画经济运行中的结构性变化，允许变量之间的非线性关系的出现，更好地模拟经济的现实运行状况，因而被广泛地运用于宏观经济状况的研究。Granger 等运用平滑转换回归模型研究美国 GNP 增长和经济先行指数之间非线性关系。Mcmillan 将多变量的平滑转换回归模型应用于美国股票市场的研究。Sarantis 将平滑转换回归模型应用于财政问题的研究。本研究考虑到房产税对于消费作用的间接性及其作用可能存在的不确定性，在直观的统计描述的基础上，对出现的异常问题应用平滑转换回归模型研究其存在的深层次的非线性关系，从而推出房产税对房地产财富效应可能带来的影响，进而推广得出房产税对消费产生作用的区制性。

一般情况下，平滑转换回归模型可以用式（7.8）来表示：

$$y_t = \varphi_0' w_t + (\varphi_1' w_t) F(s_t; \gamma, c) + \mu_t, \quad \{\mu_t\} \sim \text{iid}(0, \sigma^2) \tag{7.8}$$

式中，$F(s_t; \gamma, c)$ 为转换函数，其取值范围是 $[0, 1]$；s_t 为转换变量；参数 c 代表的是门槛值，c 的取值决定了函数关系发生转换的位置；γ 定义了转换函数的斜率，表示函数在区制之间进行转换速度的大小。向量 $w_t = (1, y_{t-1} \cdots, y_{t-p})'$ 代表解释变量，由一个截距项和 y_t 的前 p 个滞后项组成，$\varphi_0 = (\emptyset_{00}, \cdots, \emptyset_{1p})'$ 和 $\varphi_1 = (\emptyset_{10}, \cdots, \emptyset_{1p})'$ 是 $(p+1) \times 1$ 阶的参数矩阵。通常情况下，转换函数具有如式（7.9）或式（7.10）的形式：

$$F(s_t; \gamma, c) = (1 + \exp - \gamma \prod_{k=1}^{k} (s_t - c_k))^{-1} \tag{7.9}$$

$$F(s_t; \gamma, c) = 1 + \exp(-\gamma(s_t - c))^2, \quad \gamma > 0 \tag{7.10}$$

式（7.9）和式（7.10）称为逻辑平滑转换回归，在 $K = 1$(LSTR1) 的情况下，当 $(s_t - c) \to -\infty$ 时，$F(s_t; \gamma, c) \to 0$，当 $(s_t - c) \to +\infty$ 时，$F(s_t; \gamma, c) \to 1$；在 $K = 2$(LSTR2) 的情况下，转换函数 $F(s_t; \gamma, c)$ 的值关于 $(c_1 + c_2)/2$ 点对称。当 $s_t \to \pm\infty$ 时，$F(s_t; \gamma, c) \to 1$，对于一切 $c_1 \leqslant s_t \leqslant c_2$，当 $\gamma \to \infty$ 时，$F(s_t; \gamma, c) \to 0$，而在其他值处，$F(s_t; \gamma, c) \to 1$。这种模型可以拟合三个区制的函数，但是其中两个区制的系数是相同的，即函数系

数围绕点$(c_1+c_2)/2$也是对称的。式(7.8)和式(7.10)称为对数平滑转换回归，其转换函数的值关于c点是对称的。本研究采用的是逻辑平滑转换回归模型的形式。

2. 模型的估计

1）非线性检验

平滑转换回归模型的非线性检验主要基于 AIC 信息准则和 SC 信息准则，根据 Luukkonen 等将转换函数$F(s_t;\ \gamma,\ c)$进行三阶泰勒展开，得到辅助方程式（7.11）：

$$F(s_t;\ \gamma,\ c)=\delta_0+\delta_1 s_t+\delta_2 s_t^2+\delta_3 s_t^3+R(\gamma,\ c,\ s_1) \tag{7.11}$$

式中，$R(\gamma,\ c,\ s_t)$为泰勒展开式的余项，从而得到式（5）：

$$y_1=x_t'\beta_0+(x_t''s_t)'\beta_1+(x_t''s_t^2)'\beta_2+(x_t''s_t^3)'\beta_3+\mu_t'' \tag{7.12}$$

$$\mu_t''=\mu_t+(x_t'\theta)R(\gamma,\ c,\ s_t),\ x_t''=(x_{1t},\ \cdots,\ x_{pt})' \tag{7.13}$$

其中，非线性检验的原假设为$H_0: \beta_0=\beta_1=\beta_2=0$，进行$F$检验，若拒绝原假设，则可以做出非线性模型的结论。

2）转换函数形式的选择

在非线性成立的基础上，需要对转换函数的具体形式进行选择，即对转换函数形式属于 LSTR1 还是 LSTR2 进行选择。为此，进行序贯检验：

$$H_0^4: \beta_3=0$$
$$H_0^3: \beta_2=0\mid\beta_3=0$$
$$H_0^2: \beta_1=0\mid\beta_2=\beta_3=0 \tag{7.14}$$

在上述三个原假设中，若拒绝原假设H_0^3的统计量的p值是最小的，则应该选择 LSTR2 模型或对数平滑转换回归模型；否则，就应选择 LSTR1 模型。

3）参数估计

用非线性优化的方法来对平滑转换回归模型进行参数估计。因此，以残差平方和最小为准则，采用格点搜索法寻找初始值，然后利用 Newton-Raphson 迭代法最大化条件似然函数来最终确定平滑转换回归模型的参数值。

4）残余项检验

残余项的检验包括无残差自相关检验和无附加非线性检验。其中，无残差自相关检验基于假设H_0：残差不存在自相关和H_1：在最大滞后阶数q时存在自相关。用n来代表模型中的参数个数，构建检验统计量：

$$\text{LM}=\frac{\text{SSR}_0-\text{SSR}_1}{\text{SSR}_1/(T-n-q)}$$

进行检验。

无附加非线性检验构建附件的 STR 模型：

$$yt=x_t'\Phi+(x_t'\theta)F(s_{1t};\ \gamma_1,\ c_1)+(x_t'\psi)H(s_{2t};\ \gamma_2,\ c_2)+\mu_t \tag{7.15}$$

进行假设检验，其中

$$H_0: \gamma_2=0$$

（四）实证建模

1. 数据来源及变量描述

由以上分析可知，随着房产税占比的变化，消费与商品房单价之间存在着非线性变化的关系，这种突变性的非线性变化以存在突变的广西、宁夏、黑龙江、湖南最为明显。故本研究以广西为例，建立平滑转换回归模型研究房产税对房地产财富效应的影响，从而在以扩大内需为总目标的前提下，探究房产税征收的作用及其适当的征收比例。本研究以广西数据为样本，样本数据均取自国家统计局2003～2011年数据，处理方式同上文。以房产税占比（htaxrate）为转换变量，以消费（consume）为因变量，以商品房单价（hprice）和人均收入（income）为自变量建立平滑转换回归模型。

首先对样本进行描述性统计，如表7.10所示。

表 7.10　样本各变量的描述性统计

变量	均值	最小值	最大值	标准差
消费	2 180.67	839.280	3 345.37	665.246
人均收入	3 149.18	1 602.92	5 152.62	1 031.90
商品房单价	2 684.75	1 808.69	4 007.71	678.822
占比	0.031 769 0	0.010 453 3	0.082 962 4	0.017 688 8

2. 变量的平稳性检验

对所选的变量进行平稳性检验，采用ADF单位根检验，对各个变量的平稳性进行检验，由检验结果可知，变量原始值存在不平稳的现象，但是经过一阶差分以后，各变量均表现为平稳，由此可知，本组数据是一阶单整的。检验结果如表7.11所示。

表 7.11　单位根检验结果

变量	水平值		一阶差分	
	t-statistic	Prob.	t-statistic	Prob.
消费	0.467 108	0.982 8	−7.147 444 ***	0.000 0
人均收入	0.253 374	0.971 8	−8.597 392 ***	0.000 0
商品房单价	0.687 630	0.990 0	−8.331 932 ***	0.000 0
占比	−0.744 096	0.820 7	−4.155 259 ***	0.003 2

***、**和*分别表示在1%、5%和10%的显著水平下显著

3. 变量组的协整检验

由单位根检验结果可知，四列数据在进行一阶差分以后均表现为平稳的，即四列数据是一阶单整的，因此需要对序列进行协整检验，探究变量之间长期稳定关系，以确保

模型能够顺利建立。协整检验结果如表 7.12 所示。

表 7.12　协整检验结果

类别	协整方程个数假设	特征值	统计量	P 值
基于迹的 Johansen 协整检验结果	None	0.727 558	115.831 7	0.000 0
	At most 1	0.716 046	71.620 53	0.000 0
	At most 2	0.567 409	28.816 47	0.000 3
	At most 3	0.009 534	0.325 722	0.568 2
基于最大特征值的 Johansen 协整检验结果	None	0.727 558	44.211 17	0.000 2
	At most 1	0.716 046	42.804 06	0.000 0
	At most 2	0.567 409	28.490 75	0.000 2
	At most 3	0.009 534	0.325 722	0.568 2

4. 非线性检验及转换函数形式的选择

随后，对该模型进行非线性检验，并选择适当的转换函数形式。根据前文介绍的方法及表 7.13 的检验结果可知，应该选择以 htaxrate (t) 为转换变量的 LSTR1 的函数形式。也就是说，广西房地产财富效应的作用并非呈现出简单的线性关系，随着房产税占比的改变，房地产财富效应产生了区制性变化的作用，存在一个房产税占比的值，使得房地产财富效应在该房地产占比数值的两边表现出不同的线性关系。这与我们在研究基础部分得出的结论是一致的，与广西的现实情况也是相符的。LSTR1 模型设定及转换变量检验结果如表 7.13 所示。

表 7.13　模型设定及转换变量检验

变量	F	F4	F3	F2	建议模型
consume (t-1)	0.041 763	0.087 172	0.356 10	0.049 527	LSTR1
hprice (t)	0.782 64	0.995 11	0.422 44	0.386 04	Linear
htaxrate (t) *	0.002 660 3	0.006 811 6	0.319 06	0.027 477	LSTR1
income (t)	0.087 433	0.128 10	0.215 13	0.178 71	LSTR1

***、**和*分别表示在 1%、5% 和 10% 的显著水平下显著

5. 模型的参数估计

利用格点搜索方法来确定该平滑转换回归模型的转换速度和转换函数中转换变量 c 的初始估计值，得到初始估计值（表 7.14）及格点搜索的图形（图 7.48 和图 7.49）。

表 7.14　初始估计值

γ 的初始值	c 的初始值
10.0000	0.0255

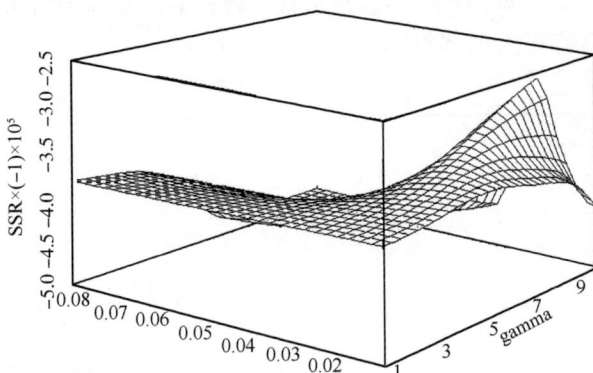

图 7.48　格点搜索结果（a）

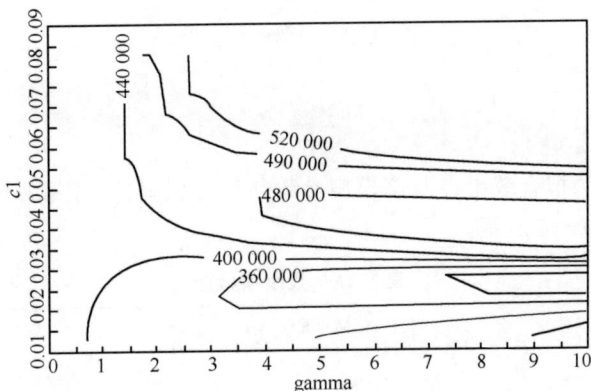

图 7.49　格点搜索结果（b）

　　得出初始值之后，可以对模型的参数、模型区制转换的速度和转换变量值进行具体的估计。通过 Newton-Raphson 迭代法，得出的主要参数估计值如表 7.15 所示。

表 7.15　参数估计结果

模型参数	线性部分 $G(St, r, c) = 0$	非线性部分 $G(St, r, c) = 1$
fprice	0.351 44 ***	−0.125 56 *
转换变量值 c	0.028 78 ***	

***、** 和 * 分别表示在 1%、5% 和 10% 的显著水平下显著

　　同时，我们得出的转换函数的图形如图 7.50 所示，转换函数取值为 0～1，并且在转换变量值为 0.028 78 处，模型发生了平滑转换。图 7.50 给出了在以房产税占比 htaxrate（t）为转换变量时对应的转换函数的图形。研究结果表明，在目前的情况下，广西目前的房地产财富效应总体上呈现的还是正向的作用，但是值得注意的是，在房产税占比的不同区制内，其房地产财富效用作用的力度是不同的。在房产税占比大于 2.878% 时，财富效应作用力度明显变小，但是依然显著呈现正向的作用。也就是说，

随着房产税的继续增加，短期内并不会对房地产财富效应发挥正向作用产生逆转性的后果，房产税增收还存在极大的增收空间。

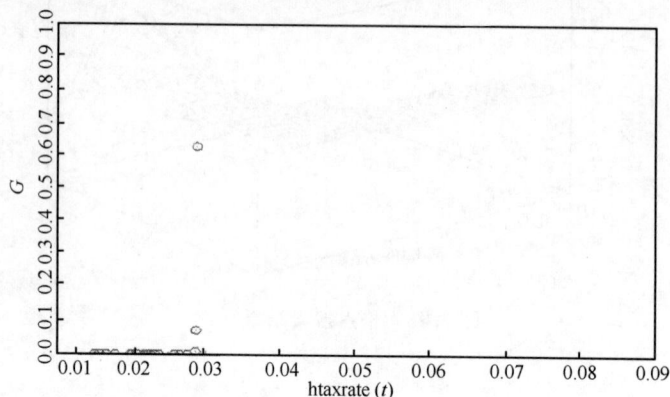

图 7.50 转换函数图形

6. 残余项检验

为了确保模型的拟合效果以及该模型参数估计的正确性，需要对模型进行残余项检验，检验结果如表 7.16 所示。

表 7.16 残余项检验

ARCH-LM TEST with 8 lags	
test statistic	7.0369
p-Value（Chi^2)	0.5327
F statistic	1.1897
p-Value（F）	0.3579

从异方差检验结果来看，t 检验和 F 检验结果均不显著，均不能推翻原假设，因此可以认为残差项之间不存在自相关关系，且不存在其他的非线性关系。模型已经很好地拟合了样本数据的非线性特征，参数估计的结果比较可靠。

（五）结论及政策建议

我国经济体制比较特殊，经济发展走的是具有中国特色的社会主义市场经济道路，加之我国房地产市场发展的盲目性，使得房地产价格存在严重失控的现象。房地产关乎我国民生，与居民生活紧密相关，因此有必要对房地产市场采取有效方式进行调控。

1. 房产税对房地产财富作用具有区制性影响

对广西建立平滑转换回归模型实证检验，可以看到，在房产税占比增加的过程中，房地产财富效应始终发挥着正向的作用，即房价的增加会促进居民消费的增长，征收房产税对于消费能够产生正向的作用，但是值得注意的是，在超过一定的阈值（2.878%）之后，房产税的继续增加虽然并不影响房地产财富效应正向作用的发挥，但是对消费增速却产生了一定的制约，也就是说，在房产税征收过程中要保持一定的量，过多征收房产税会对居民生活造成负担，也会对消费产生一定的挤出作用。

2. 实行差异化的房地产调控策略

根据上文对我国房地产财富效应的现状分析，由于我国国情复杂，区域经济社会环境差异巨大，不同省份具有不同的特点，所以，我国房地产市场也必然表现出明显的区域性差异，加之不同省份在面对房地产宏观调控政策的反应也不同，故在制定房地产调控政策时必须本着谨慎的原则，分地区来进行政策调控。

我国房地产调控政策可以本着"总统和分管"的原则来进行，由国家从全国整体层面制定房地产市场调控的目标和方向，并制定有浮动性的目标和调控区间。各个省（自治区、直辖市）根据国家总体目标和调控浮动区间，结合本地的经济发展状况和地区特色，制定针对本地的经济发展方针策略、基本原则和调控目标区间。

3. 在多目标调控导向下，应适当提高房产税征收比例

就目前的情况来看，广西房产税的征收还处在比较保守的阶段，存在继续增收的空间，在两个不同的区制中，财富效应虽然力度不同，但是同为正向作用，距离财富效应发生转换点还有一定距离，增收房产税有利于总体经济效益。

同时由图 7.18~图 7.43 以及对其他地区建立平滑转换回归模型进行实证检验，检验结果表明，各个地区的房地产财富效应虽然整体来看，其受房产税的作用是一致的，但是由于我国地域辽阔，各地的风土人情、人文历史导致的居民行为差异性及各地区资源禀赋不同造成的各地发展阶段差异，都会对该地区房产税发生作用的情况产生影响，房产税作用区间变化的阈值是不同的，有的地区甚至并未出现房产税发挥作用的区制转换点，也就是说，我国房产税征收还处于初级阶段，增收量还处于较低的水平，导致没有最大化发挥其调节经济的作用。

由以上分析可知，我国各省份房地产市场财富效应随房产税征收都在发挥正向的作用，且随着房产税的增加，财富效应产生区制性差异，在多目标调控的指导下，适当地提高房产税增收比例，不仅能促进内需的扩大，还能为国家带来财政收入的增加，从而支持政府采取保障房、社会保障等财政补贴政策，在扩大内需的同时有利于社会保障事业的发展，缩小社会的贫富差距。因此，适当征收房产税有助于我国内需的扩大，有利于居民生活水平的提高，并缩小社会的贫富差距。

四、建设用地扩张与经济增长关系的研究
——基于我国 31 省份面板数据

  土地是人类赖以生存与发展的物质基础，是社会经济活动的载体和空间，是制约经济发展的重要因素，土地的基本属性决定了土地问题是事关我国经济发展、社会安定和政治稳定的重大问题。我国土地面积辽阔，但土地资源区域分布极不平衡，不同省份之间存在很大差异，西部的 10 个省份占全国土地面积的 56.5%，中部 9 个省份占全国土地面积的 29.6%，而东部地区的 12 个省份的土地面积仅占全国的 13.9%，并且不同省份的土地结构存在巨大差异，东部为沿海地带，地处暖温带及亚热带湿润、半湿润地区，水热条件优越，人口密集，经济发达，土地利用程度高，牧草地、未利用土地面积少；而中部地区山地、丘陵多，土地利用率较高，牧草地、未利用的土地面积占37.79%；西部地区大部分是高寒山地、沙漠、戈壁区，土地利用率极低。这些地域上的差异就决定了土地综合经济效益在各地区和省份之间的较大差异。

  土地作为最基本的生产要素之一，在中国经济社会发展中的作用越来越显著，根据土地利用形态与土地利用转型理论，一定时期内的经济社会结构与土地利用结构存在对应关系，土地利用结构是产业结构布局与发展的基础，社会经济的发展必然会引起社会经济结构的变动，这一变动将在土地利用结构上得到反映，因此，可以说土地利用是社会的一面镜子。如今中国经济正处于工业化和城市化的快速发展阶段，土地利用结构变化迅速，土地制度变迁迅速。因此，分析不同地区之间土地资源对经济增长的影响程度，能够为我国差异化土地政策的制定提供理论指导，促进土地资源的合理利用。

（一）国内外研究现状

  国外学者针对土地与经济之间的关系研究主要是基于经济增长理论的研究。一方面，从理论出发，在经济增长模型中加入土地要素，并通过推导模型来分析土地利用对经济增长、城市化以及工业化的影响。Changyong Rhee（1991 年）在世代交叠模型之中考虑了土地因素，探讨了经济的动态有效性与土地收入的直接关系，发现当土地的收入占总收入的比例处于稳定时，经济系统是动态并且有效的。Nagi（2000 年）将土地作为一种资源，并将其纳入新经济增长模型之中，分析了在经济的转型阶段单位土地资源的增加对经济增长的影响程度。David J. Lewis（2009 年）建立了关于土地利用预测的经济框架。Nicholas（2011 年）建立了一个基于市场代理的城市土地利用模型，并在此基础上分析研究了土地对住房密度的影响。另一方面，利用不同地区、不同年份的数据进行实证分析。Metzemakers（2005 年）认为，劳动和土地对国民经济的增长有重要的影响，提高土地的利用效率能够促进社会的福利水平的提高。Chun-Lin Lee（2009年）将空间建模方法应用到对中国台北都市圈的社会经济发展和土地利用变化的关系分析之中。

　　国内针对土地利用与经济关系的研究大都是从技术角度出发的，通过实证分析研究土地利用与经济增长，城市化、工业化等方面的关系。黄贤金（2002年）针对我国区域经济发展与土地利用之间的关系做了实证分析，并认为我国土地的可持续利用是我国经济能够可持续发展的基础。陈江龙（2003年）运用柯布-道格拉斯生产函数定量地测算不同区域建设用地扩张的经济效率，发现单位建设用地增量带来的GDP增长存在较大的区域性差异，我国东部地区的建设用地扩张带来的GDP增长要高于中西部地区的GDP增长。蒲春玲（2005年）以C-D生产函数为基础，构建了适用于新疆地区的土地资源利用的生产函数模型，并对土地利用中各生产要素的贡献率进行了计算。张琦（2007年）分析了日本和韩国的土地利用与经济发展之间的关系，认为土地利用与经济发展之间尤其是耕地与GDP、工业增加值、服务业增加值、投资及城市化水平等存在着很强的相关关系。姜海（2009年）利用柯布-道格拉斯生产函数对江苏省的不同发展阶段的建设用地扩张与经济增长之间的关系进行了量化研究。伍贤兵（2011年）分析了我国近10年的经济和建设重心的转移情况，研究了经济重心转移，与建设重心转移之间的相关性。[①]

　　从以上文献资料可以看出，学者对土地利用和土地对经济的作用有了一定的研究，并肯定了土地对经济的促进作用，但相关研究大多是针对某个地区或城市的研究，针对全国范围的研究也仅仅是简单地按照东、中、西部的划分来进行的，因此，我们以以往学者的研究为基础，首先对建设用地与经济增长之间的关系进行检验，共次根据东、中、西部的划分对建设用地投入对经济增长的影响进行分析，最后对分析结果进行比较。

（二）土地要素与宏观经济的因果关系分析

1. 数据说明及处理

　　在土地资源指标的选择上，考虑到数据的来源和可获得性，本研究选用建设用地面积来度量建设用地的投入量；在经济增长指标的选择上，选择用GDP反映经济增长情况，选取社会固定资产投资额作为资本投入量，社会从业人数作为劳动投入量。样本区间为1999~2011年。文中所有的基础数据均来自于2000~2011年的《中国统计年鉴》和1999~2011年的《中国国土资源统计年鉴》以及中国经济信息网数据库。

2. 平稳性检验

　　对panel data进行处理之前要进行平稳性检验，面板数据的平稳性检验与普通的单序列的检验类似，共分为两类：一类是相同根条件下的单位根检验，包括LLC检验、

---

① 以上文献均引自中国科学院预测科学研究中心网站。

Breitung 检验和 Hadri 检验，即假设面板数据有相同的单位根。另一类是不同根条件下的单位根检验，包括 Im-Pesaran-Skin 检验、Fisher-ADF 检验、Fisher-PP 检验。对各序列的平稳性检验结果如表 7.17 所示。

表 7.17　平稳性检验结果

检验方法	LNGDP		LNJD	
	Statistic	Prob. **	Statistic	Prob. **
Levin, Lin & Chu t*	−21.134 9	0.000 0	−21.134 9	0.000 0
Breitung t-stat	−5.373 08	0.000 0	−5.373 08	0.000 0
Im，Pesaran and Shin W-stat	−2.690 05	0.003 6	−2.690 05	0.003 6
ADF-Fisher Chi-square	138.556		138.556	
PP-Fisher Chi-square	225.140	0.000 0	225.140	0.000 0

***、** 和 * 分别表示在 1%、5% 和 10% 的显著水平下显著

3. 因果关系检验

经过平稳性检验发现两个变量均为一阶单整序列，下面应用面板数据格兰杰因果检验分析各省份财政收支是否存在因果关系。Hurlin 和 Venet（2001 年）提出的面板数据格兰杰因果检验是格兰杰因果检验的一个扩展。本研究应用 Hurlin 和 Venet（2001 年）模型。数据生成过程如下：

$$y_{it} = \sum_{k=1}^{p} \gamma^{(k)} y_{i, t-k} + \sum_{k=1}^{p} \beta^{(k)} x_{i, t-k} + \mu t + v_{it} \qquad (7.16)$$

式中，P 为正整数，$v_{it} = \alpha_i + \varepsilon_{it}$，且 ε_{it} 为白噪声。原假设为 H0：对任意 k，$\beta^{(k)} = 0$，备择假设为 H1，存在 k 使得 $\beta^{(k)} \neq 0$。如果拒绝零假设，则 x 是 y 的格兰杰原因；反之，x 不是 y 的格兰杰原因。可以用以下统计量 F 检验零假设：

$$F = \frac{(\mathrm{RSS}_2 + \mathrm{RSS}_1)/P}{\mathrm{PSS}_1/(T * n - n - 2p - 1)} \qquad (7.17)$$

式中，RSS_2 和 RSS_1 分别为带约束（即设定 $\beta^{(k)} = 0$）的和不带约束的 OLS 估计残差平方和；n 为面板数据宽度；T 为时间长度；P 为滞后项阶数。根据 Hurlin 和 Venet 的研究可知，F 服从 $F[p, T * n - n - 2p - 1]$ 分布。

对我国 1999～2011 年的建设用地（J）供应与经济增长（G）一阶差分之间的因果关系进行检验，结果如表 7.18 所示。因果检验结果表明在建设用地供应与经济增长之间呈现双向因果关系：一方面建设用地的增加会刺激经济的增长，另一方面经济的增长反过来会增加对建设用地的需求，进而加大建设用地的供应。

表 7.18　因果关系检验

	滞后一阶	滞后二阶
J→G	172 ***	121 ***
G→J	131 ***	111 ***

***、**、* 分别表示在 1%、5%、10% 显著水平下拒绝原假设

（三）建设用地对经济增长的影响

土地具有资源和资产的双重属性，一方面，作为资源和要素，土地要素通过生态渠道和产业渠道影响经济增长；另一方面，土地作为资本和资产通过财政渠道影响经济。土地要素中的农用地可直接对产出做出贡献，而土地要素中的建设用地并没有直接参与生产过程，而是通过为生产提供空间和场所进而促进经济的增长。作为不可再生资源，土地的数量是固定的，但土地的结构却可以发生变化。本研究主要是考察不同地区建设用地投入对经济增长的影响。

1. 模型设定及说明

柯布-道格拉斯生产函数模型是由阿莫斯特学院的数学教授 C. W. 柯布和美国芝加哥大学的经济学教授 P. H. 道格拉斯共同研究提出的，该模型在分析经济增长各要素贡献率的研究中得到了广泛应用，是经济增长理论中最为著名的函数模型。柯布-道格拉斯生产函数理论认为，资本、劳动力和技术进步是决定经济增长的最主要因素，其原型为

$$Y = AK^{\alpha}L^{\beta} \tag{7.18}$$

式中，Y 为城市经济产出；A 为全要素生产率，主要代表技术进步以及其他影响生产率的因素的影响；K 为资本要素投入；L 为劳动力要素投入。α、β 表示资本投入和劳动力投入的产出弹性，在假定规模报酬不变的情况下，$\alpha + \beta = 1$。

在城市经济学中，土地要素投入对经济增长的影响是重点考察的内容，土地、资本和劳动力作为三大生产投入要素，在一定的经济技术条件下具有可替代性。因此，本研究采用的柯布-道格拉斯生产函数模型，在原型基础上加入了土地要素投入变量，其函数形式为

$$Y = AK^{\alpha}L^{\beta}J^{\gamma} \tag{7.19}$$

式中，Y 为城市经济产出；A 为全要素生产率，主要代表技术进步以及其他影响生产率的因素的影响；K 为资本要素投入；L 为劳动力要素投入；P 为土地要素投入；α、β、γ 表示资本投入和劳动力投入的产出弹性系数，根据规模报酬不变的假设，$\alpha + \beta + \gamma = 1$。由式（7.19）可以看出，城市产出与城市土地投入、资本投入、劳动力投入有关，同时还与技术水平和其他影响社会生产率的因素有密切关系。基于上述理论模型的推导和分析，本研究拟建立以下模型：

$$Y = A_{it}K_{it}^{\alpha}L_{it}^{\beta}J_{it}^{\gamma} \tag{7.20}$$

式中，Y 为总产出，用 GDP 表示；K 为资本存量，本研究以张军对我国省级资本存量计算中 1998 年的值作为基期，根据资本存量计算公式 $K_t = (1-\delta)K_{t-1} + I_t$ 计算得出各省份在 1999～2011 年共 13 年的资本存量，反映资本投入要素；L 为第二、第三产业从业人员密度；J 为建设用地投入面积；A 为其他无法度量的影响生产率水平的因素的综合作用。对公式两边取对数，则得到计量模型：

$$\ln Y_{IT} = \ln A_{it} + \alpha \ln K_{it} + \beta \ln L_{it} + \gamma \ln J_{it} + \delta \ln J_{it}^* T \tag{7.21}$$

回归方程式（7.21）中还包括一个虚拟变量，2002 年开始取值为 1，2002 年以前为 0，原因是自 2002 年起我国土地利用调查开始实行新的《全国土地分类》标准，导致 2002 年前后建设用地的统计口径发生变化。虚拟变量与建设用地的对数以相乘形式放入方程，是因为发现统计口径变化更多地以指数方式影响建设用地的统计值。

2. 模型结果及分析

面板数据包括变量、截面、时间三方面的内容，面板数据模型被分为无个体影响的不变系数模型、变截距的模型以及有个体影响的不变系数模型，如式（7.22）～（7.24）所示。

$$y_i = \alpha + x_i\beta + \mu_i, \ i = 1, 2, 3, \cdots, n \tag{7.22}$$

$$y_i = \alpha_i + x_i\beta + \mu_i, \ i = 1, 2, 3, \cdots, n \tag{7.23}$$

$$y_i = \alpha_i + x_i\beta_i + \mu_i, \ i = 1, 2, 3, \cdots, n \tag{7.24}$$

在估计过程中如果模型设定不准确，估计结果将会产生较大偏离，因此在对 panel data 模型进行估计的时候，首先要确定被解释变量的截距和系数是否在所有横截面上保持一致，即应该采用哪种 panel data 模型形式。经常使用的方法是协方差分析的检验方法，主要通过构建两个假设（H1 和 H2）和两个 F 统计量来检验构建的假设。如果接受假设 H2 则认为模型符合式（7.22），即不变系数模型，如果拒绝假设 H2，则需对 H1 进行检验，如果接受 H1，则采用式（7.23），如果拒绝 H1，则认为模型设定应采用式（7.24），即变系数模型。对模型进行检验后均采取回归系数相同的变截距模型。

根据对个体影响处理形式的不同，变截距模型还有固定效应模型和随机效应模型两种形式，因此，在利用面板数据建模时还面临在固定效应模型和随机效应模型中进行选择的问题。Hausman（1978 年）提出了一个严格的统计检验方法——Hausman 检验。该检验的原假设是随机影响模型中个体影响与解释变量不相关，构造一个统计量 W，并对其进行检验。

$$W = [b - \hat{\beta}]' \hat{\Sigma}^{-1} [b - \hat{\beta}] \tag{7.25}$$

式中，b 为固定影响模型中回归系数的估计结果；$\hat{\beta}$ 为随机影响模型中回归系数的估计结果；$\hat{\Sigma}$ 为两类模型中回归系数估计结果之差的方差。W 服从自由度为 k 的 χ^2 分布，k 为模型中解释变量的个数。当接受原假设时，则认为模型中个体影响与解释变量不相关，即采用随机效应模型，当拒绝原假设时则采用固定效应模型。采用 Hausman 检验判断面板数据的设定形式，模型设定检验结果如表 7.19～表 7.21 所示。

表 7.19　东部模型检验结果

Test Summary		Chi-Sq.		
		Statistic	Chi-Sq. d. f.	Prob.
Cross-section random		46.481 130	4	0.000 0
Variable	Fixed	Random	Var（Diff.）	Prob.
LOG（J?）	0.228 860	−0.115 190	0.011 898	0.001 6
LOG（K?）	0.549 314	0.609 068	0.000 116	0.000 0
LOG（L?）	0.711 579	0.491 944	0.008 577	0.017 7
（T?）＊LOG（J?）	0.015 408	0.004 202	0.000 009	0.000 1

表 7.20　中部模型检验结果

Test Summary		Chi-Sq.		
		Statistic	Chi-Sq. d. f.	Prob.
Cross-section random		12.690 184	4	0.012 9
Variable	Fixed	Random	Var（Diff.）	Prob.
LOG（K?）	0.521 183	0.584 508	0.000 353	0.000 7
LOG（J?）	0.033 113	0.176 707	0.063 551	0.568 9
LOG（L?）	1.428 258	0.264 391	0.115 504	0.000 6
T?＊LOG（J?）	0.008 268	0.007 817	0.000 087	0.961 4

表 7.21　西部模型检验结果

Test Summary		Chi-Sq.		
		Statistic	Chi-Sq. d. f.	Prob.
Cross-section random		23.373 847	4	0.000 1
Variable	Fixed	Random	Var（Diff.）	Prob.
LOG（J?）	0.206 470	0.206 136	0.016 868	0.997 9
LOG（K?）	0.602 604	0.683 254	0.000 462	0.000 2
LOG（L?）	1.033 011	0.213 223	0.063 568	0.001 1
T?＊LOG（J?）	0.007 250	0.003 848	0.000 023	0.475 9

从检验结果来看，Chi-Sq. 的值分别为 46.4，12.7，23.4，P 值为 0.000，0.01，0.001，总体上显著地拒绝了随机效应的假设。从每个解释变量的系数看，除建设用地产出弹性 P 值较大外，其余变量都在 5% 的显著性水平上拒绝了随机效应的假设。根据

Hausman 检验的结果，我国东部地区选择固定效应模型更恰当，而中部和西部地区的模型，选择随机效应模型更恰当。利用固定效应模型时，又考虑到截面残差存在异方差性，因此使用固定效应截面加权广义最小二乘法回归。

根据确定的面板数据模型，对不同类型地区的面板数据应用 Eviews6.0 进行处理后，结果如表 7.22 所示。

表 7.22 分析结果

系数	东部地区	中部地区	西部地区
LNK	0.54 ***	0.58 ***	0.68 ***
LNL	0.71 ***	0.26 ***	0.21 ***
LNJ	0.27 *	0.23 *	0.2 ***
T * LNJ	0.015 **	0.01	0.01
调整后 R^2	0.99	0.97	0.98
F 统计量	1304	387	1122

注：***、**、*分别表示在1%、5%、10%显著水平下拒绝原假设

从分析结果我们可以看出：

(1) 建设用地的系数为正，说明建设用地的增加能够促进经济的增长。

(2) 建设用地的产出弹性低于劳动和资本，说明建设用地的投入对经济增长的贡献要低于劳动和资本要素的投入，其产生的原因主要是政府廉价供应土地的方式，削弱了土地市场配置资源的效率，导致一些高效益的投资项目因为缺乏土地而不能进行，一些低效率的投资项目却大行其道，最终是整个投资效益的下降，从而导致建设用地对经济的促进作用较小。

(3) 建设用地的产出弹性存在地区差异，西部地区的产出弹性最小（为0.2），东部地区的产出弹性最大（为0.27），西部地区如内蒙古、宁夏、西藏、青海、甘肃、新疆等，经济欠发达，土地面积辽阔且未利用土地较多。建设用地的产出弹性较低，说明这些地区的经济增长比较粗放。要促进此类地区的经济增长，一方面可以加大对土地的开发利用，增加建设用地投入；另一方面，要注意优化经济结构，发展集约型经济，提高土地利用的产出效率。

(4) 东部的建设用地产出弹性最大。在这类地区，可增加建设用地从而促进经济的增长，出于对粮食、环境、可持续发展的考虑，建设用地的投入应该通过开发未利用土地来实现，建设用地不能无限制增加，必须通过提高资金和劳动的投入来促进经济的增长。

(四) 结论及建议

本报告以全国31个省（自治区、直辖区）1999～2011年的年度数据为研究对象，首先对建设用地扩张与经济增长之间的因果关系进行检验，然后利用面板数据模型分析

不同地区的建设用地扩张对经济增长的影响，经分析后发现：①城市建设用地面积的变化对经济增长的促进作用并不大，整体低于劳动和资本的产出弹性。②建设用地对经济增长的促进作用存在地区差异。

基于研究结果提出以下建议：

第一，实行差异化土地政策。不同地区的土地结构不同，对经济增长的拉动程度也不同，因此不同地区的政府应该针对本地区所属的土地结构制定差异化的土地政策。未利用土地面积较多的地区，一方面要加大对土地资源的投入，促进经济增长；另一方面要促进经济结构的调整，提高土地利用效率。

第二，保持土地结构的合理性。在土地利用程度较高的地区要考虑经济的可持续发展，保证土地结构的合理性，不能为追求 GDP 的增长而一味将农业用地转变为建设用地，要改变依靠建设用地投入促进经济增长的理念，提高城市现有土地的利用效率，加大单位土地面积上的资本和劳动投资力度，积极促进产业结构调整，发展节地型产业，建设资源节约型社会。

五、北京市"自住型商品房"新政解读

2013 年 10 月 22 日，北京市住房和城乡建设委员会发布消息指出："2013 年北京市将推出 2 万套自住型商品房，2014 年计划推出 5 万套左右。"消息称自住型商品房价格比周边商品住房低 30% 左右，面向全市符合限购条件的家庭，但购买此类住房后五年内不得上市，五年后上市收益的 30% 上交财政。该政策的出台恰巧在 2013 年北京这个"成色十足"的"金九"之后（2013 年 9 月公布的 70 城市的房价上涨情况中，北京以同比上涨 20.6% 名列第一），由此引来了各界对这一房价抑制新政的诸多猜测。有分析人士认为，这是北京市贯彻中央房地产长效调控机制的重要举措，将来可能会长期实施；也有分析人士认为"自住型商品房"政策并不"新鲜"，从其功能和定位来看，对北京的房地产市场将发挥有限的、与经济适用房等保障性住房效果区别不大的作用。那么，北京市推出"自住型商品房"新政的目的是什么？北京市政府是否可以通过"自住型商品房"的提供而达到抑制房价的目的？"自住型商品房"是否真的可以惠及"夹心层"群体的利益？其与经济适用房、两限房、廉租房、公租房等保障性住房的主要区别在哪儿？这项政策是否已经满足了长期推行的条件，还是仅仅可以看做是一项短期抑制房价的策略？针对上述问题，本研究进行了详细的分析与解读。

（一）"自住型商品房"政策的价值意义

"自住型商品房"新政是房地产长效调控机制"组合拳"的一部分。就北京而言，当前的北京楼市已经逐渐适应上一轮调控，转而进入一个新的活跃期。从二手住宅交易市场来看，2013 年 9 月，北京共实现签约 12 854 套，环比 8 月上涨了 15.5%；在价格方面，9 月北京二手住宅成交均价为 29 743 元/平方米，环比上涨 3.1%，同比上涨

27%，环比涨幅较 8 月增长 1.3%。而根据国家统计局发布的 9 月份房价数据，北京市房价同比涨幅超过 20.6%，名列全国 70 个大中城市房价涨幅第一。

本研究认为，此时"自住型商品房"的推出是房地产调控长效机制"组合拳"的有力一击。而从该政策的长效机制意义来看，"出拳"的结构性价值要远大于"出拳"的时机。而事实上，北京市房地产长效调控的另一"重拳"早已挥出。

2013 年 9 月末，北京市国土资源局发布消息称，北京市预计将提前在 10 月超额完成商品住宅年度用地供应计划指标。截至 9 月底，北京的住宅用地实际供应 1331 公顷，其中保障房用地供应 742 公顷，公租房（含廉租房）用地供应 147 公顷，经济适用房用地供应 98 公顷，定向安置房用地供应 428 公顷，限价房用地供应 69 公顷。而此前，北京已连续两年（2011 年、2012 年）没有完成住宅土地供应计划，2013 年和 2012 年，北京住宅用地出让面积分别为 468 公顷和 246 公顷。

房地产市场的供需矛盾及其更深层次的政府一级土地供应问题是各界诟病我国房地产问题的核心之一。加大土地供给完成力度，无疑是构建房地产调控长效机制的直击要害的"重拳"。而北京市土地供应量的加大及供地计划实施的刚性加大，更预示着遵循经济规律进行科学调控将是未来我国房地产市场调控的主要方向。相对于以限购、限贷为代表的短期应急手段，为了配合我国的新城镇化发展战略，政府可能选择以增加长期供给为主要手段的房地产长期调控办法，以此逐步调整我国当前的房地产市场态势，在稳增长的同时，兼顾社会民生。

（二）"自住型商品房"政策的施政特点

"自住型商品房"政策的鲜明特征就是保障"夹心层"利益。在《关于加快中低价位自住型改善型商品住房建设的意见》，即俗称的"京七条"中，第五条规定："切实增加供应，有效满足居民刚性自住需求"，明确指出要"满足中端需求和夹心层家庭需求"。可见，该政策的惠及群体具有较为鲜明的特征，再将其与在这之前出台的各类保障性住房之功能匹配，则实为有利于扩大政府住房保障政策的惠及人群，也是解决我国城市住房保障政策中由来已久的"夹心层"人群住房问题的重要手段。

而针对可购买人群问题，尤其是"非京籍、缴纳社保 5 年的人口"的购买自住型商品住房资格问题，《意见》的第四条明确指出："按照限购政策规定在本市具有购房资格的家庭，可以购买自住型商品住房"，而购买群体身份的进一步界定及该政策最终的实施、惠及情况，尚有待自住型商品住房政策的实施细则，尤其是分配细则的明确推出。

政府建设保障性住房体系的直接目的是解决城市中低收入住房困难家庭的住房需求问题。目前，我国的保障性住房类型主要包括廉租房、公租房、经济适用房等多种类型。在我国房价高企的背景下，在长期的保障性住房建设实践中，许多学者提出了住房需求群体中存在的"夹心层"突出矛盾，即一部分城市中低收入群体处在既被置于保障性住房体系之外，又难以承受城市房价水平的窘境。这一直是社会各界关注的热点问题。

此次自住型商品住房政策的推行，有针对性地惠及了这部分群体，体现出"中端有政策"。因此，从保障范围上看，自住型商品房惠及范围较其他类型的保障性住房更大，惠及面更广，政府施行的住房保障体系更趋完善。我们认为自住型商品房政策的实施是构建和完善房地产调控长效机制的重要组成部分，对我国房地产市场的健康、稳定发展具有深远的意义。

（三）"自住型商品房"政策的可能影响

"自住型商品房"政策对北京市房价的影响还有待实施细则的推出及深入的实践检验。由于自住型商品房政策是北京市政府提出的最新的有关房地产调控政策，从目前了解到的与此政策相关的若干信息可知，该类型商品房不仅体量尚小，且许多对政策施行具有重要影响的细则规范，如融资模式、规划选址及分配方式等，尚未知晓。此外，目前有据可查的自住型商品住房项目也尚少，从当前公开的具有代表性自住型商品住房数据来看，朝阳区豆各庄自住型商品住房项目的销售限价为 2.2 万元/平方米，比周边在售二手房价格低 4000 元左右，而海淀区环保科技园自住型商品住房项目的销售限价为 1.9 万元/平方米，周边商品房的均价在 2.5 万元/平方米。由于缺乏相应的土地获得成本、建筑用料、人工投入等微观数据，因此难以对开发建设成本进行准确估计，还有待进一步的信息公开。因此，目前尚难以准确地判断其对房价的影响作用。

如果站在长效调控的施政目标上看，简单地就"抑制房价"对自住型商品房的功能、目的给予评价则还有待商榷。基于我们多年来对我国房地产市场及调控政策的跟踪研究，我们大胆猜测自住型商品房政策若能长期、有效实施，则其更有可能在化解房地产需求结构性矛盾方面发挥作用，即通过需求疏导，实现房地产价格分布的结构优化，进而更好地逼近各层次需求主体的居住诉求。这也就是《意见》中着重表述的一个核心思想：低端有保障，中端有政策，高端有控制。

（四）"自住型商品房"政策的未来发展

"自住型商品房"政策的长期化推行及常规化实施尚有待施政实验和实践检验。一方面，现在谈该政策的长期推行尚为时过早，类似于我国的房产税政策，一个政策的合理性、可行性可以通过试点，利用实践来检验，而这是一个需要耐心等待的过程。另一方面，这种新的城市供房类型甚至可以说期望能对北京市房价过快上涨有平抑功能的房地产调控政策，其调控功能与该政策催生出的面世的住宅的体量相关，再考虑到该类住宅的有效供给形成需要一定周期，短期住房供给弹性陡变的可能性有限。因此，相对于限购、限贷，自住型商品房政策施行的短期直接抑制效应有限。但是，从我国 2003 年以来的房地产市场宏观调控实践来看，该政策更有可能间接地通过各房地产市场主体的价格变化预期影响市场供需乃至价格。从历次的调控实践来看，市场有较大可能再次进入一个量价变化相对平静的观望期。

此外"抑制房价"本身即是一个复杂的问题，在学术界活跃着大量的理论和学说，众说纷纭。我们基于微观成因与行为经济的学术研究观点，倾向于认为我国房地产问题症结的根源并非在其自身。就好像一个人发烧了并非是因为"脑袋热"，而可能是扁桃体发炎或者是胃肠感冒等。因此，直接价格调整就像对发热部位的"冰敷"，仅能发挥有限的局部痛苦缓解作用，而要根治"高烧"，则需要更为有针对性的"炎症"消除措施，即对"价格形成机制的修复"。而针对价格形成机制的修复，一方面，必须考虑我国房地产市场所具有的区域差异化，尤其是价格传导的差异化，即考虑"到底是在哪个部位发生了病变"；另一方面，必须考虑我国城市房地产市场形成的微观基础，尤其是房价构成的空间特征，即考虑"到底是什么原因诱发了病变"。由此，我们提出了在宏观层面构建"房地产区域差别化调控政策"，在微观层面开展"居住场景建设"等模式及方法研究，以此为政府房地产调控长效机制的构建和完善提供智力支持。

六、关于针对我国房地产市场区域实施差异化调控的建议

近年来，我国房地产市场发展迅猛，但其动力主要集中在北京、上海及其他大中城市，中小城市的发展则相对滞后。而备受关注的高房价问题在一定程度上是房地产市场的区域结构失衡的问题。因此，如何在合理控制规模的同时优化市场供需资源的区域分布是下一步房地产调控的重点。本专题分析了我国地级及以上城市的房地产市场发展现状，并对 2010 年以来的差异化调控政策进行了评述，据此指出现有的差异化调控政策还有待深化，需要对我国房地产市场区域进行合理划分，并在此基础上针对每类市场区域设计差异化的调控目标和调控策略。

（一）我国房地产市场区域发展失衡

（1）房地产市场供需分布较为集中。根据 2009～2011 年的 3 年平均数据计算可知，北京、上海、广州、深圳、天津、重庆、杭州、苏州、长沙、成都等 35 个大中城市的房地产开发投资额占全国房地产开发投资总额的 56.21%，商品房销售额占全国商品房销售总额的 58.64%，商品房销售面积占比为 41.20%，而其中人口占比则仅为 39.37%。可见，我国房地产市场供需资源主要集中在少部分城市及少部分人之中，其他中小城市房地产市场获取资源较少，发展相对滞后。

（2）不同城市间房地产价格分化明显。国家统计局数据显示，2013 年 9 月，70 个大中城市新建住宅价格同比增长 8.2%，其中一线城市同比增长 18.2%，二线、三线城市同比增幅分别为 9.7% 和 6.6%，明显低于一线城市。而北京、上海、广州和深圳的新建商品住宅价格同比增幅分别为 20.6%、20.4%、20.2% 和 20.1%，都在 20% 以上。而唐山、海口的新建商品住宅价格同比增幅分别为 1.4% 和 1.1%，远低于北京、上海、广州、深圳。温州的新建商品住宅价格则同比下降了 1.8%。其他中小城市的房价涨幅相对平稳，聊城、江阴等城市房价呈现同比下降趋势。

（二）我国房地产市场差异化调控有待深化

2010年以来的新一轮调控突出了"差异化"的调控方针，但在具体实施上，主要是针对购房者、开发商等市场主体层面的政策差异，在分区域层面的实施则存在以下问题：

（1）各类区域内部差距较大，现有区域划分不甚合理。借鉴基尼系数的思想，计算房地产市场的"类基尼系数"——投资分布系数和销售分布系数，据此衡量东部、中部、西部、京津冀、长三角、珠三角、环渤海等区域内房地产市场供需分布情况。结果显示，这些区域内的房地产市场存在严重的"贫富分化"现象，其投资分布系数和销售分布系数都超过了国际警戒线水平0.4，京津冀和环渤海地区甚至超过了0.6。而当前分区域层面的差异化调控大多是基于这些区域开展的，这显然是失当的。针对内部差距较大的区域实施统一的调控政策，未必能取得预想效果，反而很有可能加剧我国房地产市场发展不平衡的趋势，从而有损于民生福利和房地产市场的可持续发展。

（2）各地调控方向基本一致，调控手段大同小异。始于2010年的新一轮调控被普遍认为是空前严厉的，各地针对房地产市场都是从严从紧调控。但实际上，各地房地产市场发展差距大，诸如北京、上海等一线城市房地产市场过热、高房价问题尤其严重，对其实施从紧调控是应当的。但仍有安康、延安等部分中小城市房地产市场规模小、房价偏低，对其实施从紧调控则是没有必要的，反而可能对当地的经济发展有所不利。这种"一视同仁"的做法，是有悖于房地产调控的初衷的。此外，在相同的调控方向下，各地使用的调控手段也较为相似，大多局限在信贷政策调整、限购政策推广实施等方面，较少考虑当地的市场发展现状和特点，缺乏针对性和灵活性。

（三）我国房地产市场分类调控建议

房地产市场发展涉及社会经济诸多方面，针对房地产市场的调控是个复杂的系统性工程，不仅要考虑房地产市场与宏观经济的互动关系，更要重视房地产市场在区域间的均衡发展。房地产调控在总量调控的基础上，应该注重结构性调整，尤其是房地产市场供需资源在区域间的合理分配。下一步房地产调控应着重从以下几个方面展开。

（1）科学划分房地产市场区域，夯实差异化调控的基础。我国房地产市场区域发展失衡在一定程度上与区域间经济发展差距是相关的，针对房地产市场的划分不应该仅仅围绕房地产市场表现展开，更要关注其背后的经济基本要素。本研究提出一种两层次的聚类方法，即综合经济基本要素和房地产市场表现，对除西藏以外的全国地级及以上283个城市房地产市场进行了划分，将其划分为重点调控区域、稳定发展区域和适度扶持区域三大类，为进一步实施差异化调控提供基础（表7.23）。

表 7.23　基于两层次聚类的我国房地产市场区域划分

类别	城市
重点调控区域	北京市、上海市、广州市、深圳市、天津市、杭州市、苏州市、长沙市、成都市、大连市、沈阳市、青岛市、长春市、长沙市、常州市、东莞市、佛山市、福州市、哈尔滨市、合肥市、济南市、昆明市、南昌市、南京市、南宁市、宁波市、石家庄市、太原市、唐山市、乌鲁木齐市、无锡市、武汉市、西安市、厦门市、郑州市、鄂尔多斯市、贵阳市、金华市、廊坊市、南通市、绍兴市、台州市、潍坊市、烟台市、舟山市、珠海市、三亚市、温州市、绥化市、营口市、防城港市、玉林市
稳定发展区域	鞍山市、包头市、海口市、呼和浩特市、湖州市、淮安市、惠州市、嘉兴市、泉州市、泰州市、威海市、芜湖市、徐州市、盐城市、扬州市、银川市、镇江市、中山市、淄博市、安庆市、蚌埠市、保定市、北海市、本溪市、沧州市、承德市、池州市、赤峰市、滁州市、大庆市、丹东市、德州市、东营市、抚顺市、阜阳市、赣州市、桂林市、邯郸市、菏泽市、呼伦贝尔市、淮南市、黄山市、吉林市、济宁市、江门市、锦州市、九江市、兰州市、乐山市、丽水市、连云港市、辽阳市、临沂市、柳州市、六安市、龙岩市、洛阳市、马鞍山市、绵阳市、南充市、南平市、宁德市、盘锦市、莆田市、秦皇岛市、清远市、曲靖市、衢州市、日照市、三明市、汕头市、宿迁市、泰安市、铁岭市、铜陵市、西宁市、咸阳市、新乡市、信阳市、宣城市、宜宾市、宜昌市、枣庄市、湛江市、张家口市、漳州市、肇庆市、株洲市、宝鸡市、亳州市、达州市、大同市、德阳市、抚州市、贵港市、葫芦岛市、淮北市、佳木斯市、荆州市、开封市、聊城市、泸州市、茂名市、眉山市、牡丹江市、内江市、齐齐哈尔市、钦州市、上饶市、韶关市、松原市、宿州市、湘潭市、阳江市、玉溪市、自贡市
适度扶持区域	安阳市、滨州市、常德市、朝阳市、郴州市、衡水市、衡阳市、焦作市、南阳市、商丘市、十堰市、遂宁市、通化市、邢台市、许昌市、宜春市、益阳市、岳阳市、资阳市、遵义市、驻马店市、周口市、巴彦淖尔市、百色市、广安市、汉中市、怀化市、黄冈市、吉安市、荆门市、娄底市、平顶山市、濮阳市、邵阳市、四平市、通辽市、渭南市、乌兰察布市、咸宁市、孝感市、永州市、运城市、梧州市、安康市、白银市、保山市、潮州市、鄂州市、阜新市、广元市、河源市、黄石市、鸡西市、晋城市、景德镇市、莱芜市、丽江市、临汾市、攀枝花市、萍乡市、七台河市、庆阳市、汕尾市、双鸭山市、天水市、乌海市、吴忠市、武威市、雅安市、延安市、鹰潭市、榆林市、云浮市、张掖市、安顺市、巴中市、白城市、白山市、长治市、崇左市、定西市、固原市、河池市、鹤壁市、鹤岗市、嘉峪关市、揭阳市、金昌市、来宾市、辽源市、六盘水市、陇南市、吕梁市、漯河市、梅州市、平凉市、三门峡市、商洛市、石嘴山市、朔州市、随州市、铜川市、忻州市、新余市、阳泉市、张家界市、中卫市、昭通市、贺州市、黑河市、晋中市、酒泉市、克拉玛依市、临沧市、伊春市

（2）分级设置差异化的调控目标，促进房地产市场的均衡发展。中央政府对各类房地产市场区域设定基本调控方向，地方政府在既定调控方向下结合当地实际情况设置适当的调控目标，并在每年的第一季度对社会公众公布。针对重点调控区域内的城市，坚持实施从紧的调控政策，其调控目标是适度控制房地产供给和需求规模，抑制房价过快上涨。针对稳定发展区域的城市，实时监控房地产市场运行情况，重在稳定当地的房价水平，不需要加大调控力度。针对适度扶持区域的城市，应该适度放松调控，刺激和支持当地居民的购房需求，扶持当地房地产业和房地产市场的发展。在具体实施过程中，地方政府可做一定调整。如目前温州房价已经开始下降、三亚房价也出现松动，当地政府对其调控力度可以适度降低，谨防房地产市场硬着陆带来的风险。

（3）鼓励各级地方政府因地制宜，灵活运用多样化的调控手段。我国地域辽阔，不同城市资源禀赋、社会文化、经济基础有所不同，房地产市场的发展也各具特点。因此，中央政府应该鼓励各地政府在既定的调控目标下，结合当地的实际情况，灵活运用差异化和针对性的调控措施。如北京、上海、广州、深圳等城市，住房刚性需求旺盛，地方政府可以通过推进保障性住房建设、打击住房空置行为等手段盘活房地产市场供给，同时着力发展与规范租房市场，适度分流市场需求。而在经济相对落后的其他中小城市，地方政府可充分发掘当地的特色资源，如旅游资源等，加大当地的投资吸引力，推动相关产业发展和商业地产的发展，提高居民的收入水平，进而带动住房市场发展。而在政策制定和执行过程中，地方政府应该多采用实地调研、访谈等形式，及时了解居民、开发商的需求和意向，并实时跟踪房地产市场运行情况，对所施行政策进行合理调整。

（4）发挥基础性设施的导向作用，促进市场供需资源的良性流动。我国房地产市场发展失衡本质上是供需资源分配失衡的问题，如一线城市相对于其他二、三线城市在教育资源、医疗资源等方面都享有优势。中央政府应该在全国层面和分区域层面对各类资源布局进行清点和重新规划，通过实施引导性政策将大中城市过多的资源外移，减轻其人口导入压力，借此向其他中小城市释放经济活力，从而带动当地房地产市场的发展。例如，北京、天津、唐山等城市同处京津冀地区，但房地产市场发展差距较大，利用天津、唐山等周边城市分流北京的市场需求、平抑北京的高房价是一种经济可行的调控方式。

（5）完善房地产市场信息公布平台，科学引导房地产市场预期。在信息不完全的情况下，市场主体容易产生非理性心理和行为。进一步完善房地产信息的公布平台，让市场主体及时、全面地了解房地产市场，对于稳定房地产市场预期是至关重要的。目前，国家统计局层面只公布省级的房地产市场相关数据及70个大中城市的房屋销售价格数据，对于其他中小城市的数据则没有进行统一发布。这使得社会公众将目光聚焦到房价高涨的城市，而忽略了其他中小城市房地产市场的运行情况，市场看涨预期更为强烈。因此，应该将中小城市房地产数据纳入官方统一公布平台，引导社会大众全面而理性地认识整个房地产市场，而非集中在大中城市层面。